मीडिया लेखन–समाचार

मीडिया लेखन–समाचार

ओम गुप्ता

Publications

KALPAZ PUBLICATIONS
DELHI - 110 052

मीडिया लेखन–समाचार

मूल्य : 750

ISBN : 81-7835-333-4

भारत में सन् 2005 में प्रकाशित
कल्पाज पब्लिकेशन,
सी–30, सरस्वती नगर,
दिल्ली–110052
ईमेल : kalpaz@hotmail.com

लेजर टाइपसेटिंग: *टैक्ट कम्प्यूटर ग्राफिक्स*, दिल्ली
मुद्रित: मेहरा ऑफसेट प्रेस, दिल्ली

अनुक्रमणिका

प्रस्तावना

यह परंपरागत अर्थों में एक नियोजित पुस्तक नहीं है। यह मेरी कुछ रचनाओं का संकलन है। मैंने 1969 में पत्रकारिता में प्रवेश किया था और उसी वर्ष रेडियो के लिए पहला नाटक लिखा था। तब से लेकर आज तक प्रति सप्ताह औसतन एक रचना के हिसाब से गिना जाए तो अब तक 1700 से अधिक चीजें लिखी होंगी। इनमें लेख, संपादकीय, इंटरव्यू, शब्द, चिंता, रिपोर्ट, विश्लेषण, फीचर, स्तंभ, विदेशों से भेजे गए समाचार आदि शामिल हैं। विषयों की दृष्टि से विभिन्न क्षेत्रों एवं मुद्दों पर आपको सामग्री मिलेगी।

इनमें सामाजिक, आर्थिक, राजनैतिक, खेलकूद, सिनेमा, कूटनीति और अंतराष्ट्रीय संबंध सब कुछ शामिल है। मीडिया लेखन में सभी प्रकार का लेखन शामिल है। सबसे प्रमुख है समाचार, उसके बाद विचार और तीसरा सृजन। मीडिया लेखन के ये तीनों प्रकार तीन पुस्तकों के रुप में उपलब्ध हैं। इस पुस्तक में समाचारों को शामिल किया गया है।

साक्षात्कार, जिसे समाचार एकत्र करने का सबसे ज्यादा प्रामाणिक स्त्रोत माना जाता है काफी मात्रा में तथा विविधता लिए हुए हैं। हालांकि इसमें सम्मिलित अनेक व्यक्ति अब इस दुनिया में नहीं हैं लेकिन उनका व्यक्तित्व और संदर्भ उनके काम के कारण आज भी तर्कसंगत है।

ये रचनाएं 34 वर्षों के कालखंड में लिखी गई हैं लेकिन आज भी सार्थक और प्रासंगिक हैं। भारत जैसे ऐतिहासिक, परंपरागत, वैविध्यपूर्ण और विशाल देश में चीजें रातों रात नहीं बदलती। यही कारण है कि इन्हें अगर यह भुलाकर पढ़ा जाए कि ये कब लिखे गए थे तो आपको महसूस नहीं होगा कि आप पुरानी या बासी रचना पढ़ रहें हैं।

यह संकलन मूलतः मीडिया के विद्यार्थियों के लिए लिखा गया है लेकिन यह आम पाठकों को भी रस देगा। इनमें ऐतिहासिक परिप्रेक्ष्य तो है ही शाश्वत प्रश्न भी है और भविष्य के प्रति संभावनाओं का आकाश भी।

ओम गुप्ता

रिपोर्ट कैसे लिखें

रिपोर्टिंग

1. पहले पैराग्राफ में, जिसे इंट्रो भी कहा जाता है, रिपोर्ट का सबसे ज्यादा महत्त्वपूर्ण अंश लिखा जाना चाहिए।
2. महत्त्वपूर्ण अंश को जानने का एक फार्मूला है कि इसमें क्या हुआ, कब हुआ, कहां हुआ, किसने किया, क्यों किया और कैसे किया का जवाब आना चाहिए।
3. लेकिन इस परंपरागत शैली को तोड़ा भी जा सकता है और किसी चौंकाने वाले अंदाज में भी शुरूआत की जा सकती है जैसे कि क्या आप जानते हैं कि सचिन तेंदुलकर और अमिताभ बच्चन के बीच क्या समानता है? दोनों लता मंगेशकर के दीवाने हैं।
4. इसके बाद दूसरे पैरे में या तो यह लिखें कि क्या ऐसी घटना पहले भी घट चुकी है, या फिर इस घटना का क्या प्रभाव पड़ा।
5. तीसरे पैराग्राफ से समाचार को विस्तार दिया जाता है। इसके लिए एकत्रित जानकारी को विभिन्न टुकड़ों में बांटकर महत्त्व के हिसाब से उनका क्रम तय कर लीजिए। उदाहरण के लिए हत्या संबंधी एक खबर में विभिन्न टुकड़े होंगे-हत्या कैसे हुई। घटनास्थल का दृश्य कैसा था। सबसे पहले किसने जानकारी दी। पुलिस कब पहुंची और उसने पहुंचकर क्या किया। अंत में यह टुकड़ा कि हत्या का उद्देश्य क्या था।
6. यदि खबर संसद की कार्यवाही या किसी गोष्ठी की रिपोर्ट है तो उसमें सबसे पहला साझा नुक्ता ढूंढिए कि विभिन्न वक्ताओं के कथन का सार क्या था। फिर एक-एक वक्ता को अलग से उद्धृत करिए।

7. यदि समाचार किसी दुर्घटना का है तो सबसे पहले मरने वाले और घायलों की संख्या की जानकारी दी। फिर कैसे हुई। कहां हुई। किसकी गलती थी। राहत कार्य कब शुरू हुआ। घायल कौन से अस्पताल में। कितनों की हालत नाजुक है। जानकारी कहां से, किस नंबर पर प्राप्त की जा सकती है।

8. यदि रिपोर्ट किसी मैच की है तो शुरूआत परिणाम से करिए। किस टीम ने कितने रन बनाए या कौन सी टीम कितने गोल से जीती। फिर अच्छे और खराब प्रदर्शन का इसी क्रम में जिक्र करिए। दर्शकों का उत्साह और व्यवहार। टीम की प्रतियोगिता में स्थिति वगैरा का वर्णन करते जाइए।

9. यदि रिपोर्ट किसी फैशन शो की है तो खबर को रंगारंग बनाइए। परिधानों का, माडलों का, नए डिजायनों का, वातावरण का, संगीत का और कौन–कौन नामी दर्शक आया था उसका उल्लेख करिए।

10. यदि रिपोर्ट किसी चुनावी अभियान पर है तो सबसे पहले रूझान की बात करिए। हवा किसके पक्ष में बह रही है। कौन–कौन मुकाबले में है। किसका पलड़ा भारी है। पिछली बार कौन जीता था। इस बार मुद्दे क्या हैं। प्रचार का नया तरीका क्या है। हिंसा और तनाव तो नहीं है।

11. अगर मामला राजनैतिक उठापटक का है तो काफी संजीदगी से रिपोर्टिंग की जानी चाहिए। ज्यादा से ज्यादा लोगों से बात करिए और उन्हें उद्धृत करिए। यह खबर तेजी से बदलती है लिहाजा कोई भी बात सौ प्रतिशत संभावित नहीं लगनी चाहिए।

12. खबर किसी प्रेस कांफ्रैंस पर आधारित है तो पहले पैरे में सबसे ज्यादा महत्त्वपूर्ण घोषणा, वक्तव्य या खंडन लिखा जाना चाहिए। फिर कम होते महत्त्व क्रम से बाकी बातें लिखी जानी चाहिए।

13. यदि समाचार इंटरव्यू पर आधारित है तो भी सबसे महत्त्वपूर्ण उत्तर को इंट्रो बनाना चाहिए। प्रश्न से ज्यादा महत्त्व उत्तर को दिया जाना चाहिए। एक–दो प्रश्नोत्तरों को शब्दश: शब्द रूप से उद्धृत करना चाहिए।

14. यदि रिपोर्ट का आधार कोई नवप्रकाशित पुस्तक है तो उसमें कोई रहस्योदघाटन या रोमांचकारी या फिर अज्ञात जानकारी से शुरूआत करनी चाहिए।

15. यदि खबर के लिए कोई सर्वेक्षण किया गया हो तो उत्तरदाताओं के प्रतिशत को पहले पैराग्राफ में डालना चाहिए और कितने लोगों से बात हुई। उनका आयुवर्ग, आयवर्ग तथा लिंग आदि भी चर्चित होना चाहिए। यह लगे कि सर्वेक्षण वास्तव में किया गया था।

16. यदि खबर किसी टी.वी. या रेडियो चैनल से ली गयी है तो सारी जिम्मेदारी स्रोत पर डालनी चाहिए।

17. दो या अधिक समाचारों को जोड़कर भी एकीकृत खबर बनाई जा सकती है। उसमें कभी अखिल राष्ट्रीय कोण हो सकता है, कभी एक से अधिक पक्ष को साथ-साथ दिया जा सकता है।

18. यदि खबर किसी नए उत्पाद को लेकर है तो सारे दावे कंपनी अधिकारी के मुंह में डालने चाहिए और अपनी तरफ से कुछ नहीं कहना चाहिए।

19. यदि रिपोर्ट किसी विदेशी पत्र के लिए लिखी जानी है तो वहां के पाठकों को ध्यान में रखिए। हर व्यक्ति, घटना और स्थान को बच्चों की तरह स्पष्ट कीजिए और हो सके तो वहां समझ आने वाले तथ्यों से तुलना कीजिए। जैसे कि नार्वे जिसकी आबादी दिल्ली से एक तिहाई है।

20. किसी प्रादेशिक या आंचलिक अखबार के लिए राजधानी से समाचार भेजते समय वहां के लोगों को ध्यान में रखना बेहद आवश्यक है। खबरों के विषय सार्वभौमिक या आंचलिक रुचि के होने चाहिए।

1

ऊंचे अफसरों में शीर्ष पदों को लेकर भारी खींचतान

विनोद पांडे और एस. के. मिश्रा के हाथों सताये गये अफसरों की 'न्याय' के लिए गुहार

केंद्र में नयी सरकार बनते ही विभिन्न लॉबियों में बंटे बड़े-बड़े अफसर शीर्ष पदों को हासिल करने के लिए एक बार फिर सक्रिय हो जाते हैं। जब-जब दिल्ली में सरकार बदलती है। ये लॉबियाँ अपने-अपने चहेते अफसरों को लगभग सभी महत्त्वपूर्ण पदों पर जमाने के लिए खींचतान शुरू कर देती हैं। इस बार स्थिति ज्यादा भीषण इसलिए भी हो गयी है कि एक दक्षिण भारतीय कांग्रेस के प्रधानमंत्री होने के कारण कांग्रेसी सरकारों के करीब रहने वाले अफसर न केवल उत्तर तथा दक्षिण के आधार पर बल्कि राजीव गांधी की चौकड़ी और तथाकथित तटस्थता और नये मंत्रियों की निकटता के आधार पर भी बंट गये हैं। पंद्रह महीनों में वी. पी. सिंह और चंद्रशेखर सरकारों ने उन अफसरों के भाग्य का फैसला करने वाले दो शीर्ष अधिकारियों विनोद पांडे और एस. के. मिश्रा द्वारा जिन अफसरों को बेदखल करके कम महत्त्व के स्थानों पर भेज दिया था, ये नयी सरकार में जहांगीरी घंटी बजाने में लग गये हैं। उनका दावा है कि उन्हें केवल इसलिए 'काला पानी' भेज दिया गया था क्योंकि वे कांग्रेसी प्रधानमंत्रियों के करीब रहे थे।

चन्द्रशेखर सरकार ने विनोद पांडे को दी गयी सेवा अवधि को स्वीकार करते हुए अंतरराज्य परिषद का सदस्य बनाकर भेज दिया था। लगता है उन्हें तो नहीं छेड़ा जायेगा लेकिन देवीलाल के करीबी समझे जाने वाले एस. के. मिश्रा को जिन्हें नयी सरकार ने आते ही प्रधानमंत्री

के मुख्य सचिव के पद से हटाकर घर बिठा दिया है, अपनी अगली नियुक्ति का इंतजार है। देवीलाल के इशारे पर उनके द्वारा जितने अधिकारियों को सताया गया, वे सब बदला लेने की इच्छा लिये नये आकाओं के पास जा रहे हैं।

मिश्रा के स्थान पर लाये ए. एन. वर्मा योजना आयोग में जाने से पूर्व उद्योग सचिव थे। उनकी वरीयता का सम्मान करते हुए उन्हें प्रधान सचिव के पद पर बिठा दिया गया है। आने वाले हफ्तों में होनें वाले फेरबदल में उनकी प्रमुख भूमिका रहेगी। मध्यप्रदेश काडर के 1956 दस्ते के अधिकारी होने के कारण वे मध्यप्रदेश से जीतकर आये मंत्रियों अर्जुन सिंह, माधवराव सिंधिया और वी. सी. शुक्ल के करीबी माने जाते हैं। नौकरशाही के क्षेत्र में मध्यप्रदेश से और अधिक अफसरों के लाये जाने की खबर काफी गर्म है। इनमें सबसे ऊपर सुदीप चटर्जी का नाम लिया जा रहा है जो अर्जुन सिंह के खास आदमी माने जाते हैं। मध्यप्रदेश में संस्कृति सचिव के पद से हटाये गये अशोक वाजपेयी, जब से नयी सरकार बनी है, दिल्ली में डेरा डाले हुए हैं। उन्हें भी दिल्ली में ही किसी अत्यधिक महत्त्वपूर्ण पद पर नियुक्त किये जाने की पूरी संभावना है।

महाराष्ट्र काफी वर्षों से दिल्ली को कुशल और अनुभवी अफसर भेजता रहा है। बी. जी. देशमुख, सी. जी. सोमैया, आदि महाराष्ट्र की ही देन रहे हैं। शरद पवार और एस. बी. चव्हाण के रक्षा और गृहमंत्री बनने के बाद यह खबर जोरों पर है कि इस राज्य से अनेक वरिष्ठ अधिकारियों को दिल्ली लाया जायेगा।

विनोद पांडे और एस. के. मिश्रा द्वारा दिल्ली दरबार से बाहर भेजे गये जिन अफसरों को वापिस लाने का इमकान है, उनमें आर्थिक सलाहकार परिषद के सचिव विमल जालान का नाम सबसे ऊपर है। उन्हें एस. पी. शुक्ला के स्थान पर वित्त सचिव बनाये जाने की पूरी उम्मीद है। इसी प्रकार पूर्व गृह सचिव कल्याण कृष्णन को संघ लोक सेवा आयोग से वापिस कृषि मंत्रालय में लाया जा सकता है। एस. के. मिश्रा ने बिना किसी कारण हरीश अवस्थी को दूरदर्शन के अतिरिक्त महानिदेशक पद से हटाकर क्षेत्रीय प्रचार निदेशालय में भेज दिया था। उनकी भी नई बहाली की पूरी उम्मीद है। अवस्थी के बॉस शिव शर्मा अपने ऊपर हुए जानलेवा आक्रमण के बाद स्वस्थ होकर घर आ चुके हैं। उनका कार्यकाल

अगस्त में समाप्त हो रहा है। जिस प्रकार किस्मत ने उन्हें हत्यारों की गोलियों से बचाया, उसी प्रकार उन्हें एक्सटेंशन दिलाकर उनका भाग्य एक बार फिर चमत्कार दिखा सकता है वर्ना उनके निकटतम अधीनस्थ शशि कपूर का महानिदेशक बनना लगभग तय है। दूरदर्शन के अलावा आकाशवाणी के महानिदेशक का पद भी खाली हो रहा है। इस पद के लिए ए. आर. शिंदे के उत्तराधिकारी की खोज जोरों पर है।

भारत सरकार के उच्च पदों पर उत्तर और दक्षिण भारतीय अधिकारियों के बीच रस्साकशी काफी पुरानी है। भारत के पहले प्रधानमंत्री जवाहरलाल नेहरू दक्षिण भारतीयों पर अत्यधिक विश्वास करते थे। उनकी पुत्री इंदिरा गांधी ने दोनों के बीच संतुलन बनाने की कोशिश की लेकिन यशपाल कपूर और आर. के. धवन के दिल्ली दरबार में महत्त्व अर्जित करने के बाद विभिन्न मंत्रालयों में उत्तर भारतीय और खासकर पंजाबियों का प्रादुर्भाव होने लगा। संजय गांधी के सत्ता केंद्र आने के बाद दिल्ली के सत्ता गलियारों में पंजाबियों की तूती ही बोलने लगी थी। राजीव गांधी के प्रधानमंत्री बनने के बाद जब पी. चिदंबरम को कार्मिक विभाग का मंत्री बनाया और अफसरों की नियुक्तियों तथा तबादलों का जिम्मा उन्हें दिया गया, तब उन्होंने एक बार फिर चुन-चुनकर दक्षिण भारतीयों को आला पदों पर बिठा दिया। लेकिन वी. पी. सिंह और चंद्रशेखर सरकारों ने इस म्यूजिकल चेयर के खेल में फिर उत्तर भारतीयों और खासकर उत्तर प्रदेश के ब्राह्मणों के हाथों में प्रशासन की कमान सौंप दी।

इस समय अधिकांश पदों उत्तर भारतीयों का कब्जा है। मसलन कैबिनेट सचिव नरेश चंद्र, गृहसचिव राज भार्गव, रक्षा सचिव एन. एन. वोहरा, वित्त सचिव एस. पी. शुक्ला विदेश सचिव मुचकुंद दुबे, सूचना व प्रसारण सचिव सुरेश माथुर, पर्यटन सचिव मनीषा बहल कल्याण सचिव जे. एम. कुरैशी, स्वास्थ्य सचिव आर. एल. मिश्रा, शिक्षा सचिव निल बोर्डिया, खान सचिव आर. के. डांग, लोक सेवा आयोग सचिव सुरेश कुमार आदि-आदि। इनके मुकाबले दक्षिण भारतीयों की गिनती उंगलियों पर की जा सकती है। राष्ट्रपति के सचिव पी. मुरारी, सचिव अर्धनारीश्वर, पर्यावरण सचिव आर. राजामणि, कानून सचिव पी. राव, और ऊर्जा सचिव राजगोपाल।

2
भाजपा ने उठाया है सबसे ज्यादा जोखिम
कांग्रेस की लिस्ट परंपरावादी, वी. सी. की कामचलाऊ और चंद्रशेखर की गुरिल्ला छाप

नये जनादेश के लिए लोकसभा चुनाव में विभिन्न पार्टियों के उम्मीदवारों की सूचियां देखकर यह साफ तौर पर कहा जा सकता है कि जहां अन्य दलों ने ज्यादातर घिसे पिटे राजनीतिज्ञों, आजमाये हुए चेहरों और जीते-हारे सांसदों को एक बार फिर मैदान में उतारा है। वहां भारतीय जनता पार्टी ने न्यायाधीशों, राजदूतों, पूर्व आई. ए. एस. अफसरों, डाक्टरों, वकीलों, इंजीनियरों अभिनेताओं, यहां तक कि क्रिकेट खिलाड़ियों को अपनी पार्टी का टिकट देकर न केवल समाज के विभिन्न वर्गों से अपनी बढ़ती लोकप्रियता का संकेत दिया है बल्कि नये खून और नये जोश के साथ पहली बार दिल्ली में सरकार बनाने के अपने दावे को संतुष्ट करने की कोशिश की है और इस क्रम में काफी बड़ा राजनीतिक्र जोखिम उठाया है।

किसी भी आम चुनाव में उम्मीदवारों का चयन निर्णायक जीत की ओर पहला कारगर कदम कहा जा सकता है। इस दृष्टि से देखा जाये तो भाजपा अकेली ऐसी पार्टी है। जिसने सबसे ज्यादा जोखिम उठाया है। इसके ठीक विपरीत कांग्रेस ने सभी वर्गों और दबाव समूहों को खुश करके संतुलन बनाने की कोशिश की है। वी. पी. सिंह के जनता दल ने दलितों और शोषितों को अधिक सत्ता देने के नाम पर कुछ कामचलाऊ चेहरों को तदर्थ आधार पर मैदान में उतारा है और चालीस सालों के मुकाबले चार महीनों के अपने प्रदर्शन और काम का तुलानात्मक दंभ भरने वाले समाजवादी जनता दल ने इधर-उधर कुछ इक्का-दुक्का

चौंकाने वाले समझौते करके गुरिल्ला रणनीति अपनाने का दुस्साहस किया है।

अपने दावे के अनुरूप भाजपा ने पहली बार अपने आपको एक अखिल भारतीय पार्टी के रूप में स्थापित करने की कोशिश की है। कश्मीर से कन्याकुमारी तक और राजस्थान से असम तक उसने अपने उम्मीदवारों को खड़ा करके बाकी दलों को यह दिखा दिया है कि उनके इरादे बुलंद, दृष्टि स्पष्ट और लक्ष्य निर्धारित है।

पार्टी महासचिव गोविंदाचार्य के अनुसार इस बार पार्टी ने 40 प्रतिशत ऐसे उम्मीदवारों का चयन किया है जो युवा वर्ग से आते हैं। यह संख्या पिछले चुनाव के मुकाबले दुगनी है। कोशिश यह की गयी कि उनके नामों की सिफारिश जिला और प्रादेशिक समितियां करें। इनकी कुल संख्या लगभग 10 प्रतिशत है। प्रत्याशियों की सूची में आधे से अधिक नाम पिछड़ी जातियों के हैं।

इस चुनाव में पहली बार विभिन्न क्षेत्रों के विशिष्ट व्यक्ति अन्य दलों के मुकाबले भारतीय जनता पार्टी में अधिक संख्या में आये हैं। ऐसे 90 लोगों में से 30 को प्रत्याशी बनाया गया है।

पार्टी ने उत्तर प्रदेश और बिहार पर विशेष बल दिया है क्योंकि गोविंदाचार्य के अनुसार असली लड़ाई इसी क्षेत्र में लड़ी जानी है। भाजपा ने बिहार में पिछड़ी जाति के उम्मीदवारों को काफी टिकट दिये हैं। वह शायद यह मानकर चल रही है कि लालू यादव के मंडल-कमंडल को खाली करने के लिए अपने पिछड़ों को मैदान में उतारना जरूरी है।

ध्यान देने की बात यह भी है कि पार्टी ने पहली बार दक्षिण भारतीय राज्यों पर भी जोर दिया है। केरल में जिला समितियों के जो चुनाव हुए थे उनमें भाजपा ने हिस्सा लिया था। जीत तो उसकी नहीं हुई थी पर यह पता चला था कि केरल के 1 करोड़ 40 लाख मतदाताओं में से साढ़े ग्यारह लाख मतदाताओं ने उसका समर्थन किया था। पालघाट, त्रिचूर और कैनेनूर में उसे 1 लाख से अधिक वोट मिले थे। तिरूअनंतपुरम और कासरगोड में उसका असर पहले से है। इसलिए इस बार उसने इन दो संसदीय क्षेत्रों में अपने विशेष उम्मीदवार खड़े किये है। कुल मिलाकर पार्टी के 19 उम्मीदवारों तमिलनाडु से, 20 केरल से, 28 कर्नाटक से

और 21 आंध्र प्रदेश से चुनाव लड़ रहे हैं। महाराष्ट्र और गुजरात में भी उसे अपनी ताकत का अहसास हुआ। ओड़िसा भी उसके नक्शे से जुड़ा है। भाजपा ने पहली बार अंडमान और उत्तरपूर्व के राज्यों में अपने उम्मीदवार खड़े किये हैं।

उसने लगभग हर रोज किसी न किसी नये चौंकाने वाले चेहरे को अपनी पार्टी में शामिल करके अखबारों में सुर्खियां तो हासिल की हीं, जनमानस में यह भाव भी प्रचारित किया है कि रोज कोई न कोई जाना–माना अराजनैतिक व्यक्तिव्त उसकी नीतियों में अपनी आस्था और विश्वास व्यक्त करते हुए उसके साथ कंधे से कंधा मिलाकर लड़ने को तत्पर है। कुछ नाम मुलाहिजा हों।

मैसूर के भूतपूर्व शासक परिवार के वर्तमान वंशज श्रीकांत दत्त नरसिंह राजा वाडियार, विश्वप्रसिद्ध, आंखों के डॉक्टर एम. सी. मोदी, फिल्म अभिनेत्री माया अलघ, रामायण सीरियल में सीता और रावण की भूमिका अदा करने वाले कलाकार दीपिका और अरविंद त्रिवेदी, जाने–माने पुलिस अफसर और फिल्म सेंसर बोर्ड के अध्यक्ष बी. पी. सिंघल, क्रिकेटर चेतन चौहान, उत्तरप्रदेश के भूतपूर्व पुलिस महानिदेशक श्रीशचंद्र दीक्षित, स्वामी चिन्मयानंद, डाकू से समाजसेवी बने तहसीलदार सिंह, अर्थशास्त्री वी. व्यंकटगिरि गौड़ा, आंध्रप्रदेश के भूतपूर्व मुख्य सचिव पी. एन. रमन, पर्यावरण विशेषज्ञ वाई. शिवाजी राव, पुलिस संचार व्यवस्था के भूतपूर्व डायरेक्टर डी. अप्पा राव, भ्रष्टाचार उन्मूलन ब्यूरो के निदेशक विजयरंगन नायडू, तेलुगू फिल्म कलाकार गिरि बाबू शिव कृष्ण, संगीतज्ञ महेश।

3

चंद्रशेखर भी बौखला उठे हैं पंजाब की हत्याएं देखकर

चुनाव करवाने पर पुनर्विचार, मगर निर्वाचन आयोग खामोश

प्रधानमंत्री सचिवालय को यह उम्मीद नहीं थी कि पंजाब के राज्यपाल ओ.पी. मल्होत्रा के दृढ़ आश्वासन के बावजूद राज्य में लोकसभा और विधानसभा के लिए उम्मीदवारों का इस तरह कत्लेआम शुरू हो जायेगा। उन्होंने जब निर्वाचन आयोग पर चुनाव करवाने के लिए जोर दिया था, उस समय वे आश्वस्त थे किसी न किसी तरह राज्यप्रशासन कानून और व्यवस्था बनाये रखेगा तथा सभी उम्मीदवारों को सुरक्षा प्रदान की जाएगी। लेकिन बाद के हालात इस कदर बिगड़े कि उम्मीदवारों की सुरक्षा तो दूर उनका चुनाव प्रचार भी दूभर हो गया है। स्थिति को देखते हुए प्रधानमंत्री के सलाहकार बड़ी गंभीरता से सोच रहे हैं कि राज्य में होने वाले चुनाव के बारे में अंतिम फैसला नई सरकार ही ले। वैसे भी तकनीकी दृष्टि से देखा जाये तो तब तक केंद्र में नई सरकार बन चुकी होगी। और यह संवैधानिक और कानूनी अधिकार प्राप्त होगा कि वह कानून और व्यवस्था को देखते हुए अनिश्चित काल के लिये स्थगित कर दे। निर्वाचन आयोग के सूत्रों के अनुसार मुख्य चुनाव आयुक्त टी.एन. शेषन भी इसीलिए पूरे मामले को टाल रहे हैं कि चुनाव से पहले केंद्र में राजीव गांधी की हत्या के बाद कांग्रेस सरकार बनने के आसार काफी प्रबल हो गये हैं। अतः क्यों न चंद्रशेखर सरकार द्वारा जबरदस्ती चुनाव कराने के फैसले की मिट्टी पलीद होने दें।

पंजाब में अब तक 20 से अधिक उम्मीदवार आतंकवादियों की गोलियों का शिकार हो चुके हैं।

पहले तो निर्वाचन आयोग ने इन सभी क्षेत्रों में चुनाव रद्द घोषित कर दिये थे लेकिन सरकार की जिद्द देखते हुए नयी तारीखें घोषित कर दी गयीं। अगर सरकार चुनाव करवाना ही चाहती है और प्रशासन अभी भी शांति और व्यवस्था बनाये रखने के प्रति आशावान है तो निर्वाचन आयोग बीच में बाधा क्यों डाले।

वैसे मन ही मन आयोग अपनी दूर दृष्टि पर काफी प्रसन्न है और इस संबंध में राष्ट्रपति सचिवालय से निरंतर संपर्क बनाये हुए हैं।

जहां तक राजनीतिक दलों का प्रश्न है कांग्रेस अपने इस इरादे पर कायम है कि वह इन चुनावों में भाग नहीं लेगी। जिस तरीके से देश के अन्य इलाकों में आतंकवादियों ने उसके नेता राजीव गांधी की हत्या कर दी उसके बाद तो उसका फैसला बिल्कुल तर्कसंगत लगता है हालांकि इस पार्टी का पंजाब में कोई खास नामोनिशान नहीं है और चुनाव में भाग न लेने का इसका फैसला राजनीतिक कारणों से प्रेरित है। पर ऊपर से वह देश में यह भ्रम बनाये रखना चाहती है कि उसे चंद्रशेखर द्वारा चुनाव कराने का फैसला मंजूर नहीं है। कांग्रेस की भांति मार्क्सवादी शुरू में चुनाव कराये जाने के विरुद्ध थे लेकिन बाद में चुनाव घोषित हो जाने पर उन्होंने विरोध के साथ ही सही पर चुनाव में भाग लेना मान लिया। मार्क्सवादी पार्टी की स्थिति कांग्रेस से इन मायनों में भिन्न है कि राज्य के काफी बड़े हिस्से में इसका प्रभाव है और यह एकमात्र ऐसा राजनीतिक दल है जिसने आतंकवादियों का डट कर मुकाबला किया है। जब से विधान सभा अध्यक्ष बृजभूषण मेहरा की हत्या हुई तब से मार्क्सवादी भी अपने फैसले पर पुनर्विचार में जुट गये हैं क्योंकि खासतौर से उनके प्रत्याशियों को चुनाव प्रचार बिल्कुल नहीं करने दिया जा रहा है। हो सकता है कि निकट भविष्य में यह पार्टी चुनाव अनिश्चित काल के लिए सही पर कुछ समय के लिए भी स्थगित कराने के लिए आंदोलन छेड़ दे।

कांग्रेस की भांति जनता दल का भी राज्य में कोई प्रभाव नहीं है।

4

न्यायमूर्ति रामास्वामी पर 'महाभियोग' चलाने की तैयारी

आज़ादी के बाद पहली बार किसी जज पर ऐसे आरोप

संसद के दोनों सदनों के अनेक सांसदों ने जिनमें कई प्रमुख न्यायविद् और विधि विशेषज्ञ भी हैं, प्रधानमंत्री विश्वनाथ प्रताप सिंह तथा विधिमंत्री दिनेश गोस्वामी पर यह दबाव बढ़ा दिया है कि यदि सर्वोच्च न्यायालय के न्यायमूर्ति वी. रामास्वामी अपने पद की गरिमा को देखते हुए स्वयं ही त्यागपत्र नहीं दे देते तो उन पर संसद में 'महा अभियोग' की प्रक्रिया शुरू की जानी चाहिए।

प्रधानमंत्री, विधिमंत्री तथा उनके वरिष्ठ सहयोगियों ने उत्तेजित सांसदों को आश्वासन दिया है कि सरकार इस संभावना के कानूनी पहलुओं का अध्ययन कर रही है और अगर कोई अन्य विकल्प नहीं रहा तो 'महा अभियोग' की अनुमति देने पर विचार किया जा सकता है।

अनेक भाजपाई और माकपाई सांसदों ने तो यहां तक कहा है कि अगर नेशनल फ्रंट के सांसदों के पहल करने में कोई औपचारिकता आड़े आ रही है तो वे इसमें सहायता कर सकते हैं, अधिकतर सांसदों की उत्तेजना का कारण यह है कि न्यायपालिका के प्रति उनकी जो ऊंची और आदरपूर्ण भावनाएं रही हैं और विशेषतः सर्वोच्च न्यायालय के न्यायाधीशों से जिस अनुकरणीय तथा मर्यादापूर्ण आचरण का भरोसा रहा है, उसकी नीवें हिल गयी हैं।

जब से अखबारों में चंडीगढ़ प्रशासन की उस आडिट रिपोर्ट के हिस्से छपने शुरू हुए हैं, जिसमें उन पर अमानत में खयानत करने का मामला बन सकता है, तब से देश भर के जजों, वकीलों तथा अन्य

सामाजिक मर्यादा से प्रतिबद्ध लोगों का दबाव बढ़ रहा है कि सरकार दूध का दूध और पानी का पानी करे।

न्यायमूर्ति रामास्वामी नवंबर 1987 से सितंबर 1989 तक पंजाब और हरियाण उच्च न्यायालय के प्रधान न्यायाधीश रहे थे। इसके बाद राजीव गांधी की कांग्रेस सरकार की सिफारिश पर राष्ट्रपति ने उन्हें सर्वोच्च न्यायालय में न्यायाधीश नियुक्त कर दिया। हालांकि उस समय भी चंडीगढ़ प्रशासन के एक उच्चधिकारी ने नयी दिल्ली को इस बारे में आगाह किया था, पर उसे नजरअंदाज कर दिया गया।

चंड़ीगढ़ प्रशासन के विशेष सचिव द्वारा 12 दिसंबर 1989 को औपचारिक रूप से प्रस्तुत आडिट रिपोर्ट में कहा गया है कि हालांकि उच्च न्यायालय का जज साढ़े 38 हजार रुपये तक का फर्नीचर और बिजली का समान लगवा सकता है, पर न्यायमूर्ति रामास्वामी ने 35 गुना यानी 13 लाख 87 हजार 500 रुपये से ज्यादा का सामान अपने घर में फिट करवाया। इस सीमा की जानकारी उच्च न्यायालय के सभी संबद्ध अफसरों को थी, पर न्यायमूर्ति के डर से वे चुप रहे। इसके अलावा 27 हजार 789 रुपये का तो सामान खरीदकर रिकार्ड में दिखाया भी नहीं गया। यह सूची बड़ी लंबी है। इसके कुछ ही हिस्से *टाइम्स आफ इंडिया* और *हिन्दुस्तान टाइम्स* में छपे हैं। पर बंबई की जानी मानी वकील इंदिरा जयसिंह की पत्रिका लायर्स में यह पूरी रिपोर्ट छपी है। उसके मुताबिक, टेलीफोन, कंबलों, तकियों, डबल बैड की चादरों, कालीनों, मिक्सी, ड्रेसिंग टेबल, कुर्सियों...

5
महिला उम्मीदवारों से सभी पार्टियों की नाइंसाफी

सामाजिक न्याय के 'मसीहा' वी. पी. सिंह ने भी अनदेखी की

पिछड़े और शोषित, दलित और गरीब, कम सुविधाप्राप्त को बराबर के अवसर जैसे लुभावने नारों को उछालने वाले भारतीय राजनैतिक दलों ने कम से कम देश की आधी जनसंख्याा के साथ तो घोर अन्याय किया है। 500 से अधिक लोकसभा सीटों के लिए खड़े हुए नौ हजार से ज्यादा उम्मीदवारों में महिला उम्मीदवारों की संख्या मुश्किल से सैंकड़े का आंकड़ा पार कर पायी है। इसमें सबसे ज्यादा सोचनीय स्थिति है वी. पी. सिंह के उस जनता दल की जो सामाजिक न्याय, समान अधिकार और बराबरी के दावे पर चुनाव मैदान में उतरा है।

महिला उम्मीदवारों के लिहाज से देश की सबसे बड़ी पार्टी ही पहले नंबर पर है। उसने तमाम महिला उम्मीदवारों की आधी से अधिक संख्या जितनी उम्मीदवार खड़ी की हैं, लेकिन इनमें से अधिकांश भूतपूर्व महारानियों, राजकुमारियों और समाज की सुविधा सम्पन्न महिलाओं को ही प्राथमिकता दी गयी है। इसके अलावा कांग्रेस ने कुछ मुस्लिम उम्मीदवारों तथा सुरक्षित क्षेत्रों में हरिजन महिलाओं को मौका दिया है। वह भी शायद इसलिए कि इसके बिना उसकी वह छवि नहीं बनती जिसका कि वह दावा करती रही है।

भाजपा की भी अलग यही स्थिति है। उसने भी मैदान में सिनेमा और टेलीविजन की फिल्म अभिनेत्रियों की लोकप्रियता को भुनाने की कोशिश की है। हालांकि इस पार्टी ने समाज के विभिन्न क्षेत्रों के लोगों को अपनी पार्टी में स्थान देकर अपनी बढ़ती हुई साख जमाने की कोशिश की है। लेकिन टिकट बांटने के मामले में ये भी महिलाओं के प्रति भेदभाव के आरोप से मुक्त नहीं हैं।

6

अमिताभ अपने भाई को चंद्रशेखर से मिलाने ले गये

स्विस फ्लैट और बकाया आयकर

जाने-माने फिल्म अभिनेता अमिताभ बच्चन और उनके विवादास्पद छोटे भाई अजिताभ इन दिनों दिल्ली में डेरा डाले हुए हैं। वे यहां वी. पी. सिंह सरकार द्वारा उनके खिलाफ दुबारा खोले गये विदेशी मुद्रा और आयकर संबंधी अनेक मामलों के बारे में अपनी सफाई देने और इन्हें बंद करने के लिए नार्थ ब्लाक स्थित वित्तमंत्रालय के अधिकारियों से लगभग रोज मिल रहे हैं। इस संबंध में अमिताभ अजिताभ को लेकर प्रधानमंत्री चंद्रशेखर से भी कई दफा मिल चुके हैं।

अपने गुलमोहर पार्क स्थित घर पर एक लंबी बातचीत में अमिताभ ने बताया कि ये सारे मामले पूरी छानबीन के बाद बंद कर दिये गये थे। लेकिन वी. पी. सिंह सरकार ने बदले की भावना से काम करते हुए सत्ता में आते ही इन्हें फिर खोलने के निर्देश दे दिये। हालांकि वी. पी. सिंह की सरकार अब नहीं है, लेकिन वित्तमंत्रालय के अधिकारी बंबई और दिल्ली में बच्चन बंधुओं को लगातार नोटिस और निर्देश भेजते रहते हैं। अमिताभ ने बताया कि प्रधानमंत्री ने उन्हें आश्वासन दिया है कि वे इस संबंध में शीघ्र ही कुछ करेंगे। उल्लेखनीय है कि पिछले दिनों प्रधानमंत्री अपनी बंबई यात्रा के दौरान अमिताभ के घर जाकर उनके पिता से मिले। डॉ. हरिवंशराय बच्चन इलाहाबाद विश्वविद्यालय में चंद्रशेखर के प्राध्यापक रहे हैं। प्रधानमंत्री इसी नाते उनके दर्शन करने गये थे।

इन दिनों सफलता के तमाम रिकार्ड तोड़ने वाली अमिताभ की बहुचर्चित फिल्म 'हम' के प्रीमियर शो का उद्घाटन भी प्रधानमंत्री ने

किया था। उस शो से होने वाली आमदनी में से 11 लाख रुपये अमिताभ ने चंद्रशेखर के निर्वाचन क्षेत्र बलिया में बनाये जा रहे एक अस्पताल के लिए दानस्वरूप भेंट किया था। अमिताभ ने बताया कि वे इस फिल्म से उन्हें होने वाली आय में से कुछ हिस्सा इस आदि।

7

भाजपा के किले ढहाने में जुटे चंद्रास्वामी

मुस्लिम उलेमाओं को भी मनाया जा सकता है

चंद्रास्वामी इन दिनों भारतीय जनता पार्टी के किले ढहाने में लगे हुए हैं। इस हफ्ते उन्होंने भाजपा के गढ़ समझे जाने वाले बांदा में अनेक सभाओं को संबोधित किया और अयोध्या में राम मंदिर बनवाने में सहयोग की अपील की।

चंद्रास्वामी ने बांदा से लौटकर **दिनमान टाइम्स** को बताया कि अगर इस देश को एक रखना है तो राम जन्मभूमि के गर्भ गृह स्थल पर मंदिर का निर्माण करना ही होगा, पर यह काम भाजपा या विश्व हिन्दू परिषद के वश का नहीं। हिन्दू धर्माचार्य भाजपा का राजनीतिक खेल समझ चुके हैं और वे अब उसके झांसे में आने वाले नहीं हैं। इस धार्मिक अनुष्ठान के लिए तो गैर-राजनीतिक प्रयास करने होंगे।

देश भर के मुस्लिम उलेमाओं और धार्मिक नेताओं से मिलने के बाद चंद्रास्वामी ने विश्वास व्यक्त किया कि मस्जिद के स्थानांतरण पर उन्हें मनाया जा सकता है, पर यदि भाजपा बीच में आयी तो ये फिर भड़क सकते हैं।

चंद्रास्वामी ने फिर दोहराया कि इस समस्या का एकमात्र हल मस्जिद की एक ईंट भी क्षत-विक्षत किये बिना उसे आधुनिक यांत्रिकी के जरिए किसी उपयुक्त स्थान पर हटाकर वहां मंदिर का निर्माण हो। और वे रात-दिन इसी कार्य में लगे हैं।

चंद्रशेखर के प्रधानमंत्री बनने के बाद वे जब से भारत लौटे हैं। इसी कार्य में लगे हैं और जब तक यह पूरा नहीं हो जाता चैन की सांस नहीं लेंगे।

सफदरजंग डेवलेमैंट एरिया स्थित उनका तिमंजिला निवास इन दिनों खासी चहल-पहल का केंद्र है। उनके निमंत्रण पर देश भर के हिन्दू और मुस्लिम धर्मगुरू और साधु संत यहां डेरा डाले रहते हैं। चंद्रास्वामी उन्हें अपने उद्देश्य से अवगत कराते हैं। और इस संकल्प में शमिल होने के लिए उनका आह्वान करते हैं। उनका दावा है कि उन्हें इस काम में काफी सफलता मिल रही है।

भाजपा चंद्रास्वामी की इस पहल पर काफी परेशान है। हालांकि नये पार्टी अध्यक्ष मुरलीमनोहर जोशी ने एक इंटरव्यू में कहा कि इन प्रयासों का कोई नतीजा नहीं निकलेगा और यह मंदिर पार्टी अभियान के तहत ही बनेगा, लेकिन अन्य विहिप नेताओं के बयानों से बेचैनी का एहसास तो होता ही है। पिछले हफ्ते चंद्रास्वामी की गुजरात यात्रा भी इसी उद्देश्य के तहत थी। वहां उन्होंने मुख्यमंत्री चिमनभाई पटेल के साथ मिलकर राज्य के धर्माचार्यो को अपने हाथ मिलाने की कोशिश की। यह तो स्पष्ट है कि प्रधानमंत्री चंद्रशेखर उनके इन प्रयासों से न केवल सहमत हैं बल्कि पूरा सहयोग भी दे रहे हैं। शायद ही कोई दिन जाता हो जब कि अनेक केंद्रीय मंत्री चंद्रास्वामी से मिलने उसके निवास पर न जाते हों।

दिनमान टाइम्स से बातचीत में भी प्रधानमंत्री ने स्वामी के प्रयासों की सराहना की और उन्हें बिल्कुल उचित बताया। यही नहीं उन्होंने डॉ. जे. के. जैन के घर जाने और खरशोगी के साथ खाना खाने में कुछ भी अनुचित नहीं पाया। पर उधर भाजपा ने इस डिनर के बाद डॉ. जैन को अपनी राष्ट्रीय कार्यकारिणी से हटा दिया।

8

कुर्सी का मोह

वी. पी. सिंह

जैसे-जैसे समय नजदीक आ रहा है, इस बात की संभावना बढ़ने लगी है कि प्रधानमंत्री विश्वनाथप्रताप सिंह को जनता दल पार्टी के स्तर पर अविश्वास का प्रस्ताव पारित करके हटने पर मजबूर कर देंगे और उस दिन बुलाये गये संसद के विशेष अधिवेशन में कोई और नेता विश्वास का मत प्राप्त करने की कोशिश करे।

जब से राष्ट्रपति आर. वेंकटरमन ने प्रधानमंत्री का अनुरोध स्वीकार करते हुए उन्हें सदन में अपना बहुमत सिद्ध करने के लिए 14 दिन का समय दिया है। तब से उनकी पार्टी के भीतर उन्हें हटाने के लिए राजनीतिक सरगर्मियां तेज हो गयी हैं। उन्हें हटाये जाने की मुहिम चलाने वालों ने हर सांसद का दरवाजा और हर मंत्री का टेलीफोन खटखटाया है। इस गुट का तो यह भी दावा है कि वह लगभग 50 सांसदों, जिनमें 5 मंत्री भी शामिल हैं, के हस्ताक्षरयुक्त एक मेमोरेंडम भी तैयार कर चुका है, जो उचित वक्त आने पर जनता संसदीय दल की बैठक बुला कर पेश किया जायेगा। इसमें वी. पी. सिंह के 11 महीनों के कुप्रशासन के कारण फैली अव्यवस्था और अराजकता के कारण उनके नेतृत्व में अविश्वास व्यक्त करते हुए उनमें स्वयं त्यागपत्र देने के लिए कहा गया है। असंतुष्टों का यह भी दावा है कि वे इतने हस्ताक्षर जमा कर लेंगे कि वी. पी. सिंह स्वयं हटने पर मजबूर हो जायेंगे। अगर उन्होंने ऐसा नहीं किया तो पार्टी उनमें अविश्वास व्यक्त करते हुए उन्हें हटा देगी।

अब इस बात में कोई संदेह नहीं रह गया है कि देवीलाल ने महाराष्ट्र से विशेष वायुयान में लौटने के बाद और प्रधानमंत्री से मिलने

के बाद वी.पी. सिंह के नेतृत्व में विश्वास व्यक्त करते हुए बयान दिया था। उस पर उन्होंने पुनर्विचार करना प्रारंभ कर दिया है। चंद्रशेखर के शिविर का तो यह भी कहना है कि देवीलाल ने वह बयान जानबूझकर गुमराह करने के लिए दिया था। इस बात की पुष्टि देवीलाल की अगले दिन बुलायी गयी प्रेस कांफ्रेस से होती है जिसमें उन्होंने लड़ाई के दौरान घोड़े न बदलने वाली बात का यह कहकर संशोधित कर दिया था। यानि राम जन्मभूमि पर कार सेवा वाले मसले की मियाद खत्म हो जाने के बाद यह लड़ाई समाप्त हो जायेगी और तब उनकी शब्दावली में घोड़ा बदलने का समय आ जायेगा। चंद्रशेखर ने तो यहां तक कहा कि ताऊ ने घोड़ा बदलने की बात कही थी, घुड़सवार नहीं और नेता सवार तो हो सकता है, घोड़ा नहीं।

चंद्रशेखर शिविर पूरी तरह से आश्वस्त हो चुका था कि उनका नेता प्रधानमंत्री बने या न बने, वी. पी. सिंह उस कुर्सी पर नहीं रहेंगे। और नहीं माने तो हटा दिये जायेंगे। इस संबंध में उनके शिविर के प्रमुख नेताओं मसलन यशवंत सिन्हा आदि के घर पर बड़ी चहल पहल रही। वहां से जनता दल सांसदों को समझा-बुझाकर चंद्रशेखर के पास भेजा रहा था, ताकि वे एक बार स्वयं नेताजी के सामने अपनी स्वामिभक्ति का प्रमाण पेश कर दें। इनके हौसला बुलंदी पर है, चिंता की कोई बात नहीं। अभी अपने को एक्सपोज नहीं करना चाहिए। ऐन मौके पर आयेंगे। पहले आने में कोई तुक नहीं है। चौधरी हमारे साथ है। वी. पी. सिंह को इस्तीफा देना ही होगा। लोग आते जा रहे हैं। कारवां बनने ही वाला है। जैसे वाक्य बार-बार हवा में गूंजते हैं।

दिनमान टाइम्स से बातचीत के दौरान यशंवत सिंहा ने तो यहां तक कहा कि राष्ट्रपति द्वारा प्रधानमंत्री को मोहलत देना अब उन्हीं के विरुद्ध सिद्ध हो रहा है। उन्होंने विश्वास व्यक्त किया कि वामपंथी पार्टियां नये नेता को भी अपना समर्थन देती रहेंगी क्योंकि नेता का मसला पार्टी का आंतरिक मामला है। उन्होंने अंतरात्मा की आवाज को दलबदल करने के लिए निमंत्रण देना माना। और कहा कि प्रधानमंत्री को इस प्रकार सरेआम कानून और संविधान का उल्लंघन नहीं करना चाहिए। चंद्रशेखर के अलावा देवीलाल भी काफी सक्रिय दिखायी दिये। पता चला है कि वे मेनका गांधी के घर तक पहुंच गये और वहां 45 मिनट तक रहे। उनके साथ उनके विश्वासपात्रों के कई और मंत्रीयों के वहां जाने की खबर है।

देवीलाल ने अजित सिंह, आरिफ मोहम्मद खान और अरुण नेहरू से भी संपर्क साधा तथा वी. पी. सिंह की डूबती नैया को छोड़ अपने सुरक्षित जहाज में आने का स्पष्ट न्यौता दिया। इन मंत्रियों ने फिलहाल उन्हें यह कहकर टाल दिया कि तिथि को निकल जाने दीजिए। उसके बाद देखा जायेगा।

कांग्रेस के खेमे में उस समय से बहुत उत्साह है जब से उनके नेता ने वी. पी. सिंह के हटने और जनता दल द्वारा नया नेता न चुनने की स्थिति में अपना दावा पेश करने की बात कही है। यूं तो किसी कांग्रेसी सांसद को पार्टी छोड़कर जनता दल में जा मिलने की कोई आशंका पहले भी नहीं थी, लेकिन इस घोषणा के बाद तो वह बिल्कुल ही समाप्त हो गयी है। यह राजीव गांधी का बड़ा सोचा समझा अचूक बाण था जो उन्होंने अपनी पार्टी के सांसदों पर चलाया कि अगर वे कुछ महीनों की सरकार वाले सत्तारूढ़ दल का सदस्य कहलाना चाहते हैं तो कांग्रेस भी उन्हें यह सुख दे सकती है। इसके साथ ही कांग्रेस द्वारा वी. पी. सिंह के खिलाफ अविश्वास प्रस्ताव लाने की घोषणा करके उन्होंने अपनी पार्टी के मनोबल को और बढ़ा दिया है।

अब पार्टी के सामने धर्मनिरपेक्षता और पिछड़े वर्गों की हिमायत को लेकर कोई धर्मसंकट नहीं रहेगा।

पार्टी में वी. पी. सिंह सरकार की असफलाओं के विरुद्ध जनमत बनाने का फैसला किया है।

9
अब अस्पतालों को लाशें नहीं ढूंढ़नी पड़ेंगी
अस्थिपिंजर बना फाइवरग्लास से

दिल्ली के जाने माने आर्किटेक्ट अमिताभ सेन गुप्ता का दावा है कि उन्होंने विधाता द्वारा रचित मानव अस्थि पिंजर की हुबहू नकल कर ली है। वह भी बिना हाडमांस के सिर्फ फाइबर ग्लास की मदद से। मानव शरीर में 206 हड्डियां होती हैं। सेन गुप्ता द्वारा तैयार अस्थि पिंजर में 182 हड्डियां हैं। सभी चटखती भी हैं और लचकती भी हैं। इनकी बनावट ठीक वैसी है जैसी कि मानव शरीर में होती है। यह अस्थि पिंजर बैट सकता है, खड़ा हो सकता है, लेट सकता है और झुक भी सकता है और सेन गुप्ता का तो दावा है कि यह उनसे बातें भी करता है।

देश भर में अनेक सिनेमाघरों की वास्तुकला डिजायन करने वाले 63 वर्षीय अमिताभ सेन गुप्ता को मानव अस्थि पिंजर तैयार करने का ख्याल उस समय आया जबकि वह बंबई के बोरी बिली इलाके में उस समय बन रहे डिजनीलैंड के लिए कुछ डरावने खेल तैयार कर रहे थे। उन खेलों में से एक अस्थि पिंजर की भी जरूरत थी। पेशे से वास्तुकार होने के कारण सेन गुप्ता ने जो अस्थि पिंजर तैयार किया, उसे देखकर वे खुद हैरान रह गये। तभी मन में एक विचार कौंधा कि अगर इसे विकसित करके मानव आकार का अस्थि पिंजर तैयार किया जा सके तो शरीर विज्ञान की दुनिया में क्रांति आ सकती है।

दुनिया भर के अस्पतालों में लाशों की कमी रहती है। इन लाशों की जरूरत शरीर की बनावट समझाने के लिए पड़ती है। मेडिकल कालेज

के विद्यार्थी इन्हें चीरफाड़ कर यह देखते हैं कि कौन सी हड्डी कहां जुड़ती है।

सौभाग्यवश हर मरने वाला अकेला नहीं होता। इसलिए उसकी लाश के लावारिस होने का सवाल ही नहीं पैदा होता और नजदीक क्या दूर–दराज के रिश्तेदार भी मिट्टी खराब नहीं करना चाहते। इसके अलावा इस्लाम में तो मुर्दे को दफन न करना काफिराना हरकत है। इस प्रकार चर्च भी मृत शरीर के साथ छेड़छाड़ की इजाजत नहीं देता। यही कारण है कि इस्लामी जगत में डॉक्टरी पेशे के लिए मुस्लिम मुर्दों की चीरफाड़ नाजायज है। विकसित पश्चिमी देशों में समाज इस बात की इजाजत नहीं देता कि मरने वाले की लिखित इच्छा के बगैर उसकी लाश में चाकू घोंपा जाये। अब बचे हिन्दू मुर्दे या लावारिस लाशें। अब या तो वे मिलती हैं तो पूरी नहीं पड़तीं। उनकी छीना चलती रहती है। इधर लाशों के व्यापारी भी तेजी से पनपे हैं। भारतीय लाशों की दुनिया भर में मांग है। इस कारण जिन लाशों को भारतीय डॉक्टरों के हाथ में होना चाहिए वे लीबिया और ल्युनिसिया के मेडिकल कालेजों में पायी जाती हैं। गर्मागर्म ताजा लाश से बोटी–बोटी काटकर अंग प्रत्यंग भी बेचे जाते हैं। गुर्दों, फेफड़ों और आंखों तक की दिसावरी मांग खूब है।

सेन गुप्ता ने इसी शून्य को भरने की कोशिश की है। उनका दावा है कि उनके द्वारा बनाया गया अस्थि पिंजर वही कान कर सकेगा जो कि मानव शरीर से निकाला गया अस्थि पिंजर करता है। पांच हजार रुपये की लागत से बने इस अस्थि पिंजर का दाम सेन गुप्ता ने 565 अमेरिकी डालर यानि लगभग एक लाख रुपया रखा है। विडंबना यह है कि भारत में एक लाश दो हजार रुपये में मिल जाती है। इसलिए शायद शुरू में भारतीय बाजार में सेन गुप्ता द्वारा बनाये गये अस्थि पिंजर के ग्राहक बहुत ज्यादा न हों। लेकिन विदेशों से उन्हें पर्याप्त मात्रा में आर्डर मिल चुके हैं। सेन गुप्ता का इरादा गुड़गांव और नोएडा में दो लघु उद्योग स्थापित करने का है, जहां व्यापक पैमाने पर इन अस्थि पिंजरों का निर्माण किया जायेगा। उन्होंने पिछले वर्षों में अनेक कारीगरों को इस काम के लिए प्रशिक्षण दे दिया है। उनका कहना है कि एक कारीगर दो दिन में एक अस्थि पिंजर तैयार कर सकता है। सारा कौशल मुख्य हड्डियों के ढांचे तैयार करने में है।

10

वह पति नहीं हो पाया, वह पत्नी नहीं बन सकी

रेखा के पति द्वारा आत्महत्या

रेखा और मुकेश के बीच साझा कुछ नहीं था। न जीवन, न दर्शन, न दोस्त और न सपने। मुकेश का जीवन रेखा से शादी से पहले भी भरा पूरा था। वह अपनी सहयोगी, मनोवैज्ञानिक चिकित्सक और सुख-दु:ख की साथी आकाश बजाज की दो बेटियों से पिता जैसा प्यार करता था। उनके परिवार की सुख सुविधा का पूरा ख्याल रखता था।

रेखा को जिस पूर्ण पुरुष की तलाश थी वह कम से कम मुकेश तो नहीं था। मुकेश के दोस्तों की एक लंबी कतार थी जिन्हें रेखा कतई पसंद नहीं करती थी। अक्सर रेखा अचानक उनके बीच से उठकर चली जाया करती थी। कभी-कभी होटल से खाने की प्लेट छोड़कर।

मुकेश रेखा से एक आम पत्नी की भूमिका की अपेक्षा करता था। अब रेखा आम पत्नी होती या जानती कि कैसी होती है तो वह भूमिका अदा करती। रेखा एक सुपर स्टार थी जिसे भीड़ से सख्त नफरत हो गयी थी। वह मुकेश के चारों ओर भिनभिनाने वाले दोस्तों को अपने प्रशंसकों की श्रेणी से अलग करके नहीं देखती थी। रेखा की जीवन में न पैसे का अभाव था और न चमचों का। न शोहरत का और न चकाचौंध का। उसे एक दोस्त चाहिए था। एक हमदर्द। उसका दर्द समझने वाला। उसके साथ अकेले में सपने लेने वाला। जो मुकेश नहीं हो पाया, और उसके दोस्त तो रेखा के इतने करीब आ ही नहीं पाये कि वे उसे समझ पाते। उन्होंने उसे रेखा भाभी समझने की भूल की जो कि अभी रेखा अग्रवाल भी नहीं बन पायी थी।

ऐसा नहीं है कि रेखा ने मुकेश को समझने और उसका साथ निभाने की कोशिश नहीं की। रेखा उसके साथ आम बीवी की तरह माडर्न बाजार जाया करती थी और डबलरोटी से लेकर बच्चों के लिए कार्टून फिल्मों के कैसेट और कामिक्स तक खरीदा करती थी। वह हर हफ्ते बंबई से उड़कर यहां महरौली फार्म में मुकेश के साथ सप्ताहांत मनाने आती थी। उसने यह भी तय कर लिया था कि वह हाथ की फिल्मों के बाद और फिल्में नहीं लेगी। उसने मुकेश के माता–पिता और भाई–भाभी के साथ निभाने की भी भरसक कोशिश की थी। पर यह तो थोड़ी ज्यादती थी अगर उससे आम बहू जैसा व्यवहार किया जाता।

जानने वालों का कहना है कि रेखा को मुकेश के घर वालों ने स्वीकार नहीं किया। रेखा ने जितनी भी कोशिश की, वे उससे उतना ही खिंचे–खिंचे रहे। हालांकि मुकेश के जीवन में दीप्ति नवल से लेकर आकाश बजाज तक अनेक महिलाएं थी।

मुकेश के घरवालों की चुप्पी उसके जीवन के अंतरंग पहलुओं पर एक बेबाक टिप्पणी है। वे उसे तो छिपाने की कोशिश कर रहे हैं पर रेखा के प्रति अपनी घृणा को सरेआम अभिव्यक्ति दे रहे हैं। मुकेश के शव पर जो पुष्पांजलियां चढ़ायी गयीं उनमें एक बेनाम थी। उसके घर वालों ने उसे रेखा द्वारा भिजवायी जान बाहर फिंकवा दिया।

11
प्रणव मुखर्जी को मिली बेहतरीन सफलता
पार्टी प्रवक्ताओं के वाक्‌युद्ध में

कांग्रेस के प्रणव मुखर्जी ऐसे एकमात्र पार्टी प्रवक्ता हैं जिन्होंने चुनावों की पूर्वसंध्या पर नियुक्त होने के बावजूद अन्य पार्टियों के प्रवक्ताओं के मुकाबले बेहतर प्रदर्शन दिखाया। सीमित अर्थों में ही सही, पार्टी की छवि और विचारों को अखबारों के माध्यम से मतदाताओं तक पहुंचाने में बेहतरीन सफलता हासिल की। उनके मुकाबले अन्य तीनों प्रमुख पार्टियों के प्रवक्ताओं ने जब-जब भी मुंह खोला अपनी पार्टी को उलझन में ही डाला।

राजनीतिक पंडितों के अनुसार 15 महीनों में भारतीय दलीय राजनीति के खाते में आमतौर पर तो असफलाएं ही लिखी गईं लेकिन पार्टी प्रवक्ता की संस्था ने एक निश्चित महत्व और स्थान बनाया। 15 महीनों में चारों पार्टियों के बीच घमासान वाक् और वक्तव्य युद्ध हुआ। पार्टी के भीतर और बाहर खुलकर राजनीति खेली गयी। इस कारण इन प्रवक्ताओं का महत्व बहुत अधिक बढ़ गया। इनके माध्यम से प्रतिपक्ष नेताओं अखबार वालों और जनता ने राजनीतिक मनों के बीच झांकने में सफलता हासिल की।

कांग्रेस पार्टी में इंदिरा गांधी के जमाने तक प्रवक्ता का विशेष महत्व नहीं होता था क्योंकि आत तौर पर प्रवक्ता के पास कोई जानकारी ही नहीं होती थी। उसे हर बार हाईकमान की बाट जोहनी पड़ती थी। लेकिन राजीव गांधी ने इस पद को काफी महत्वपूर्ण बना दिया। गुलाम नबी आज़ाद, नज़मा हेपतुल्ला, जितेंद्र प्रसाद, शीला कौल, वी.एन. गाडगिल,

एम.जे. अकबर और अंत में प्रणव मुखर्जी तथा मार्गरेट अल्वा की टीम ने काम को बखूबी अंजाम दिया। गुलाम नबी आजाद, आनंद शर्मा, एम.जे. अकबर आदि नेता नौजवान होने के कारण कई दफा जोश और गुस्से से भी काम ले लिया करते थे, लेकिन प्रणव मुखर्जी ने अपने अनुभव का सहारा लेकर, बहुत ही कम समय में बिना कुछ बताये अखबार वालों को उलझाये रखने की कला में महारत हासिल कर ली। वैसे उनके संक्षिप्त कार्यकाल में भी दो मौके ऐसे आये जबकि उन्हें अखबार वालों ने घेर ही लिया। पहला राजीव गांधी की हत्या के बाद सोनिया गांधी को कांग्रेस अध्यक्ष बनाये जाने की घोषणा और दूसरा, सोनिया गांधी द्वारा पी.वी. नरसिंहराव के एक पत्र के उत्तर में कांग्रेसजनों से एक रहने की अपील में कुछ संशोधन के साथ अखबार में छपवाने की घटना। ये दोनों घटनाएं सोनिया से सम्बंधित थीं इसलिए नाजुक भी। यही कारण है कि प्रणव इन दोनों मामलों में फंसते–फंसते बचे। लेकिन क्योंकि उन्होंने ये दोनों फैसले पार्टी के वर्तमान हाईकमान से पूछकर लिये थे, लिहाजा उन पर कोई कार्रवाई नहीं हुई। राजीव या इंदिरा का जमाना होता तो उनकी छुट्टी हो गयी होती।

उधर बाकी तीन पार्टियों का बहुत बुरा हाल रहा। भारतीय जनता पार्टी के बारे में तो यह समझ ही नहीं आता था कि उसके कितने प्रवक्ता हैं। के. आर. मलकानी, विजयकुमार मल्होत्रा, कृष्णलाल शर्मा और जे. पी. माथुर, सभी लोग समानांतर रूप से बयान जारी कर रहे थे। इसके अलावा अटलबिहारी वाजपेयी, लालकृष्ण आडवाणी और मुरलीमनोहर जोशी भी अखबार वालों को इफरात में इंटरव्यू दे रहे थे। इस सबके कारण कभी–कभी तो पार्टी को बड़े संकट का सामना करना पड़ा। लगता था कि यह पार्टी प्रवक्ता की भूमिका को केवल औपचारिकता मानती है और जिस दिन जो भी नेता थोड़ा फुर्सत में दिखायी दिया, उस दिन उसी को अखबार वालों से भिड़ा दिया। इस कारण न अखबार वाले समझ पाते थे कि प्रवक्ता आखिरकार कहना क्या चाहता है और न ही प्रवक्ता अखबार वालों की चालाकी समझ पा रहा था। इस चूहे–बिल्ली के खेल में कभी अखबार वाले बाजी मार ले जाते थे और कभी प्रवक्ता।

12

प्रधानमंत्री के उम्मीदवारों में राजीव की सीट सबसे पक्की

अमेठी, बलिया, नयी दिल्ली और फतहपुर से

मध्यावधि चुनाव घोषित होने के दो हफ्ते बाद भी सिर्फ राजीव गांधी प्रधानमंत्री पद के अकेले ऐसे उम्मीदवार हैं, जिनकी अपनी लोकसभा की अमेटी सीट सुरक्षित है, बाकी तीनों चंद्रशेखर, लालकृष्ण आडवाणी और वी. पी. सिंह अपने द्वारा किये गये और न किये गये कामों के कारण अपने ही निर्वाचन क्षेत्रों में असुरक्षित महसूस कर रहे हैं।

अमेठी एकमात्र ऐसा निर्वाचन क्षेत्र है जिसे 1980 से पहले संजय गांधी ने और बाद में राजीव गांधी तथा उनके मैनेजरों ने धरती पर स्वर्ग उतारने की कहावत को चरितार्थ करते हुए इसे हर उस सुख-सुविधा से सिंचित करने का सफल प्रयास किया है जो उत्तर प्रदेश के इस पिछड़े इलाके में पहुंचानी मुमकिन थी। हालांकि 1977 में एमरजेंसी के साये तले हुए चुनावों और जनता लहर के कारण संजय गांधी यहां से चुनाव हार गये थे, लेकिन कुल मिलाकर यही माना जाता है कि अमेठी गांधी परिवार की संपत्ति है जिसे महात्मा गांधी के पौत्र राजमोहन गांधी भी 1989 के चुनाव में छू नहीं पाये। इस बार तो कोई मुकाबला है ही नहीं। वैसे कहने के लिए भारतीय जनता पार्टी ने उसी रवींद्रप्रताप सिंह को फिर मैदान में उतारा है, जिसने 1977 में संजय गांधी को हराया था। लेकिन आज न वो संजय गांधी मैदान में हैं और नही रवींद्रप्रताप सिंह की वह हवा है। वैसे भी अमेठीवासियों का इतना गुस्सा ही राजीव गांधी को जितवाने के लिए काफी है कि उनके लाडले नेता को जिन कारणों से 89 के चुनावों में बदनाम किया गया था और उनकी सरकार तक को गद्दी से उतार दिया

गया था, वो बोफोर्स रूपी आरोप डेढ़ वर्षों के अनथक प्रयासों के बावजूद नहीं हुआ और आज जबकि देश एक बार फिर राजीव गांधी की ओर आशाभरी निगाहों से देख रहा है, तब उनका अपना निर्वाचन क्षेत्र क्योंकर उनके साथ दगा करेगा।

राजीव गांधी के साथ अगर कोई और नेता अपने निर्वाचन क्षेत्र के प्रति आश्वस्त है, भले ही उस हद तक न सही, तो वह है वर्तमान प्रधानमंत्री चंद्रशेखर, बलिया, जिसके चप्पे-चप्पे पर 'नेताजी' के रसूख की छाप है, पहली बार एक सत्तारूढ़...

13

तीसरे मंत्रिमंडल विस्तार ने नयी उलझनें पैदा कीं

150 दिनों के बाद भी प्रधानमंत्री जोड़-तोड़ पर आश्रित

आठ दिन गुजर जाने के बाद भी दिल्ली के राजनीतिक हलकों में चह चर्चा आम है कि प्रधानमंत्री विश्वनाथप्रताप सिंह ने ताजा मंत्रिमंडलीच फेरबदल में जोड़-तोड़ का सहारा लेकर जनता दल के गुटीय समीकरणों का रुख अपनी ओर मोड़ने की कोशिश की है। और अपनी सरकार के 150 दिन पूरे करने वाला यह प्रधानमंत्री अभी तक जैसे-तैसे अपनी सरकार को बनाये रखने की ही जी जान कोशिश कर रहा है। जहां तक देश के भीतर फैली समस्याओं और सीमाओं पर बढ़ते खतरे का सवाल है उनके मामले में सिर्फ कमेटियों और जांच आदेशों के माध्यम से चीजों को टालने की कोशिश जारी है। यह एक अभूतपूर्व स्थिति है कि नयी सरकार ने पांच महीने के शासन काल में 30 कमेटियों और 15 जांच समितियों के गठन की घोषणा की। उपलब्धियों के नाम पर केवल वी. पी. सिंह की अपनी साफ सुथरी छवि ही सुरक्षित है।

प्रधानमंत्री ने अपने मंत्रीमंडल को लेकर जो तीसरी कसरत की उसमें उन्होंने देवीलाल, चंद्रशेखर, अजित सिंह और मुलायम सिंह यादव के गुटों में अपने समर्थक बढ़ाने और उन खेमों को कमजोर करने की कोशिश की। इस मामले में उन्होंने उसी कौशल का परिचय दिया जिसके बलबूते पर इंदिरा गांधी ने 15 साल तक और राजीव गांधी ने 5 साल तक राज किया था। नजदीक से देखने पर यह कौशल बड़ा सीधा और सपाट दिखायी देता है। ऐसे साथी मंत्रियों जिनकी गुटीय नेताओं से दोस्ती और स्वामी भक्ति स्वयं सिद्ध है उनके साथ अपने विश्वासपात्र मंत्रियों को

नत्थी कर दिया जाये। जिन मंत्रियों की गुट भक्ति संदिग्ध हो उन्हें महत्वपूर्ण विभाग देकर तोड़ने की कोशिश की जाये और जिन लोगों के लिए जाने पर गुट नेता जोर डाल रहे हों उन्हें हलके विभाग सौंप कर निपटा दिया जाये।

मसलन चंद्रशेखर खेमे के सुबोधकांत सहाय और हरिकिशोर सिंह को गृह और विदेश विभाग में भेजकर उन्हें अपने कैंप में शामिल करने की कोशिश प्रधानमंत्री ने की है। इसके ठीक विपरीत भक्त चरणदास जिनकी चंद्रशेखर के प्रति भक्ति अटूट है उन्हें खेलकूद करवाने वाला विभाग दे दिया गया है। कौशल के तीसरे चरण के तहत देवीलाल के दो आदमियों नितीश कुमार और जगदीप धनखड़ को जैसे-जैसे निपटा दिया गया है। यही हाल उषा बहन का किया गया है। इसके ठीक विपरीत अजित सिंह और मुलायम सिंह यादव के लोगों जैसे जनेश्वर मिश्र, रसीद मसूद को खासे महत्वपूर्ण ओहदों पर बिठाया गया है। अनिल शास्त्री जो वी. पी. सिंह के सबसे करीबी माने जाते हैं इस फेरबदल में सबसे महत्त्वपपूर्ण ठिकाने वित्त विभाग में स्थापित किये गये हैं।

प्रधानमंत्री के इस खेल से देवीलाल बहुत खफा हैं उन्होंने चीन जाने से पहले प्रधानमंत्री को अपनी नाराजगी से अवगत भी करा दिया था। वैसे वी. पी. सिंह स्वयं भी कम दु:खी नहीं हैं, वे करते भी तो क्या। सभी गुटों के नेताओं ने मिलकर 140 में से 103 संसद सदस्यों को मंत्री बनाने का आग्रह किया था। प्रधानमंत्री इतने दबाव में थे कि कई दिनों तक इस फेरबदल को टालते रहे। अंत में किया भी तो आधा अधूरा। इस वायदे के साथ कि एक और फेल बदल जो ज्यादा मुकम्मल होगा जल्दी ही किया जायेगा।

प्रधानमंत्री को यह घोषणा इसलिए भी करनी पड़ी क्योंकि उन्हें गुट नेताओं ने अपनी नाराजगी से वाकिफ करा दिया था। कुछ इस अल्टीमेटम के साथ कि यदि अगले फेरबदल में उनको गुटों के साथ न्याय नहीं हुआ तो लड़ाई निर्णायक दौर में पहुंच जायेगी।

प्रधानमंत्री यह कौशल देश की समस्याओं को निपटाने में नहीं दिखा पा रहे हैं। वहां वे कमेटियों और जांच आदेशों से काम चला रहे हैं। एयर बस को जमीन पर उतारने का फैसला बंगलौर दुर्घटना के दो हफ्ते बाद लिया गया। हर इफ्ते एक करोड़ रुपये का नुकसान सहने के बाद भी..

14

टी. एन. शेषन पर 'अंकुश' लगाने की मांग

भाजपा और जद (एस) में मुख्य चुनाव आयुक्त के फैसलों से बढ़ता आक्रोश

प्रधानमंत्री चंद्रशेखर पर उनके साथी भारी दबाव डाल रहे हैं कि वे मुख्य चुनाव आयुक्त टी. एन. शेषन के विवादास्पद निर्देशों पर अंकुश लगाने के लिए कानूनी, संवैधानिक और प्रशासनिक कदम उठायें क्योंकि उनके फैसले राजनीति से प्रेरित लगते हैं। लेकिन प्रधानमंत्री ने अभी सब्र से काम लेने की सलाह दी है।

जनता दल (एस) के नेता शेषन की हरियाणा विधानसभा भंग करवाने और राष्ट्रपति शासन लागू कराने में अदा की गयी भूमिका से बहुत ज्यादा खफा हैं। उनका आरोप है कि सब राजीव गांधी के इशारे पर हो रहा है और इस संबंध में वे शेषन की 10 जनपथ की यात्राओं को साक्ष्य के रूप में पेश कर रहे है।

उधर भारतीय जनता पार्टी भी यह महसूस करती है कि शेषन का असली निशाना वही है। निर्वाचन आयोग ने चुनाव प्रचार में धर्म का इस्तेमाल न करने के जो निर्देश जारी किये हैं, वे वास्तव में भाजपा के राममंदिर अभियान का ध्यान में रखकर जारी किये गये हैं पार्टी में इस बात को लेकर बड़ा आक्रोश है। पार्टी के अध्यक्ष डॉ. मुरलीमनोहर जोशी इस संबंध में शेषन के फैसलों को चुनौती दे चुके हैं और उनके अधिकार क्षेत्र पर सवालिया निशान उठा चुके हैं। भाजपाई नेताओं ने भी प्रधानमंत्री से मिलकर इस मामले में कुछ करने की सलाह दी है। भाजपा तो उन्हें हटाने के लिए राष्ट्रपति को ज्ञापन तक देने का मन बना चुकी है। पर चंद्रशेखर

इस पूरे मामले पर अभी खामोश हैं। बताया गया है कि बोट क्लब पर आयोजित धार्मिक रैली और मंच पर भाजपाई नेताओं की मौजूदगी सीधी शेषन को चुनौती देने की कोशिश थी। इससे पूर्व भाजपा ने इतने ढंग से धर्म को अपने चुनाव अभियान का हिस्सा बनाने की कोशिश थी। इससे पूर्व भाजपा ने इतने खुले ढंग से धर्म को अपने चुनात्र अभियान का हिस्सा बनाने की कोशिश नहीं की थी। अब जबकि मध्यप्रदेश के पूर्व मुख्यमंत्री अर्जुन सिंह की भाजपा का चुनाव रद्द करने संबंधी याचिका निर्वाचन आयोग के सम्मुख विचाराधीन है और उस पर किसी भी समय फैसला हो सकता है। तब इस प्रकार की रैली का आयोजन और उसमें दिये गये भाषण तथा हिन्दू समाज को भाजपा को जिताने के लिए किया गया आह्वान सब एक ही दिशा में इंगित करते हैं कि निर्वाचन आयोग जो चाहे सो कर ले।

इस संबंध में भाजपा नेता अटलबिहारी वाजपेयी ने **दिनमान टाइम्स** से बातचीत में अपना आक्रोश व्यक्त करते हुए कहा कि उनकी पार्टी में निर्वाचन आयोग के फैसलों को लेकर बड़ा क्षोभ है। निर्वाचन आयोग को एक बार कानूनी तौर पर किसी पार्टी को मान्यता मिलने के बाद उसे समाप्त करने का काई, अधिकार नहीं है, उन्होंने कहा कि तबादलों के मामले में उनके मुख्यमंत्रियों को खामख्वाह फंसाया जा रहा है। मसलन राजस्थान में तो सारे तबादले वरीयता के आधार पर किये गये हैं। वे इस संबंध में शीघ्र ही कार्रवाई करने वाले हैं। लेकिन उन्हें इससे पहले कमल चुनाव चिन्ह और पार्टी की मान्यता रद्द करने वाली याचिका के फैसले का इंतजार है। उन्हें डर है कि निर्वाचन आयोग अपने वर्तमान रवैये के चलते कहीं उनकी पार्टी की मान्यता रद्द ही न कर दे।

इस संबंध में उन्होंने प्रधानमंत्री से भी मुलाकात की है। चंद्रशेखर ने उनसे कहा कि वे तो शेषन को नियुक्त ही नहीं करना चाहते थे। यह तो राजीव गांधी और सुब्रहमण्यम स्वामी ने उनसे जबर्दस्ती करवाया। वाजपेयी ने यह डर भी व्यक्त किया कि अन्य दल इस मामले में भाजपा का साथ नहीं देंगे क्योंकि उन्हें हमसे बहुत खतरा है।

चंद्रशेखर के निकटवर्ती सूत्रों के अनुसार वे इस मामले में अकेले पहल नहीं करना चाहते। वे पूरे दृश्य पर निगाह रखे हुए हैं।

उन्हें शेषन द्वारा बिहार सरकार के फैसलों को रद्द करने के निर्वाचन आयोग के निर्देशों का पूरा आभास है। प्रधानमंत्री यह चाहते हैं कि तमाम

गैरकांग्रेसी दल जब एक साथ शेषन के विरूद्ध कुछ कदम उठाने की मांग करेंगे तब वे खुलकर सामने आयेंगे।

केन्द्र सरकार और तमाम गैर-कांग्रेसी राजनीतिक दल इस बात से क्रोधित भी हैं और आक्रांत तथा आशंकित भी कि मुख्य चुनाव आयुक्त शेषन आई. ए. एस. इ नौकरशाही पर अपने व्यापक प्रभाव का इस्तेमाल करते हुए तमाम राज्य सरकारों को हड़काए हुए हैं।

शेषन मध्यावधि चुनावों की घोषणा के बाद देश की राजनीति में एक प्रमुख सत्ता केन्द्र के रूप में उभरे हैं और अब कहा जा सकता है कि कांग्रेस ने चंद्रशेखर को प्रधानमंत्री बनवाने के बाद उन्हें योजना आयोग से निर्वाचन सदन में स्थानांतरित करवाकर दूर की कोड़ी खेली थी।

आम धारणा यह है कि निर्वाचन आयोग एक दंतहीन नखविहीन संस्था है और इसका अधिकार क्षेत्र चुनाव में इंतजाम करवाने तक सीमित है। लेकिन नौकरशाही इसका अधिकार क्षेत्र चुनाव में इंतजाम करवाने तक सीमित है। लेकिन नौकरशाही के अंतरंग वार्तालापों में बुलडाग के नाम से विख्यात शेषन ने सिद्ध कर दिया है कि यदि मुख्य चुनाव आयुक्त चाहे तो चुनावों की घोषणा के बाद केन्द्र और राज्य सरकारों के हर उस फैसले पर प्रश्नवाचक चिन्ह लगा सकता है जो उस की निगाह में आचार संहिता, परंपरा और कायदे कानून के दायरे से बाहर जा कर किया गया हो।

इस संबंध में निम्नलिखित मामले गौरतलब हैं:

प्रधानमंत्री चंद्रशेखर से पूछकर ओमप्रकाश चौटाला हरियाणा के मुख्यमंत्री बने थे। चंद्रशेखर ने उनकी नियुक्ति को उचित ठहराया था। इसी प्रकार उनके विधानसभा भंग करवाने के फैसले को भी प्रधानमंत्री का आशीर्वाद प्राप्त था लेकिन शेषन ने कहा कि चौटाला विधानसभा में अपना बहुमत खो चुके हैं। और या तो उन्हें सदन का सामना करना चाहिए या राज्य में राष्ट्रपति शासन लागू होना चाहिए। वही हुआ।

शेषन ने जाकर मुख्यमंत्री की उपस्थिति में राज्य प्रशासन और चुनाव अधिकारियों की बैठक ली और कहा कि 72 घंटे के भीतर उन्हें आश्वस्त किया जाये कि प्रचार तथा मतदान के दौरान कानून और व्यवस्था का पूरा इंतजाम कर लिया है। इसके बाद दिल्ली आकर उन्होंने अनौपचारिक बातचीत में कहा कि अगर वे आश्वस्त नहीं हुए तो पूरे राज्य में चुनाव स्थगित कर देंगे।

15

जनता दल (स) की वैधता का प्रश्न, मेहम चुनाव का प्रश्न आदि

भाजपा की मान्यता रद्द करने का प्रश्न

सवाल यह नहीं है कि कांग्रेस ने टी.एन. शेषन को मुख्य चुनाव आयुक्त बनाये जाने पर इतना जोर क्यों दिया। सवाल यह है कि चंद्रशेखर सरकार ने इसे फौरन क्यों मान लिया। सवाल यह भी नहीं है कि अन्य राजनीतिक दल सिर्फ उन्हीं की नियुक्ति का विरोध क्यों कर रहे हैं जबकि फेरबदल तो बड़े पैमाने पर हुआ है। सवाल यह है कि भाजपा ने सबसे ज्यादा विरोध क्यों किया। सवाल यह नहीं कि रमादेवी को क्यों नही बनाया गया सवाल यह है कि टी.एन. शेषन में ही ऐसी क्या खासियत है।

इन सब सवालों का उत्तर ढूंढने के लिये उन मसलों पर ध्यान देना जरूरी है जो इस समय चुनाव आयोग के सामने विचाराधीन है या निकट भविष्य में उसके सामने पेश होने की संभावना है। इन मसलों का जायजा लीजिए।

एक भारतीय जनता पार्टी ने विश्व हिन्दू परिषद के सामने जिस प्रकार अयोध्या में रामजन्मभूमि पर मंदिर बनाने का आंदोलन छेड़ा और कई बार अपने आप को हिन्दू पार्टी घोषित किया इसके बाद चुनाव आयोग से शिकायत की गई कि क्यों ना भारतीय संविधान और निर्वाचन कानूनों के तहत भाजपा की राजनीतिक पार्टी के रूप में मान्यता समाप्त कर दी जाये। यह ऐसा मसला है जिस पर चुनाव आयोग को कड़ी परीक्षा से गुजरना होगा। भाजपा इस मुद्दे पर सारे देश में आंदोलन छेड़ सकती है। इस मामले को सर्वोच्च न्यायालय में भी उठा सकती है। लिहाजा चुनाव आयोग को काफी सोच समझ कर एक तार्किक और न्यायसंगत फैसला

करना होगा। स्वर्गीय आर.वी.एस. पेरी शास्त्री और कार्यवाहक मुख्य चुनाव आयुक्त वी.एस. रमा देवी ने कई बार कांग्रेस और चंद्रशेखर सरकार के देवीलाल गुट के विरूद्ध अपनी नापसंगदी का सर्वाजनिक इजहार किया था। इन दोनों से यह उम्मीद नहीं थी कि वे आसानी से ऐसा कोई फैसला दे देते जो कांग्रेस और चंद्रशेखर सरकार के लिए राजनीतिक दृष्टि से फायदेमंद होता। लिहाजा टी. एन. शेषन जिनकी कांग्रेस और राजीव गांधी से निकटता एक स्थापित सत्य है, यह उम्मीद की जा सकती है कि वह जरूरत पड़ने पर ऐसा कोई नुक्ता निकाल सकते हैं जो इन्हें माफिक आये।

दो अभी तक जनता दल का विभाजन स्वीकार नहीं किया गया है। अभी लोकसभा के अध्यक्ष रविराय द्वारा यह फैसला दिया जाना बाकी है कि जो सांसद बोम्मई की अध्यक्षता वाले जनता दल को छोड़कर चंद्रशेखर के साथ आ मिले हैं उनकी राजनीतिक पहचान क्या है। हालांकि जनता दल का सारे देश में अनौपचारिक स्तर पर विभाजन हो चुका है पर अगले चुनाव की पूर्व संध्या पर चुनाव आयोग को ये फैसला करना होगा कि वह असली जनता दल किसे मानता है और चुनाव चिन्ह तथा झंडा इत्यादि किसे प्रदान करता है। राजीव गांधी और चंद्रशेखर की यही इच्छा होगी कि चुनाव आयोग का फैसला उनके पक्ष में हो। ऐसी स्थिति में एक हमदर्द मुख्य चुनाव आयुक्त काफी काम की चीज साबित हो सकता है।

तीन यह बात आम है कि आगामी आम चुनाव की पूर्व संध्या पर चंद्रशेखर गुट या इसके अधिकांश नेता और सांसद कांग्रेस में शामिल हो सकते हैं। चंद्रशेखर को पुराना कांग्रेसी नेता कह चुके हैं। देवीलाल अधिकांश जनता दल नेताओं को कांग्रेसी मान चुके हैं। कल हो सकता है, चंद्रशेखर का जनता दल (एस) औपचारिक रूप से कांग्रेस में विलीन होना चाहे। उस समय इस बात का फैसला भी चुनाव आयोग के हाथ में आ सक़ता है।

चार सुना जाता है कि कानून मंत्री सुब्रह्मण्यम स्वामी एक नाजुक मामले में प्रतिवादी हैं, यह मसला चुनाव में भ्रष्ट आचरण को लेकर है। इस पर स्वामी का राजनीतिक भविष्य टिका हुआ है। यह फैसला भी टी.एन. शेषन को करना ही होगा।

पांच नौकरशाही में यह बात खुले तौर पर कही जाती है कि अवकाश प्राप्त प्रधानसचिव बी.जी. देशमुख और टी.एन. शेषन की कभी नहीं पटी। वे दोनों राजीव गांधी के ईर्द–गिर्द भी परस्पर विरोधी ध्रुवों के रूप में काम करते थे। राजीव गांधी बी. जी. देशमुख को हटाना चाहते थे लेकिन खुलकर यह बात कहना नहीं चाहते थे। यह बात भी आम हो चुकी थी कि देशमुख रमा देवी को मुख्य चुनाव आयुक्त के पद पर स्थायी रूप से नियुक्त करना चाहते हैं। जब उनके सामने टी.एन. शेषन का नाम आया तो उन्होंने त्यागपत्र देने का फैसला कर लिया। यह बात सभी लोग जानते थे कि सैद्धांतिक मामला आने पर देशमुख फौरन पद छोड़ देंगे। राजीव गांधी भी उनकी इस विशेषता से बखूबी परिचित थे। इसलिए उन्होंने देशमुख को उनके स्वभाव से ही परस्त कर दिया। इस में सांप भी मर गया और लाठी भी नही टूटी। देशमुख चले भी गये और कहना भी नहीं पड़ा उनको। बताया गया है कि इस मामले में कानून मंत्री सुब्रह्मण्यम स्वामी काफी काम आये।

छह मेहम का उपचुनाव देवीलाल के परिवार के लिए गले की हड्डी बन चुका है। वी.एस. रमा देवी ने हरियाण सरकार की खुलकर आलोचना की थी कि वह इस चुनाव को टालने के लिए जानबूझ कर चुनाव आयोग से असहयोग कर रही है। अब यह फैसला टी.एन. शेषन को लेना होगा। कहने की बात नहीं लेकिन शेषन जैसा अनुभवी अफसर इस बात को जानता है कि डबल रोटी के किस ओर मक्खन लगाना है।

16
चंद्रशेखर बनाम उन्नी और हेगड़े

चंद्रशेखर ने नौकरी ले ली। दूसरे की लगने नहीं दी। दोनों के लिए इस्तेमाल किया आज अचूक बाण टेलीफोन। पहला शिकार हुए के.पी. उन्नीकृष्णन। आम ख्याल है कि ताजा फेरबदल में उन्नी से संचार मंत्रालय सैम पित्रोदा के कारण ले लिया गया। मगर सच्चाई यह नहीं हैं इतना बड़ा फैसला एक तकनीकी अफसर के कारण नहीं लिया जा सकता। हुआ यूं कि जब चंद्रशेखर ने उनके और सवा दो दर्जन दूसरे नेताओं के गुप्तचर एजेंसियों द्वारा फोन सुने जाने का मामला उछला तो प्रधानमंत्री ने जांच करायी। बात सही निकली। ऐसा हुआ और मंत्री की जानकारी में हुआ। मामला गंभीर था। चंद्रशेखर भी इस बात को जानते थे। थोड़े दिन बाद सारी दुनिया जान लेती। सोचा गया क्या किया जाये। मंत्री पर निगाह डाली गयी। आदमी भारी था पर राजनीति के हिसाब से लाइटवेट था। छोटी सी पार्टी का अकेला सदस्य वो तो आरिफ और नेहरू की दोस्ती के कारण मंत्री बन गया। देवीलाल कई बार अपनी नाराजगी जाहिर कर चुके थे। मौका अच्छा था। लिहाजा पंख कतरने में ज्यादा परेशानी नहीं हुई। इस बहाने औरों को भी सबक मिलेगा।

दूसरे शिकार हुए रामकृष्ण हेगड़े वी.पी. चाहते थे कि जनता दल के अंतरिम अध्यक्ष बनें ना उछला भी। पर चंद्रशेखर खेमे ने हांक लगायी। हेगड़े कैसे बन सकते हैं। इनकी तो टेलीफोन पर जासूसी करवाने के चक्कर में कर्नाटक से नौकरी गयी थी। यह सरकार ऐसे 'अनैतिक' आदमी को अपना अध्यक्ष कैसे बना सकती है। भले ही कुछ के लिए ही सही। बात निकली तो दूर तक फैलती गयी।

एक ओर यह सरकार दिल्ली में टेपिंग की सी. बी. आई से जांच करवा रही है, दूसरी तरफ टेपिंग के आरोप के बाद अपने पद से त्यागपत्र देने वाले आदमी को इतना महत्वपूर्ण दायित्व कैसे दे सकती है।

17

कश्मीर सीमा पर 'तीखी झड़प' के लिए भारत तैयार

पाकिस्तान ने नये मोर्चे खेले तो आग फैलेगी

जे.के.एल.एफ. द्वारा 'स्वतंत्रता की घोषणा' की तैयारी

भारत–पाक सीमा पर 'चरम–बिंदु' की ओर बढ़ रहा है और जम्मू–कश्मीर, पंजाब, राजस्थान और गुजरात की सीमाओं पर फौजों की बड़े पैमाने पर तैनाती के लिए अदला बदली शुरू हो गयी है। दोनों ओर से उन गावों की सूची तैयार कर ली गयी है जिन्हें कुछ घंटों की अल्पसूचना पर खाली कराया जाना है।

सैनिक कमांडरों ने व्यूहरचना की दृष्टि से राजनैतिक नेतृत्व के सामने अपना मत रख दिया है। यह है कि कश्मीरी उग्रवादियों की आड़ में पाक अधिकृत कश्मीर से आते सैनिक उग्रवादियों को खदेड़ते हुए पाक अधिकृत कश्मीर में प्रवेश किया जाये और इन उग्रवादियों के पाक–ठिकानों को नेस्तनाबूद कर दिया जाये। पाकिस्तान की घोषित मान्यता यही है कि तथाकथित आजाद कश्मीर एक स्वशासी इलाका है और उस पर पाकिस्तान का कोई संवैधानिक नियंत्रण नहीं है। अतः पाकिस्तान यह नहीं कह सकता कि भारत ने उसके इलाके पर हमला किया है। भारत का जनमानस भी ऐसी कार्रवाई के लिए तैयार है, जिसके जरिये आतंकवादी स्रोतों पर निर्णायक चोट की जा सके। भारतीय जनता पार्टी ने कलकत्ता अधिवेशन में इसी आशय का मंतव्य रखा है। मार्क्सवादी भी पाक कार्रवाइयों पर उत्तेजित हो रहे हैं।

सैनिक व्यूहरचनाकारों ने सरकार को चेता दिया है कि यदि भारत ने आजाद कश्मीर में प्रवेश किया तो पाकिस्तान उड़ी–पूंछ के क्षेत्र में

जवाबी हमला कर सकता है। भौगोलिक दृष्टि से पाकिस्तान की स्थिति वहां भारत की तुलना में थोड़ी मजबूत है। यदि पाकिस्तान ने यूद्ध क्षेत्र का विस्तार किया तो आग फैलेगी और भारत को इसके मुकाबले राजस्थान और गुजरात के रास्ते सिंध पर मोर्चा खोलना होगा। सिंध में आंतरिक स्थिति वैसी ही है जैसी कि पंजाब में है। अतः इसका फायदा भारत को निश्चित रूप से मिलेगा। लेकिन यह होते ही पाकिस्तान भी पंजाब मोर्चा खोलने में देर नहीं करेगा। और तब यह झड़प 'निर्णायक युद्ध' में भी बदल सकती है। दोनों देशों को उम्मीद है कि उग्रवादी तत्व युद्ध की स्थिति में पुल उड़ाने और रेल की पटरियां उखाड़ने जैसे काम करके संचार व्यवस्था को भंग करने की कोशिश करेंगे और इसका सामरिक लाभ दूसरे को मिलेगा।

1965 की लड़ाई में भारत ने पंजाब का मोर्चा खोला था और उसका समुचित लाभ भी मिला था। उस समय यह फैसला राजनैतिक था और उसे तत्कालीन सेनाध्यक्ष जनरल जे.एन. चौधरी द्वारा पाकिस्तानी दबाव के विकल्प के रूप में सुझाये जाने पर लालबहादुर शास्त्री ने फौरन स्वीकार कर लिया था। 1971 की लड़ाई में राजनैतिक और सैनिक सर्वानुमति की स्थिति थी।

आज स्थिति दूसरी है। वर्तमान सेनाध्यक्ष जनरल वी. एन. शर्मा की ख्याति एक लड़ाकू जनरल की है और फील्ड मार्शल मानेकशा से लेकर जनरल सुंदरजी तथा जनरल एस. के. सिन्हा जैसे अवकाश प्राप्त मगर सैनिक व्यूह रचना में निपुण पूर्व सेनाधिकारियों की सेवाएं आवश्यकतानुसार उपलब्ध हैं। इन पूर्व सेनाधिकारियों को पिछले युद्धों में भारतीय विजय का रचनाकार माना जाता है।

कठिनाई इस बार राजनैतिक स्तर पर है। शास्त्री और बाद में इंदिरा जी को जगजीवनराम, यशवंतराव चव्हाण और पी. एन. हक्सर जैसे दिग्गज सलाहकारों की सेवाएं उपलब्ध थीं। इस समय तो सारा भार वी. पी. सिंह पर ही है जो अपने रक्षामंत्री भी स्वयं हैं, युद्ध को लेकर जनता दल सरकार में अनेक मंत-मंतातर हैं। कश्मीरी मामलों के मंत्री जार्ज फर्नांडीस और उद्योगमंत्री आई.के. गुजराल की गिनती भी पश्मिी उदारवाद में ढले कूटनीतिज्ञों में होती है।

जनता दल ही नहीं कांग्रेस में भी इस विषय पर तीव्र मतभेद उभरकर आये हैं। जहां एक ओर पार्टी के प्रवक्ता एम. जे. अकबर ने प्रधानमंत्री की युद्ध की तैयारी वाले बयान को 'शहाबुद्दीनी सोच' बताया, वहीं दूसरी ओर उन्हीं की पार्टी के 20 सदस्यों ने वी. पी. सिंह के बयान के समर्थन में एक संयुक्त वक्तव्य जारी कर दिया।

दूसरी ओर कश्मीर में घटनाएं तेजी से घट रही हैं। एक गुप्तचर एजेंसी की रिपोर्ट है कि जे.के.एल.एफ. अगले हफ्ते कश्मीर की आजादी की घोषणा करने वाला है। उससे निपटने के लिए सरकार जम्मू–कश्मीर में पंजाब की तरह एक मिनी अपातृस्थिति लागू करने और सेना की तैनाती और कड़ी करने की सोच रही है। सेना की आवश्यकता राजधानी जम्मू से श्रीनगर ले जाने के लिए पड़ेगी। 400 ट्रकों के माध्यम से यह स्थानांतरण हर वर्ष पर 2 मई को किया जाता है। इस पर भी सरकार बंटी हुई है। राज्यपाल जगमोहन चाहते हैं कि या तो राजधानी श्रीनगर से ले जायी जाये और हो तो सेना के साये तले। फर्नांडीस हर कीमत पर इस परंपरा को बनाये रखना चाहते हैं।

पाकिस्तान में भी राजनैतिक और सामरिक नेतृत्व बंटा हुआ है। सेनाध्यक्ष असलम बेग ने ईरान से लौटकर न केवल भारत की चुनौती को स्वीकार करने का संकेत दिया है बल्कि बेनजीर भुट्टो को भी आड़े हाथों लिया है। पाकिस्तान एक संक्षिप्त युद्ध के पक्ष में दिखायी पड़ता है ताकि भारत की धमकी का जवाब दिया जा सके। वैसे भारत के रक्षा विशेषज्ञ इस राय से सहमत है कि अगर इस बार युद्ध हो ही गया तो भारत को अपने 'दीर्घकालीन लक्ष्यों' का भी निपटारा कर लेना चाहिए। प्रधानमंत्री ने भी पाकिस्तान को दी गयी अपनी चेतावनी में यही कहा है।

18

षडयंत्र होना और बात, षडयंत्र प्रमाणित करना और बात है

सैयद मोदी हत्याकांड का मुकदमा किन दलीलों पर लड़ा जायेगा?

जुलाई 1988 की एक शाम। वक्त रहा होगा लगभग साढ़े सात का। सैयद मोदी लखनऊ के के.डी. सिंह बाबू स्टेडियम से प्रैक्टिस करके बाहर निकला। वह स्कूटर चला रहा था। स्टेडियम के गेट के बाहर ही एक मारूति वैन थी। वैन के पास सटे हुए दो व्यक्ति खड़े थे। तीन अंदर बैठे हुए थे।

बाहर खड़े हुए दो व्यक्तियों में से एक ने सैयद मोदी पर पिस्तौल से एक के बाद एक पांच गोलियां दागीं। दूसरे व्यक्ति ने भी हवा में एक गोली छोड़ी ताकि डर कर कोई नजदीक न आये। गोलियां लगते ही सैयद मोदी स्कूटर से नीचे गिर गया। हत्यारे वैन में बैठकर भाग गये।

सैयद मोदी क्योंकि बैडमिंटन का एक प्रसिद्ध खिलाड़ी था, अतः उसकी हत्या ने सनसनी मचा दी। पुलिस तत्काल हरकत में आयी मगर कोई सूत्र न मिल पा रहा था। तीन दिन बाद घटना स्थल के पास सट्टा खेल रहे एक रिक्शाचालक ने बताया कि उसने वहां आती-जाती कारों के नंबर नोट किये थे। ऐसी ही एक मारूति वैन का नंबर उसने ए.जी.वाइ. 1959 बताया। जब उससे पूछा गया कि वह कारों के नंबर क्यों नोट कर रहा था तो रिक्शाचालक का कहना था कि सट्टा प्रेमियों का कारों के नंबर नोट करना एक प्रिय हॉबी है। बाद में कार का असली नंबर एच.जी.वाई. और डायरी भी जब्त की गयी। पत्रों व डायरी के आधार पर सी.बी.आई. ने यह थ्योरी स्थापित करने का प्रयत्न किया कि अमिता और संजय सिंह

में प्रेम संबंध थे। सैयद मोदी का इन संबंधों की जानकारी थी। वह अपनी पत्नी से इस बारे में नाराजगी जाहिर किया करता था। यह अलग बात है कि उसने संजय सिंह का कभी खुल कर विरोध नहीं किया। क्योंकि संजय सिंह एक तो प्रभावशाली राजनीतिक नेता था। दूसरे उसके सैयद पर काफी एहसान थे। इस प्रेम त्रिकोण की अंततः नियति बना सैयद मोदी की हत्या का षडयंत्र और संजय सिंह ने अपनी साथी अखिलेख सिंह के माध्यम से सैयद मोदी की हत्या करवा दी।

अंततः नवंबर 1989 में सी.बी.आई. ने एक आठ पृष्ठों की चार्ज शीट दाखिल की। जिसमें 296 गवाह और 146 दस्तावेज प्रदर्शित किये गये।

अब जबकि केस की बाकायदा सुनवाई हो रही है, तो देखना यह होगा कि अभियोग और बचाव पक्ष के तर्कों का मुख्य आधार क्या होगा। सी.बी.आई. ने बंबई के प्रमुख एडवोकेट श्यामराव जी. सावंत की सेवाएं ली है। और परमेश्वर दयाल तथा आर.बी. खरे नाम दो प्रसिद्ध वकील उनकी सहायता करेंगे। दूसरी तरफ संजय व अमिता के बचाव में हैं रामजेठमलानी, जेठमलानी से मुलाकात के बाद पांचों अभियुक्त संजय सिंह से लखनऊ में मिले थे। यहीं अमर बहादुर सिंह और भगवती प्रसाद का परिचय अखिलेख सिंह ने संजय सिंह से करवाया था। चाहे इस भेंट के गवाह न हों तो भी पारिस्थितिक प्रमाण क्या इस ओर संकेत नहीं देते कि हत्या की कहीं कोई योजना बन रही थी।

फिर अखिलेश सिंह ने हत्या के बाद हरिद्वार से संजय सिंह के ट्रंककाल पर बातचीत करने की कोशिश की। पर इस तर्क को यह कहकर काटा जा सकता है कि पहले ट्रंककाल मिली ही नहीं, फिर ये कैसे प्रमाणित किया जा सकेगा कि ट्रंककाल अखिलेश ने ही बुक करायी थी?

पटियाला से जो पत्र अमिता ने संजय को लिखे उनमें वह उसे 'माई डियर भाई साहब' कह कर संबोधित कर रही थी। लेकिन बाद के पत्रों में वह उसे "मेरे प्रियतम" (माई डियरेस्ट) कहकर संबोधित करने लगी। और तो और अमिता की मां श्रीमती पुष्पा कुलकर्णी ने अपने एक पत्र में अपनी पुत्री को समझाया भी कि वह संजय सिंह की खातिर मोदी के साथ अपने संबंधों को खतरे में न डाले।

अमिता की डायरी जिसे सी.बी.आई. ने हस्तगत किया था, 1985-86 में लिखी गयी थी। डायरी से यह आभास होता है कि अमिता एक प्रकार से मानसिक तनाव से गुजर रही थी।

मगर बचाव पक्ष यह तर्क उठा सकता है कि 1985-86 की लिखी डायरी का 1988 के हत्याकांड से क्या संबंध है? खुद अमिता ने भी स्वीकार किया है कि दो बार गर्भपात होने के कारण वह मानसिक तनाव के दौर से गुजर रही थी। डायरी में कई जगह एस-2 नामक व्यक्ति का उल्लेख था। मैं बार-बार सोचती हूं कि एस-2 के बिना जिंदगी कैसी होगी? सी.बी.आई. का कहना था कि एस-2 का संकेत संजय सिंह से है। मगर प्रश्न है कि यह सिद्ध कैसे किया जा सके कि एस-2 संजय सिंह ही है।

इस पर अमिता ने एक बार कहा भी था कि डायरी तो नितांत एक वैयक्तिक संपत्ति है। उसमें परिकल्पनाएं भी आयी हैं जिनका वास्तविकता से कोई लेना देना नहीं है।

पहले जब डायरी की जब्तीं के बाद उसका जिक्र होना शुरू हुआ था तो संजय सिंह ने आरोप लगाया था कि डायरी जाली है जिसे सी.बी.आई. ने तैयार करवाया है। मगर बाद में सी.बी.आई. ने इस डायरी को हस्तलिपि विशेषज्ञ से प्रमाणित करवा दिया कि डायरी अमिता ने ही लिखी थी।

मगर सवाल यह है कि इस डायरी को दो वर्ष बाद के हत्याकांड की घटना से कैसे जोड़ा जा सकेगा? अमिता स्वयं कह चुकी है कि डायरी में परिकल्पनाएं भी है। और यह स्वाभाविक है कि जो व्यक्ति डायरी लिखते हैं वे कहीं कुछ अतिरंजित भी तो लिख मारते हैं।

बचाव पक्ष यह मुद्दा भी उठा सकता कि रिक्शाचालक ने वैन का नंबर गलत नोट किया था। उसने एच की जगह ए बताया था। मगर इस तर्क को यह कहकर काटा जा सकता है कि उस समय शाम को साढ़े सात और आठ के बीच का समय था और अंधेरा छा रहा था। एक रिक्शाचालक की इतना दृष्टि भ्रमित होना स्वाभाविक है।

मगर इस खेल का सर्वाधिक महत्वपूर्ण पहलू है हत्या का प्रयोजन। संजय सिंह मंत्री रह चुका है और एक लोकप्रिय नेता है, वह क्यों और

किस उद्देश्य से सैयद की हत्या करके अपना राजनीतिक जीवन खतरे में डालेगा। मान भी लिया जाये कि अमिता मोदी के पास भी कोई मंतव्य नहीं है कि वह संजय सिंह के कारण अपने पति की हत्या करवाये। हत्या के षड्यंत्र का मुद्दा जितना महत्वपूर्ण होता है और उसे प्रमाणित करना उससे भी महत्वपूर्ण होता है। देखना यह होगा कि सी.बी.आई. इस पेचीदा मुद्दे को किस ढंग से संभालती है।

सी.बी.आई. के बाद अमिता के आचरण को भी एक मुद्दा बनाया कि जैसे ही अमिता के घर पर उसे सूचना दी...

19

दूसरी और अयोध्या में चौतरफा मोर्चाबंदी

एक तरफ प्रधानमंत्री-आडवाणी संवाद जारी

जैसे-जैसे भारतीय जनता पार्टी के अध्यक्ष लालकृष्ण आडवाणी का राम-रथ अयोध्या की ओर बढ़ रहा है, न केवल दिल्ली और लखनऊ की सरकारों की, बल्कि खुद भाजपा की बेचैनी भी बढ़ रही है।

हिंसा न सरकार चाहती है न भाजपा, सरकार ने यह कभी नहीं कहा कि वह राम मंदिर के विरूद्ध है। वह तो सिर्फ बाबरी मस्जिद के तोड़े जाने के विरूद्ध है। उधर भाजपा ने भी कई बार कहा कि वह बाबरी मस्जिद की एक ईंट को भी नुकसान पहुंचाना नहीं चाहती। उसकी इच्छा है कि मस्जिद को मंदिर के स्थान से पांच किलोमीटर पर ले जाया जाये। इसके लिए वह जमीन और पैसा भी देने को तैयार है तथा तकनीकी कौशल भी। सरकार इस प्रस्ताव पर मुस्लिम उलेमाओं और नेताओं से बात कर रही है। आडवाणी ने तो एक बार बीच में यह प्रस्ताव भी किया था कि अगर मुस्लिम नेता बाबरी मस्जिद पर जिद छोड़ दें तो वे विश्व हिंदू परिषद और अन्य संगठनों को वाराणसी और मथुरा की मस्जिदों के स्थान पर मंदिर बनाने की जिद छोड़ने के लिए मना लेंगे। वैसे इस बयान के छपते ही आडवाणी के विरूद्ध हल्ला बोल दिया गया था और यह कहा गया था कि यह उनका व्यक्तिगत विचार है पर असल में यह प्रस्ताव थोड़ा जल्दी प्रचारित कर दिया गया। भाजपा इसे अंतिम बातचीत में तुरूप के पत्ते के बतौर इस्तेमाल करना चाहती थी।

मंडल कमीशन से उपजी हिंसा से भयाक्रांत वी. पी. सरकार किसी भी कीमत पर दंगा नहीं चाहती। साम्प्रदायिक तो कतई नहीं। लिहाजा

सरकार ने दोतरफा कार्यवाही शुरू कर दी है। उसकी प्राथमिकता है, किसी तरह रथयात्रा को अयोध्या पहुंचने से रोकना और दूसरी कि अगर रथ पहुंच ही जाये तो मस्जिद न टूटने देना।

पहले उद्देश्य के लिए तमाम किस्म के सरकारी तंत्रों का इस्तेमाल किया जा रहा है। सबसे पहले तो सफलतापूर्वक यह प्रचारित और प्रसारित किया गया कि शिलान्यास के मुद्दे पर भाजपा और विश्व हिंदू परिषद में गहरे मतभेद हैं, परिषद इस बात से बहुत ज्यादा परेशान है कि इस धार्मिक अनुष्ठान को राजनीतिक रंग दिया जा रहा है। अन्य पार्टियां लोगों के दिलों में यह बात बिठाने में काफी हद तक सफल हो गयी हैं कि भाजपा यह सारा खेल हिंदू वोटों को आकर्षित करने के लिए कर रही है। राजनीतिक दल होने के कारण भाजपा से बात करना और सौदेबाजी करना आसान है। यही कारण है कि सरकार अपने सारे प्रयास विहिप पर नहीं, भाजपा पर केन्द्रित कर रही है।

सरकारी तंत्र ने दूसरा दुष्प्रचार यह किया कि रथयात्रा में जिन नारों और हथियारों का प्रदर्शन हो रहा है वे मुसलमानों को भड़काने वाले है। इसने भी भाजपा और विहिप को बचाव की मुद्रा में ला खड़ा किया।

इस सबके अलावा वी. पी. सिहं स्वयं आडवाणी से सीधा संपर्क साधे हुए हैं। उन्होंने आपस में फोन पर कई बार बातें की हैं। अब यह तय है कि दोनों के बीच रथयात्रा के दिल्ली से गुजरने के दौरान खुल कर बातचीत होगी।

इस बीच उत्तर प्रदेश के मुख्यमंत्री मुलायम सिंह यादव को सलाह दी गयी है कि वे अपने भाषणों में भड़काऊ भाषा का प्रयोग न करें कम से कम सिंह–आडवाणी मुलाकात तक तो कतई नहीं। कहीं रैली में दिल्ली से जाने वाले नेता उपद्रव की स्थिति उत्पन्न न कर दें, इसलिए लखनऊ तक उड़ानें अचानक रद्द कर दी गयीं।

दिल्ली में उत्तरप्रदेश के एक वरिष्ठ मंत्री ने *दिनमान टाइम्स* को बताया कि आडवाणी का रथ लखनऊ तो पहुंचेगा पर वहां से अयोध्या के लिए...

20

रविराय और चंद्रशेखर ने मोर्चे खुले रखे हैं

स्वामी प्रकरण तो सिर्फ एक इशारा था

कानूनमंत्री डा. सुब्रह्मण्यम स्वामी और लोकसभा अध्यक्ष रवि राय के बीच जो कुछ घटा, वह आने वाले एक बड़े राजनीतिक नाटक की भूमिका मात्र था। असली ड्रामा तो वर्तमान अधिवेशन के खत्म होने के बाद खेला जायेगा। अब तक जो संकेत मिले हैं उनके आधार पर कहा जा सकता है। कि लोकसभा अध्यक्ष रवि राय जनता दल छोड़कर चंद्रशेखर के साथ आ मिलने वाले उन सभी 43 सदस्यों को सदन को सदस्यता के आयोग्य होने की घोषणा कर देंगे और इस प्रकार उनके द्वारा पहले से घोषित 25 असंबद्ध सांसदों की सदस्यता पर भी प्रश्नचिन्ह लग जायेगा। इस संवैधानिक संकट के बाद चंद्रशेखर सरकार के अस्तित्व और भविष्य का क्या होगा, यह कहना मुश्किल नहीं है।

लोकसभा सचिवालय के एक वरिष्ठ अधिकारी के अनुसार रवि राय उनसे तथा अन्य साथी अफसरों से घनघोर बहस करते रहे हैं कि 1986 में सर्वसम्मति से पारित दलबदल विरोधी कानून के तहत उन्हें यह अधिकार प्राप्त है कि वे इन 43 सांसदो को सदन की सदस्यता के अयोग्य घोषित कर दें। उनकी राय सचिवालय की राय से मेल नही खाती। उन्हें बार-बार यह समझाने की कोशिश की गयी है कि ऐसा करना असंवैधानिक और उनके अधिकार सीमा से बाहर की बात होगी।

स्मरणीय है कि वी. पी. सिंह सरकार के विरूद्ध अविश्वास प्रस्ताव पास होने से पहले लोकसभा अध्यक्ष ने 28 सांसदों को असंबद्ध घोषित कर दिया था। ये वे सांसद थे जिन्हें अविभाजित जनता दल के अध्यक्ष

एस. आर. बोम्मई ने देवीलाल के नेतृत्व में वी. पी. सिंह के विरूद्ध का झंडा उठाने के आरोप में पार्टी से निष्कासित कर दिया था हालांकि विद्रोह करने वालों की कुल संख्या 60 से अधिक थी और ये सारे सांसद अविभाजित जनता संसदीय दल की कुल संख्या 140 के एक तिहाई से ज्यादा होने के कारण दलबदल विरोधी कानून की सीमा में नहीं आते थे, फिर भी बोम्बई ने सिर्फ 28 सांसदों को निष्काषित करके एक अभूतपूर्व स्थिति उत्पन्न कर दी थी।

लोकसभा अध्यक्ष रवि राय ने बोम्मई द्वारा निष्कासित 28 सदस्यों को दलविहीन मानकर असंबद्ध सांसद घोषित कर दिया। उधर जनता दल ने 37 अन्य सांसदों पर पार्टी बदलने का आरोप लगाकर उन्हें सदन की सदस्यता से वंचित करने का आग्रह कर दिया। यह आग्रह अध्यक्ष के विचाराधीन है और वे इस पर आने वाले दिनों में फैसला देने वाले हैं। इन दो गुटों के अलावा आठ ऐसे सांसदों का मामला भी है जो वी. पी. सिंह के खिलाफ अविश्वास प्रस्ताव के विरूद्ध वोट देने के बाद चंद्रशेखर के साथ आ मिले थे।

सचिवालय ने अध्यक्ष को यह सलाह दी है कि वे 37 सदस्यों को तो पार्टी के विभाजन का हिस्सा मान लें और बाद में आये आठ सांसदों के मामले को सदन की विशेषाधिकार समिति को सौंप दें। लेकिन सचिवालय के अधिकारियों के अनुसार रवि राय अभी तक इस बात पर अड़े हुए हैं कि वे सभी 45 सांसदों को अयोग्य घोषित कर देंगे।

इस बीच रवि राय, चंद्रशेखर और वी. पी. सिंह गुट के जनता दल नेताओं से लगातार मिलते रहे हैं। दोनों गुटों को उनसे मिलने के बाद यह यकीन हुआ कि अध्यक्ष का फैसला उन्हीं के पक्ष में होगा। चंद्रशेखर ने तो कई बार अनौपचारिक बातचीत में यह संकेत दिया कि लोकसभा अध्यक्ष ने उन्हें व्यक्तिगत आश्वासन दिया है कि वे किसी भी सांसद को अयोग्य घोषित नहीं करेंगे।

चंद्रशेखर के विश्वास का आधार यह है कि 1986 में जो दलबदल विरोधी कानून बनाया गया था, उसमें पार्टी से निष्कासित सांसदों और असंबद्ध सांसदों के बारे में कुछ भी नहीं कहा गया है हालांकि इस कानून के बनने से पहले जो कानून लागू था। उसमें पार्टी से निष्कासित सांसदों

को दलबदलू माना जाता था, लेकिन सभी पार्टियों की ऐसी राय होने के कारण नये कानून से यह प्रावधान हटा दिया गया।

उधर वी. पी. सिंह गुट का यह मानना है कि यदि लोकसभा अध्यक्ष 45 सांसदों को निष्कासित करते हैं तो यह उनके अधिकार क्षेत्र की बात होगी और ऐसा करते समय वह किसी कानून या अधिकारी सीमा का उल्लंघन नहीं कर रहे होंगे।

यहां यह भी उल्लेखनीय है कि लोकसभा अध्यक्ष द्वारा 28 सांसदों को असंबद्ध घोषित करने के फैसले को दिल्ली हाईकोर्ट में चुनौती दी गयी है। क्योंकि संविधान इस मामले में चुप है और यह लोकसभा अध्यक्ष के विशेषाधिकार की परिधि में नहीं आता इसलिए अदालत को इसे सुनने का पूरा अधिकार है। और जब तक इस पर फैसला न हो जाये तब तक लोकसभा अध्यक्ष पार्टी के विभाजन और 45 सांसदों के अयोग्य होने वाली याचिका पर अपना फैसला नहीं दे सकते, डॉ सुब्रह्मण्यम स्वामी यही बताने के लिए लोकसभा अध्यक्ष से मिले थे।

इस पूरे प्रकरण में कई सवालों के उत्तर अभी मिलने बाकी है, मसलन प्रधानमंत्री और लोकसभा अध्यक्ष के बीच टेलीफोन पर जो बातचीत होती है, उसे कोई और नहीं सुन सकता। यह बातचीत लाल रंग के रेक्स (रेस्ट्रिक्टिड एक्सचेंज, यानी चुने लोगों को दिये गये टेलीफोन को संचालित करने वाली व्यवस्था) टेलीफोन पर हुई थी, तब इस बातचीत का हूबहू ब्यौरा अखबारों तक कैसे पहुंचा। इसे प्रधानमंत्री ने लीक किया कि लोकसभा अध्यक्ष ने? जिसने भी किया, वह सदन के विशेषधिकारों को हनन करने वाला कहा जायेगा। इसी प्रकार रवि राय, सत्यप्रकाश मालवीय और सुब्रह्मण्यम स्वामी के बीच जो बातचीत हुई, उसका ब्यौरा संवादों के रूप में अखबारों तक कैसे पहुंचा। जो ब्यौरा छपा, वह स्वामी, मालवीय, उनकी पार्टी और उनके सरकार के विरूद्ध जाता था, इसलिए वे तो इसे देने वाले नहीं थे और यदि इस कुमार मंगलन ने सेंट्रल हाल में आकर बताया तो यह सिर्फ एक अखबार में कैसे छापा?

21

भारत लाना आसान नहीं विन चड्ढ़ा को

भूरेलाल मिशन 'विफल'

प्रधानमंत्री के विश्वासपात्र अफसर भूरेलाल दुबई में डेरा डालें हुए हैं। उनके साथ सी. बी. आई. के वरिष्ठ अधिकारी महेश शर्मा भी गये हुए है। इस गोपनीय यात्रा का उद्देश्य बोफोर्स कांड में चर्चित और इसकी एफ. आई. आर. में उल्लिखित विन चड्ढ़ा को भारत बुलवाना है। इस संबंध में भूरेलाल और शर्मा की दुबई पुलिस के चीफ से लंबी बातचीत हुई।

विन चड्ढ़ा दुबई में रह रहे हैं, बोफोर्स कांड में नाम आने पर भी भारत आने से साफ इंकार कर दिया है। उन्हें डर है कि अगर वे भारत आ गये तो फौरन जेल में डाल दिया जाएगा। उनका पासपोर्ट भी जब्त करने का फैसला लिया जा चुका है, वैसे विन चड्ढ़ा के वकील ने भारत सरकार के सभी कदमों को दिल्ली की एक अदालत में चुनौती दी हुई है।

संयुक्त अरब अमीरात (यू. ए. ई.) में विन चड्ढ़ा की काफी साख है। इसलिए उन पर हाथ डालना इतना आसान नहीं होगा। कूटनीतिक संकेतों से यू. ए. ई. ने उन दिक्कतों की ओर इशारा किया है। जिनके कारण वह विन चड्ढ़ा को जबरन भारत नहीं भेज पा रही है। भूरेलाल इन्हीं दिक्कतों को निपटाने गये हैं, हो सकता है इस यात्रा में वे विन चड्ढ़ा से मिले भी।

जैसे ही दिल्ली स्थित यू. ए. ई. के राजदूत को यह पता चला कि भूरेलाल दुबई जाने वाले हैं वे खुद आबुधाबी रवाना हो गये। उनके गैरहाजिरी में भूरेलाल को वीजा मिलने में काफी दिक्कत पेश आयी।

दुबई में भी यू. ए. ई. सरकार का रवैया विशेष सहायक नहीं था। उनको कहना था कि हम अपने यहां शरण लिये हुए व्यापारी को बिना पक्के सबूत के पुलिस के हवाले कैसे कर सकते हैं।

22

एयरबस को लेकर वी. पी. और आरिफ में मतभेद

जहाज़ उड़ें या बिकें या फिर किराये पर उठें

एयरबस 320 के मामले में प्रधानमंत्री विश्वनाथप्रताप सिंह और नागर विमानन के मंत्री आरिफ मुहम्मद खान के बीच साफ मतभेद हैं। प्रधानमंत्री को यह जहाज शुरू से ही पसंद नहीं था बंगलौर दुर्घटना के बाद तो क़तई नहीं। यह राजीव गांधी की जिद पर खरीदा गया था अतः वी. पी. सिंह इसे हथियार बनाकर राजीव पर एक और निर्णायक चोट करना चाहते हैं। आरिफ इसके साथ प्रतिष्ठा का कोई प्रश्न जोड़ना नहीं चाहते। उनकी इच्छा है या तो ये 14 जहाज उड़ें, बिकें या फिर किराये पर उठें। अपने मंत्री रहते हुए इंडियन एयरलाइंस का पौने तीन करोड़ का हर हफ्ते घाटा उन्हें गंवारा नहीं।

आरिफ ने बंगलौर में जहाज गिरने के फौरन बाद कहा था कि बाकी जहाजों को जमीन पर नहीं उतारा जायेगा। पर जब उन्हें प्रधानमंत्री के मन का पता चला तो उन्होंने मामला कैबिनेट की तरफ सरका दिया। केबिनेट ने वी. पी. का रूख देखने के बाद सब जहाजों को हैंगरों में लटका दिया, हालांकि एयरमार्शल रामदास की खोजबीन से साफ हो गया था कि जहाज में कोई कमी नहीं है। 54 देशों में 19 हवाई कंपनियां ऐसे 550 जहाज मजे में उड़ा रही हैं। हमारे यहां तो इंडियन एयरलाइंस के विरोध के बावजूद अफरातफरी में ये जहाज खरीदे गये थे, पर राजीव अड़ गये। 15 जहाज आये। जल्दी उनका अनुभव और प्रशिक्षण पका नहीं जल्दी में पायलटों को तैयार किया गया। ऐसे में और क्या होता! एक पायलट संतुलन खो बैठा और जहाज जमीन पर आ गिरा।

वी.पी. सिंह चाहते हैं कि जब तक सी. बी. आई. उस हालात का पता न लगा ले कि ये जहाज क्यों खरीदे गये, किसको क्या फायदा हुआ, दलाली मिली तो किसकी जेब में गयी, तब तब इन्हें न उड़ाया जाये। आरिफ कहते हैं उड़ाओ मत, किराये पर तो चढ़ा दो, और बिकते हैं तो बेच दो, 2500 करोड़ के सौदे में कुछ वसूल हो। 12 हफ्तों में 30 करोड़ का तो नुकसान हो चुका है। चार–छह महीने और खड़े रहे तो इंडियन एयरलांइस ही बैठ जायेगी।

कैबिनेट का फैसला है कि कम से कम छह महीने तक जहाज किराये पर उठा दिये जाएं।

सवाल 14 जहाजों का नहीं है। चार अगले महीने डिलीवरी के लिए फ्रांस में खड़े हैं और 12 आर्डर पर तैयार हो रहे हैं। दिलचस्प मसला यह है कि जिस कंपनी ने नमूना दिखाया था वैसे के वैसे नहीं खरीदे गए हैं। अपने पंसद का माल लगया है और अपने हिसाब से डिजाइन में फेरबदल किया गया है। अब माल अपना पसंद अपनी। दूसरा 100 करोड़ का जहाज खरीदेगा तो उस गरीब को अपनी पसंद बताने का हक है कि नहीं। लिहाजा बिकना भी आसान नहीं। यही हाल किराये पर उठाने का है। हिन्दुस्तानी पायलटों ने एयरबस को खासा बदनाम कर दिया है। एयरबस ने भी बदले में भारतीय पायलटों की ऐसी तैसी करने में कोई कसर नहीं छोड़ी है। लिहाजा कम ही देश ऐसे होंगे जो भारतीय पायलट समेत इन जहाजों को किराये पर लें। बिना भारतीय पायलटों से सूखे जहाज लेने में दिक्कत उस डिजाइन की है जो भारत ने करवाया है, वैसे कंपनी उसे फिर अपने मूल नमूने में बदलने को तैयार है। पर उसके लिए प्रति जहाज सवा आठ करोड़ रुपये लगेंगे। अगर यह पैसा भारत देता है (जाहिर है और कौन देगा) तो इसके पल्ले पड़ेगा क्या, इतना तो किराया भी नहीं मिलेगा। इससे तो अच्छा है हैंगर में ही पड़े रहें। जी हां, वी. पी. सिंह भी यही कहते हैं। आरिफ के गले में यही हड्डी अटकी हुई है।

अब प्रधानमंत्री का दफ्तर कहता है कि फैसला आरिफ साहब का दफ्तर लेगा। आरिफ भाई हाथ नहीं लगाना चाहते। पहले ही एक बार दूध से जल चुके हैं।

इंडियन एयरलांइस के बोर्ड की मीटिंग होनी है। उसमें फैसला होगा कि जहाज किराये पर उठें, बिकें या ऐसे ही खड़े रहें।

अब एक बार इनकी किस्मत का फैसला हो तो यह तय किया जाये कि इन जहाजों को बर्फ में लगाने से जो नुकसान हो रहा है। उसका खामियाजा कैसे पूरा किया जाये। अगर ये किराये पर चले जाते तो इसी रकम से एयरबस 300 या बोइंग कंपनी के जिस किस्म के जहाज एयरलाइंस के पास पहले से हैं उसी तरह के और जहाज किराये पर ले लिये जायें।

वैसे 'वायुदूत' ने भी अपना दावा ठोक दिया है कि अगर एयरलाइंस यात्रियों की सेवा करने में अपने का असहाय पा रहा है तो वे ये बोझ सहर्ष उठाने को तैयार है।

23

कुमारमंगलम ने शगूफा भड़काया

स्वामी अपने ही मज़ाक के खुद शिकार

केन्द्रीय कानूनमंत्री डॉ. सुब्रह्मण्यम स्वामी ने सपने में भी नहीं सोचा होगा कि लोकसभा अध्यक्ष रवि राय से हल्के अंदाज में हुई बातचीत उनके जीवन की इतनी बड़ी राजनीतिक भूल सिद्ध होगी। डॉ. स्वामी का दावा है कि उन्होंने अध्यक्ष के पद की गरिमा के साथ कोई खिलवाड़ नहीं किया और यह सारा बखेड़ा लोकसभा में एक कांग्रेसी सदस्य रंगराजन कुमारमंगलम् द्वारा भड़काया गया शगूफा है।

डॉ. स्वामी ने कुछ राजनीतिक दोस्तों को एक अनौपचारिक बातचीत में बताया कि जब वह केन्द्रीय पेट्रोलियम मंत्री सत्यप्रकाश मालवीय के साथ लोकसभा अध्यक्ष के कक्ष में बातचीत करने गये तो दरवाजे के बाहर कुमारमंगलम् भी खड़े थे और शायद उन्होंने भी अध्यक्ष से मिलने के लिए समय मांगा था। पर हुआ कुछ इस तरह कि उनके कमरे में प्रवेश करने से पहले ही ये दो मंत्री चले आये। लगता है कुमारमंगलम् ने दरवाजे के बाहर खड़े हो कर उनकी बातचीत का जो हिस्सा सुना और जैसा समझा वह उन्हें इतना नाटकीय लगा कि उन्होंने सेंट्रल हाल में बैठे सांसदों और पत्रकारों को उसे ऐसा चटकारा लेकर सुनाया कि तिल का ताड़ बन गया।

डॉ. स्वामी के अुनसार उन्होंने तो सिर्फ अध्यक्ष से यह कहा था कि अगर रवि राय ने लोकसभा के आठ सांसदों जिनमें चार मंत्री भी शामिल हैं को दलबदल कानून के तहत निष्काषित करने का फैसला लिया तो यह मामला दिल्ली उच्च न्यायालय की मान-हानि का कारण बन सकता है क्योंकि वहां पर इस मुद्दे को लेकर एक याचिका विचाराधीन है। इस पर अध्यक्ष ने कहा कि ऐसे मामलों में लोकसभा अध्यक्ष का फैसला सर्वोपरि

होता है। इसके जवाब में डॉ. स्वामी ने फिर कहा, लेकिन अदालत इसे अपनी मानहानि मान सकती है। डॉ. स्वामी द्वारा जोर दिये जाने के बाद अध्यक्ष ने उनसे मजाक के लहजे में पूछा तो क्या अदालत के आदेश पर मुझे गिरफ्तार कर लिया जायेगा। डॉ स्वामी ने जवाब दिया कि वैसा हुआ तो भी सरकार बीच में पड़कर उसे रुकवा देगी क्योंकि अंततः पुलिस कार्यपालिका के अधीन होती है। लेकिन अगर अदालत ने जोर दिया तो? अध्यक्ष ने पूछा। इस पर स्वामी ने कहा कि तब तो हो सकता है आपको गिरफ्तार करना पड़े।

यह सारी बातचीत जिस अंदाज में हुई उसमें यह कहीं नही झलकता था कि स्वामी का आशय धमकी भरा था और जैसा...

24
धवन क्यों, बूटा क्यों नहीं
राज्यसभा में प्रवेश

भूतपूर्व गृहमंत्री बूटासिंह और इंदिरा तथा राजीव के सलाहकार राजेंद्रकुमार धवन की रंजिश बहुत पुरानी है। दोनों कभी भी एक दूसरे को फूटी आंख तक नहीं सुहाये। इंदिरा गांधी की हत्या के फौरन बूटा सिंह ने धवन को प्रधानमंत्री के दायरे से बाहर करवा दिया था। पिछले वर्ष जब राजीव गांधी ने दोबारा धवन को पुनर्वास किया तब से ये अटकलें लगायी जा रही हैं कि राजीव के दरबार में अब अंतिम तौर पर किसका अस्तित्व सुरक्षित रहेगा। इस हफ्ते के राज्यसभा चुनाव में इस पहेली को शायद अंतिम तौर पर हल कर दिया जाए। बूटा सिंह एकदम बाहर हो गये हैं और किसी जमाने में इंदिरा गांधी के टाइपिस्ट के रूप में अपनी जीवनयात्रा शुरू करने वाले आर. के. धवन अब अपने राजनीतिक जीवन के एक प्रतिष्ठित पड़ाव पर पहुंच गये हैं।

विडंबना है कि किसी जमाने में राजीव गांधी के आंख और कान कहे जाने वाले बूटासिंह को किसी भी राज्य में अपनाने से इंकार कर दिया गया। वी. पी. सिंह सरकार ने तो इस उम्मीद में कि बूटासिंह राज्यसभा में आ ही जाएंगे, 28 लोदी एस्टेट वाला प्रधानमंत्री का वर्तमान बंगला उनके नाम अलॉट भी कर दिया था। यह सोचा गया कि पंजाब के आतंकवादियों की हिट लिस्ट में होने के कारण बूटा सिंह के लिए यह बंगला काफी महफूज रहेगा। पर कांग्रेस पार्टी उन्हें संसद के उच्च सदन में लाने में नाकायाब रही। कहा जाता है कि बूटासिंह के राजनीतिक निष्कासन के पीछे धवन के खेमे का हाथ है। धवन जो कांग्रेस पार्टी को सबसे नीचे की जड़ों तक जानते और पहचानते हैं, यह कभी नहीं चाहते थे कि बूटासिंह किसी भी रूप में पुर्नस्थापित हों। लिहाजा उन्होंने यह

इंतजाम करवा दिया कि जिस भी राज्य से बूटासिंह को राज्यसभा में भेजने का आग्रह किया गया, उसी ने साफ इंकार कर दिया।

हालांकि धवन के नाम को लेकर भी बहुत विरोध हुआ, पर राजीव गांधी ने इस संबंध में किसी की भी नहीं सुनी, वैसे धवन को वरिष्ठ सदन में भिजवाने में...

25

चुनावों में पार्टी लाइन के आर पार देवी लाल परिवार के राजनीतिक सफाये की तैयारी

ओम प्रकाश चौटाला का जबरदस्त पलटवार

तमाम अंतविरोधों के बावजूद सारे दल कम से कम इस बात पर तो सहमत हैं कि आने वाले लोकसभा चुनावों में देवीलाल परिवार का भारतीय राजनीति से सफाया कर दिया जाये। विडंवना यह है कि इसमें स्वयं उनके जनता दल (स) हाई कमान के कुछ नेता भी शामिल हैं। इसके लिए जैसे पार्टी लाइन के आरपार कोई साझी रणनीति तैयार हो रही लगती है।

देवीलाल परिवार का हरियाणा के अलावा राजस्थान और पश्चिम उत्तर प्रदेश पर काफी प्रभाव माना जाता रहा है, हरियाण में फिलवक्त उनकी सम्पूर्ण सत्ता है। हुकुम सिंह तो वैसे भी नाम के ही मुख्यमंत्री रहे, असली हुकुमत देवीलाल के बेटे ओमप्रकाश चौटाला के हाथ में 'डिफेक्टो' तौर पर तो थी ही अब उसे 'डिज्यूरो' बनाया जा रहा है।

इन चुनावों में प्रधानमंत्री पद के लिए तीन उम्मीदवार हैं राजीव गांधी, वी.पी. सिंह, और अटलबिहारी वाजपेयी, इन तीनों में से प्रधानमंत्री कोई भी बने, हुकुम सिंह सरकार को तो बर्खास्त होना ही है। इसलिए चौटाला यह चाहते भी थे कि इसी हफ्ते हुकुमसिंह के स्थान पर वे मुख्यमंत्री पद की शपथ ले लें। इसके लिए उन्होंने अपनी पार्टी के अधिकांश विधायकों को तैयार भी कर लिया। ये लोग कई दिनों तक दिल्ली के हरियाणा भवन में डेरा भी डाले रहे। लेकिन एन वक्त पर 10–12 विधायक बिदक गये राज्याभिषेक की तैयारी एक बार तो बंद कर

दी गई मगर फिर देवीलाल परिवार के राजनीतिक व्यक्तित्व पर 'बंसीलाल फैक्टर' के बढ़ते दबाव ने उन्हें दोबारा पहल लेने पर मजबूर किया।

चौटाला यह सब इसलिए कर रहे थे क्योंकि वे भी यह जानते हैं कि हुकुम सिंह के मुख्यमंत्रित्व में चुनाव अब हों या दो महीने बाद उनकी पार्टी का कोई भविष्य नहीं है और एक बार लोकसभा चुनावों में उनके परिवार और उनकी पार्टी का सफाया हो गया तो विधानसभा चुनावों में वे लाख कोशिश करने पर भी नही जीत पाएंगे, लिहाजा वे यह जुआ खेलना चाहते है कि लगे हाथों लोकसभा चुनावों के साथ-साथ विधानसभा के लिए भी भाग्य आजमा लिया जाये।

हरियाणा में लोकसभा की 10 सीटें है। फिलहाल इनमें से अधिकांश देवीलाल के कब्जे में हैं, लेकिन आने वाले चुनाव में उनका भविष्य अनिश्चित है। वैसे तो देवीलाल यह घोषणा कर चुके हैं कि खुद चुनाव मैदान में नहीं उतरेंगे, लेकिन उन्हें पहचानने वालों का दावा है कि आखिरी मौके पर जब ट्रक भर-भर कर समर्थक उनके घर जाकर उनसे बागडोर संभालने का आग्रह करेंगे तो ताऊ उसे ठुकरा नहीं पायेंगे। वैसे तो यह बात अलग है कि अगर उन्होंने चुनाव लड़ने की ठानी भी तो उनका अपना हर्ष क्या होगा, कहना मुश्किल है।

हरियाणा की जनता उनके दोनों पुत्रों चौटाला और रंजीतसिंह के खुले और छिपे युद्धों से और बेनामी निरंकुश शासन से त्राहि-त्राहि कर उठी है। महम कांड का खूनी रंग अब भी मद्धिम नहीं पड़ा है। वहां देवीलाल परिवार की आंख की किरकिरी रहे आनंदसिंह डांगी कांग्रेस में शामिल हो चुके हैं। स्वयं चौटाला की अभी तक यह हिम्मत नहीं हुई है कि वह इस इलाके से चुनाव लड़ने की सोचे। देवीलाल की भांति उनका भी लोकसभा चुनाव लड़ने का कोई इरादा नहीं है। रंजीतसिंह राज्यसभा में आ ही चुके हैं। इस प्रकार देवीलाल परिवार का एक भी सदस्य इस बार हरियाणा से चुनाव नहीं लड़ेगा। लेकिन उनकी यह कोशिश तो जरूरी होगी कि उनके द्वारा मनोनीत उम्मीदवार भारी बहुमत से लोकसभा में पहुंचे। ऐसा न हो पाये इसके लिए सभी दलों ने एक अलिखित लेकिन सामूहिक व्यूह रचना संजो ली है।

बंसीलाल ने बड़े ही सुनियोजित ढंग से अपने को कांग्रेस से निष्काषित करवा लिया है, हालांकि उन्होंने हरियाणा विकास मंच को एक राजनीतिक दल के रूप में मान्यता देने के लिए प्रार्थना पत्र दिया है। लेकिन उसी कोई उम्मीद नहीं है और उनके उम्मीदवार स्वतंत्र रूप से...

26

तेजड़ियों ने उछाले कांग्रेस के भाव

सट्टा बाज़ार में भाजपा ढीली, वी. पी. और गिरे

कांग्रेस समेत सभी राजनीतिक पार्टियां सट्टा बाजार में लगे अरबों रुपयों को लेकर बड़ी परेशान हैं। देश की राजनीति में पहले से लुढ़कती हुई अर्थव्यवस्था पर इस लंबे-चौड़े काले धन का क्या असर पड़ेगा, इसे लेकर प्रधानमंत्री पद के चारों उम्मीदवार किंकर्तव्यविमूढ़ की स्थिति में है।

उम्मीद की जाती थी कि भाजपा की चुनाव सूची और उसके घोषणापत्र में किये गये वायदों को देखते हुए उसके जीतने की संभावनाएं बढ़ जायेंगी और इसका सीधा असर सट्टा बाजार पर भी पड़ेगा। पर शेयर बाजार के साथ-साथ इस जुआखाने में करोड़ों दांव पर लगाने वाले तेजड़ियों के मनोविज्ञान पर कोई असर नहीं पड़ा है। वे अभी भी अपना सारा भविष्य कांग्रेस की झोली में ही लगाये हुए हैं। इस हफ्ते कांग्रेस सरकार और राजीव गांधी के प्रधानमंत्री बनने की संभावनाओं पर शर्त लगाने वाले सट्टे का भाव 20 पैसे तक ले गये। यानि जुआरियों को राजीव गांधी के प्रधानमंत्री बनने पर इतनी आस है कि वे 20 पैसे के बदले रुपया दांव पर लगा रहे हैं, पिछले हफ्ते यह भाव 35 पैसे और उससे पिछले हफ्ते 45 पैसै था। कोई भी तेजड़िया यह सोचने के लिए भी तैयार नहीं कि कांग्रेस को 200 से एक भी कम सीट मिलेगी और वह पार्टी सरकार नहीं बनायेगी। अनेक जोखिम उठाने वाले तो कांग्रेस को 300 और 350 सीटें भी देने को आतुर बैठे हैं।

उधर भाजपा का भाव भी 75 पैसे से थोड़ा सा नीचे सरककर 60 पैसे के करीब डोल रहा है। लेकिन यह सिर्फ 100 सीटों के लिए है। लगता है पूरा का पूरा सट्टा बाजार कांग्रेसी हो गया है, क्योंकि एक भी

ऐसा माई का लाल दिखायी नहीं देता जो राजीव के अलावा किसी और घोड़े पर पैसा लगाने के लिए तैयार हो। जहां तक वी. पी. सिंह और चंद्रशेखर का ताल्लुक है, उनके खाने अभी तक खाली हैं। लोग उनके बारे में कोई एक रुपये के बदले 5 रुपये दे तो भी बात तक करने को तैयार नहीं दिखायी देते।

बरहाल, भारतीय जनता पार्टी इन तेजड़ियों के कारण बहुत परेशान है क्योंकि उसका परंपरागत वोट बैंक इन्हीं जुआरियों और मध्यवर्गीय व्यापारियों के इर्द-गिर्द केन्द्रित रहता आया है। जब यह लोग अपनी पूंजी के द्वारा बाजार में यह हवा फैलाते हैं कि इस बार भी भाजपा के जीतने की कोई संभावना नहीं है तो इस पार्टी के हाथ के तोते उड़ने लगते हैं। मजे की बात तो यह है कि एक तरफा साज का यह व्यापारी वर्ग भाजपा के नाम पर सौगंध उठाने को तैयार है और मन ही मन यह आस लगाये रहता है कि कब इसके भीतर बैठे धर्मभीरु की बरसों से चली आ रही आस पूरी होगी। वही जब सट्टा बाजार में पहुंचता है तो कांग्रेस और राजीव गांधी के नाम पर तन-मन-धन न्यौछावार करने के लिए उतारू दिखायी देता है।

भारतीय व्यापारी समाज की यह विडंबना इसके दोहरे वर्ग चरित्र का जीवंत प्रतीक है। धर्म औार आस्था, जो हमेशा से उसके जीवन में हाशिये पर रहे हैं, जब कभी भी तुरंत लाभ के रूप में उसके व्यापार और उस पर आधारित अस्तित्व से टकराते हैं तो हमेशा हार धर्म की ही होती है क्योंकि उसके सोच में कहीं न कहीं यह शामिल रहता है कि धर्म और भगवान से तो वह वक्त आने पर निपट लेगा पर यदि बाजार में यह मौका उसके हाथ से चूक गया तो न धर्म रहेगा और न वह खुद।

27

चंद्रशेखर अब अकेले नहीं

नयी औद्योगिक नीति

सरकार की औद्योगिक नीति पर एक हफ्ते में दो बार तेज हमला करने वाले चंद्रशेखर अब इस अहम् आर्थिक मुद्दे पर राजनीतिक दृष्टि से अकेले नहीं हैं। हालांकि उप-प्रधानमंत्री देवीलाल और योजना आयोग के उपाध्यक्ष रहे रामकृष्ण हेगड़े द्वारा चंद्रशेखर को खुला और बिना शर्त समर्थन देने के बाद अपना रुख बदल चुके हैं। इसके बावजूद चंद्रशेखर न केवल जनता दल में अपितु राजनैतिक जगत में विभाजन कराने में सफल हो गये हैं।

मजे की बात यह है कि न केवल दोनों वामंपथी पार्टियां बल्कि दक्षिण पंथी भारतीय जनता पार्टी भी इस मुद्दे पर चंद्रशेखर के ही स्वर में बोल रही है। इन तीनों पार्टियों द्वारा राष्ट्रीय मोर्चा सरकार को समर्थन दिये जाने के बाद यह पहला सैद्धांतिक मसला उठा है जिस पर वे वी. पी. सिंह सरकार के साथ एक मत दिखायी नहीं देते।

कैबिनेट के अनुशासन से बंधे होने के कारण वी. पी. सिंह के साथी मंत्री इस मामले में खुलकर चंद्रशेखर को समर्थन नहीं दे पा रहे हैं। लेकिन सुना जाता है कि इसी मंत्रिमंडल की बैठक में जॉर्ज फर्नांडीस और शरद यादव ने लगभग वही सारे तर्क दिये जो चंद्रशेखर अपने दो प्रेस सम्मेलनों में दे चुके थे।

राजनीतिक क्षेत्रों में इस बात पर काफी अचंभा किया गया कि देवीलाल ने चौबीस घंटे के भीतर इस मामले में अपना रुख क्यों बदल दिया। लेकिन भारत की संसदीय प्रणाली की जरा भी समझ रखने वालों को निश्चित रूप से उसी समय बहुत आश्चर्य हुआ होगा जब उन्होंने

पहली बार सार्वजनिक तौर पर इस नीति का विरोध करने का फैसला किया था। यह केवल परंपरा ही नहीं बल्कि अलिखित नियम सा ही है कि मंत्रिमंडल का कोई भी सदस्य किसी साझे फैसले के विरोध में सार्वजनिक तौर पर अपना विरोध व्यक्त नहीं कर सकता। उसके सामने एक ही चारा है-या तो समर्थन करे या फिर त्यागपत्र दे दे।

इस प्रकार हेगड़े ने अपने आयोग के साथ सदस्यों-लक्ष्मी चंद्र जैन, रजनी कोठारी और जयदेव सेठी के दबाव में पहले तो इस नीति का विरोध करने वाला सार्वजनिक वक्तत्व दे दिया लेकिन तभी उन्हें शायद याद आया कि एक दो दिन में कुलदीप सिंह आयोग की रिपोर्ट आने वाली है और हो सकता है कि उनके लिए यह विरोध खासा महंगा पड़ जाये। अतः उन्होंने वाणिज्य महासंघ की बैठक से बाहर निकलकर अपने पहले वाले वक्तव्य के ठीक विपरीत बातें कहीं।

पर चंद्रशेखर इस बस को लेकर निराश नहीं हैं। वे हमेशा लंबी दौड़ के घुड़सवार रहे हैं। उन्होंने पहले दिन ही यह स्पष्ट कर दिया था कि वह यह विरोध किसी क्षणिक या अल्पकालीन लाभ के लिए नहीं कर रहे हैं। उनकी लड़ाई सैद्धांतिक है।

चंद्रशेखर के खेमे को इस बात पर भी काफी खुशी है कि वाणिज्य महासंघ (फिक्की) ने नये अध्यक्ष एस. के. बिड़ला ने अपने पहले अध्यक्षीय वक्तव्य में लगभग वही बातें उठायी हैं जो चंद्रशेखर कह रहे हैं।

जहां तक चंद्रशेखर के अगले कदम का सवाल है वह कतई जल्दी में नहीं है। उन्हें मानसून अधिवेशन का इंतजार है।

28

मंत्रिमंडल गठन से असंतुष्ट सांसद टूटने को तैयार

चंद्रशेखर सरकार को संवैधानिक संकट में उलझाने की कोशिश

अभी मंत्रियों द्वारा शपथपत्र पर किये गये हस्ताक्षर की स्याही सूखी भी नहीं है कि चंद्रशेखर सरकार के लिये एक नया संकट खड़ा हो गया है। नये प्रधानमंत्री को जितनी कठिनाइयां अपना मंत्रिमंडल गठित करने में पेश आयी थीं उससे कहीं ज्यादा अब इस संकट को सुलझाने में आयेंगी। दोनों स्थितियों में कारण एक ही रहा है देवीलाल खेमा। हालांकि इस खेमे में ज्यादा से ज्यादा पन्द्रह सांसद हैं लेकिन अगर यही अड़ जायें तो इस दो हफ्ते पुरानी अल्पमत सरकार के सामने एक संवैधानिक प्रश्न चिन्ह खड़ा हो जाता है।

अभी लोकसभा के अध्यक्ष रवि राय द्वारा यह फैसला दिया जाना बाकि है कि जो सदस्य जनता दल छोड़कर चंद्रशेखर-देवीलाल गुट के साथ आ मिले थे उन्हें 'दलबदलू' माना जाये या नहीं। लोकसभा अध्यक्ष ने इनमें से 25 सांसदों की पहली खेप को असंबद्ध सदस्य घोषित करते हुए उन्हें जनता दल (एस) में मानने से इनकार कर दिया था। 61 सदस्यों ने वी. पी. सिंह सरकार के विरोध में मत दिया था लेकिन उनमें से सिर्फ 36 को विवादास्पद माना गया था। इस गणित के हिसाब से यदि 12 से अधिक सदस्य अपने को जनता दल (एस) से अलग करके नया गुट बना लेते हैं तो अध्यक्ष अपने विवेक के तहत यह फैसला दे सकते हैं कि पूरा का पूरा जनता दल दलबदलूओं की जमात है कोई बंटा हुआ नया दल नहीं। उस स्थिति में चंद्रशेखर सरकार का नैतिक आधार बिल्कुल समाप्त

हो जायेगा। यह भी हो सकता है कि सारे के सारे 36 सांसदों की सदस्यता ही समाप्त कर दी जाये। तब जो स्थिति उत्पन्न होगी उसमें तो चंद्रशेखर सरकार का बचे रहना भी संदिग्ध हो जायेगा।

इस पूरे नाटकीय घटनाचक्र में चार मुख्य पात्र हैं। उप-प्रधानमंत्री और जनता दल (एस) के अध्यक्ष देवीलाल, उनके पुत्र और जनता दल (एस) महासचिव ओमप्रकाश चौटाला, देवीलाल के दूसरे बेटे रंजीत सिंह और देवीलाल के कल तक के सिपहसालार और वी. पी. सिंह सरकार में संसदीय मामलों के उपमंत्री रहे जगदीप धनखड़, इनमें देवीलाल और रंजीत सिंह की भूमिका उतनी मुखर और प्रकट नहीं है जितनी कि चौटाला और जगदीप धनखड़ की।

देवीलाल ने तो प्रत्यक्ष रूप से कैबिनेट गठन को सराहा और इसे अच्छी शुरूआत का सर्टिफिकेट भी दिया लेकिन जगदीप धनखड़ ने उपमंत्री से पदोन्नत होकर राज्यमंत्री पद का प्रस्ताव मिलने के बावजूद उसे ठुकरा दिया और स्वयं चंद्रशेखर देवीलाल और गुजरात के मुख्यमंत्री चिमन भाई पटेल के आग्रह के बावजूद शपथ ग्रहण समारोह में भाग नहीं लिया। ओमप्रकाश चौटाला ने चंद्रशेखर को मंत्रिमंडल बनाने में काफी मदद की थी और देवीलाल की ओर से भी यह आश्वासन दिया था कि वे जो नाम सुझा रहे हैं, वे सर्वसम्मत हैं और इसके बाद कोई संकट उत्पन्न नहीं होगा। लेकिन यह आश्वासन क्षणभंगुर साबित हुआ। एक तरफ धनखड़ ने संकट की स्थिति उत्पन्न कर दी। दूसरे चंद्रशेखर के माले रवाना होते ही रंजीत सिंह ने असंतुष्टों को मंत्रीपद के एक अन्य प्रत्याशी चांद राम के घर जमा करना शुरू कर दिया। शपथ लेने वाले एक अन्य उपमंत्री दसई चौधरी ने तो त्यागपत्र देने की सार्वजनिक धमकी दे दी। देवीलाल इस प्रकरण पर खामोश रहे लेकिन चौटाला कई किस्म के बयान देते रहे और स्थिति को उलझाते रहे। उन्होंने तो यहां तक कह दिया कि धनखड़ को मंत्री बनाया ही नहीं जा रहा था। इस सब का परिणाम यह निकला कि चंद्रशेखर जो सात दक्षिण एशियाई देशों को मैत्री सद्भावना और एकता का दर्शन समझाने गये थे पीठ पीछे अपनी सरकार पर आये संकट का आंखों देखा हाल सुनने पर विवश हो गए।

इस पूरे घटनाक्रम को समझाने के लिए यह जानना जरूरी है कि रंजीत सिंह और चौटाला में अपनी-अपनी महत्वाकांक्षाओं के कारण कभी

नहीं बनी। हालांकि देवीलाल रंजीत सिंह को काफी चाहते हैं लेकिन उन्हें चौटाला की राजनीतिक काबलियत पर ज्यादा भरोसा है। इसलिए वे चाह कर भी इस पूरे मामले में अब तक स्थितप्रद बुद्धू बने हुए हैं। उधर चौटाला का चंद्रशेखर से एक स्वतंत्र समीकरण है और वी.पी. सिंह की सरकार को गिराने से लेकर चंद्रशेखर मंत्रिमंडल बनने तक उनकी काफी अहम भूमिका रही। यही नहीं उन्होंने अपने पिता को इस बात के लिये भी मनाया कि वे चंद्रशेखर को प्रधानमंत्री बन जाने दें और स्वयं उनके नीचे उप–प्रधानमंत्री पद स्वीकार कर लें। उन्होंने देवीलाल से यह बयान दिलवाया कि चंद्रशेखर ने बहुत अच्छा मंत्रिमंडल गठित किया है। इस प्रकार उन्होंने एक तरीके से देवीलाल को चंद्रशेखर के हर फैसले से प्रतिबद्ध कर दिया। ऐसी स्थिति में देवीलाल के सामने उस समय धर्मसंकट पैदा हो गया जबकि चौटाला द्वारा मंत्रिमंडल से बाहर रखे गये सांसद उनके पास गुहार करने पहुंचे। उनका नेतृत्व स्वयं उनके छोटे बेटे रंजीत सिंह कर रहे थे। देवीलाल ने उनसे सिर्फ इतना ही कहा आप जो ठीक समझते हैं वही कीजिए। मेरे लिए खुल कर कुछ भी कहना बड़ा मुश्किल है।

इन असंतुष्टों के भी दो गुट हैं। एक जगदीप धनखड़ का और दूसरा रंजीत सिंह का। जहां तक धनखड़ का सवाल है उनके दावे से बहुत हद तक देवीलाल सहानुभूति...

29

आरक्षण-समर्थकों की देश भर में जवाबी रैलियों और प्रदर्शनों की तैयारी

विश्वनाथ प्रताप सिंह को 'पिछड़ों का मसीहा' घोषित करने की व्यूह रचना

दिल्ली से बिहार तक आरक्षण विरोधी प्रदर्शनों से तनिक भी विचलित हुए बिना प्रधानमंत्री विश्वनाथप्रताप सिंह के सलाहकारों ने जवाबी रैलियों के आयोजन का फैसला किया है, ताकि ताजा-ताजा अर्जित पिछड़ी जातियों के जनाधार को मजबूत किया जा सके। प्रधानमंत्री वी. पी. सिंह स्वयं इन रैलियों में भाग लेने के लिए तैयार हैं बशर्ते इस तरह के आयोजन नये तरह के विवाद को जन्म न दें। वे इस मामले में पूरी सावधानी से कदम उठाना चाहत हैं। यह अनुमान लगाया जा रहा है कि देवीलाल द्वारा चैतन्य रथ निकाल लेने के बाद चंद्रशेखर के साथ भारत दर्शन पर जाने के फैसले को कितना समर्थन मिलता है।

नयी व्यूह रचना इस बात पर निर्भर करेगी कि देवीलाल शिविर और अन्य सहयोगी तथा विरोधी पार्टियां आर्थिक आधार पर आरक्षण की मांग कितनी गंभीरता से उठाती है। अगर इस मांग ने जोर पकड़ा तो हो सकता है कि वी. पी. सिंह उसे मानकर संविधान संशोधन पर जोर दें। स्मरणीय है कि सुप्रीम कोर्ट के निर्णय के मुताबिक कुल आरक्षण 50 प्रतिशत से अधिक नहीं हो सकता। अगर आर्थिक आधार पर भी सीटें रिजर्व की जाती है और विरोधी पार्टियां संविधान संशोधन के लिए तैयार नहीं होती तो वी. पी. सिंह को इसी मुद्दे पर पुन: जनादेश की जरूरत पड़ सकती है।

किसी भी स्थिति में जवाबी रैलियों के आयोजन पर अंतर नहीं पड़ेगा और जनता दल और सरकार के प्रतिनिधि इनमें भाग लेकर वी.पी. सिंह की पहल को वोटों में बदलने का मौका हाथ से जाने नहीं देंगे।

पिछड़ी जातियों को 27 प्रतिशत आरक्षण दिये जाने के मुद्दे पर जनता दल के भीतर और बाहर, सहयोगी और विपक्षी दलों के पास प्रधानमंत्री विश्वनाथ प्रताप सिंह का मुकाबला करने के लिए एक ही हथियार रह गया है कि वे आर्थिक दृष्टि से विपन्न लेकिन वैसे ऊंची कही जाने वाली जातियों के लिए भी आरक्षण की मांग करें।

इसी संभावना से निपटने के लिए प्रधानमंत्री ने इशारा किया है कि वे जातीय आधार के अलावा भी आर्थिक दृष्टि से पिछड़ों के लिए आरक्षण की बात सोचने को तैयार हैं। मंडल आयोग की सिफारिश स्वीकार करके और आर्थिक आधार पर आरक्षण की बात कहकर विश्वनाथ जी ने एक ही तीर से अपने तमाम राजनीतिक दोस्तों और दुश्मनों को मात दे दी है।

देवीलाल जिनके जनाधार को इन घोषनाओं से सबसे ज्यादा ठेस पहुंची है सिर्फ इतना कह पाये कि यह उनकी रैली की सुफल है। पर इस सफलता के बावजूद वे इतने परेशान हो गये कि उन्होंने फौरन चंद्रशेखर के साथ भारत दर्शन पर निकलने का फैसला कर लिया। चंद्रशेखर तो भले ही पिछड़ी जातियों के अलावा छोटे–मोटे जनाधार को आकर्षित कर लें पर देवीलाल किस मुंह से पिछड़ी जातियों का विरोध और ऊंची जातियों का पक्ष लेंगे।

देखा जाये तो वी. पी. सिंह के इस तुरप की किसी के पास कोई काट नही हैं वे तो इस आरक्षण को किसी भी सीमा तक ले जाने के तैयार हैं बशर्ते अन्य पार्टियां भी सहमत हों। यानि अपने नेतृत्व में वे किसी भी सहमति को कृतार्थ करने के लिए तैयार है। प्रस्तावित आरक्षण को सर्वोच्य न्यायालय में चुनौती भी दी जा सकती है। पर यही तो वह चाहते हैं। इस समय वे इस सदस्य अर्जित जनाधार से नया जनादेश मांगने की पूर्ण मुद्रा में हैं।

भारतीय जनता पार्टी का जनाधार शहरों में बसी ऊंची हिंदू जातियां ही हैं। इसी जनाधार को व्यापक करने के लिए भाजपा तमाम साम्प्रदायिक विशेषणों को अपने ऊपर ओढ़कर भी मुस्कराने के लिए बाध्य है। पर क्या राम जन्मभूमि के विवाद को चुनाव का मुद्दा बनाकर भी भाजपा वी. पी. सिंह के इस जनाधार का मुकाबला कर पायेगी।

प्राप्त संकेतों के अनुसार वी. पी. सिंह दिल्ली से बिहार तक फैले पिछड़ी जाति आरक्षण विरोधी आंदोलन से तनिक भी विचलित नहीं है।

उल्टे उनके सूचना संसार का आकलन है कि जैसे-जैसे यह आंदोलन बढ़ता जायेगा। वैसे-वैसे उनका जनाधार व्यापाक और मजबूत होता जाएगा। वह इस बात से वाकिफ हैं कि अधिकांश स्थानों पर इस आंदोलन के पीछे भाजपा का छद्म समर्थन स्पष्ट है क्योंकि दिल्ली विश्वविद्यालय में कोई भी छात्र आंदोलन बिना भाजपाई छात्र संगठन की मदद के मुमकिन नहीं है। खासतौर से इतने लंबे अर्से तक चलने वाला आंदोलन। अतः जाहिर है कि इससे पहले कि भाजपा को अपना जनाधार छिनता और संकुचित होता दिखायी दें, उसने आक्रामक तेवर अख्तियार कर लिया है। पर वी. पी. सिंह के लिए व्यूह रचना बनाने वाले और संचालित करने वालों ने भी कोई विकल्प न छोड़ने का फैसला किया है। इसके तहत देश भर में व्यापक स्तर पर मंडल आयोग की सिफारिशों और सरकार की घोषणाओं के समर्थन में जन रैलियां आयोजित की जाएंगी। अभी इस बात का फैसला नही हो पाया है कि वी. पी. सिंह खुलकर इन रैलियों में भाग लें या नहीं। पर उनके समर्थक तो निश्चित रूप से इन रैलियों में वी. पी. सिंह को महान जननायक स्थापित करवाने में कोई कसर नहीं छोड़ेंगे। ऐसी एक रैली बहुत बड़े स्तर पर दिल्ली के रामलीला मैदान में आयोजित की जा रही है।

इतना बड़ा जोखिम उठाते समय वी. पी. सिंह को देवीलाल की संगठनात्मक क्षमता और आर्थिक संबल का अहसास अवश्य रहा होगा। वी.पी. सिंह जनता दल को न कोई ढांचा प्रदान कर पाये हैं और न ही कहर, यहां तक कि कांग्रेस की तरह उनके संगठनात्मक चुनाव भी बार-बार टलते जा रहे हैं।

एस. आर. बोम्बई अंतरिम अध्यक्ष के तौर पर एक शक्तिशाली सत्ता केन्द्र के रूप में विकसति हुए हैं, लेकिन वह भी बिना किसी जनाधार या राष्ट्रीय सहमति के। उनकी छवि कर्नाटक में भी दूसरे दर्जे के नेता की है। ऐसा अध्यक्ष केवल कामचलाऊ हो सकता है।

ऐसी हालत में वी. पी. सिंह के पास एक ही विकल्प था कि वह 89 के चुनावों में बोफोर्स की तरह के किसी और व्यापक राष्ट्रीय मुद्दे को मध्यावधि चुनाव में जनादेश के लिए चुनें। ऐसा मुद्दा जो...

30

राजीव गांधी के इर्द-गिर्द कसता जांच का घेरा

बोफोर्स, पनडुब्बियां और अब एयरबस

विश्वनाथ प्रताप सिंह सरकार का राजीव गांधी और उनके साथियों पर शिकंजा कसता जा रहा है। एयरबस की खरीद के मामले में सी. बी. आई. द्वारा दायर एफ. आई. आर. से इस व्यूह रचना का दूसरा दौर भी पूरा हो गया। दूसरे दौर के शुरू में बोफोर्स और जर्मन पनडुब्बियों के मामले में एफ. आई. आर. दायर किये गये थे।

वी. पी. सिंह ने प्रधानमंत्री बनने से पहले और बाद में पिछली सरकार के दलालों का भंडाफोड़ करने और उन्हें कठघरे में खड़ा करने की बार-बार कसमें खायी थीं। इस काम के लिए उन्होंने लंबी रणनीति के तहत योजनाबद्ध चरणों में काम किया।

पहले चरण के तहत राजीव गांधी के विश्वासपात्र और उनके नजदीक समझे जाने वाले अफसरों को यह संदेश दिया गया कि यदि उन्होंने नयी सरकार से सहयोग किया तो यह देखा जायेगा कि उनका भविष्य 'सुरक्षित और सुखद' रहे। इसके अंतर्गत गोपी अरोड़ा को विश्व आर्थिक कोष में वाशिंगटन भेज दिया गया, गृह सचिव कल्याण कृष्णन को संघ लोकसेवा आयोग का सदस्य बनाकर पांच साल के लिए उनकी नौकरी पक्की कर दी गयी। कैबिनेट सचिव टी. एन. शेषन को योजना आयोग का सदस्य बना दिया गया। यही नहीं राजा रमन्ना और एम. जी. के. मेनन को मंत्री पद सौंप दिया गया, जो कभी इंदिरा और राजीव के विश्वासपात्र थे। इसके अलावा 80 अन्य ऐसे छोटे और मझले अफसरों को महत्वपूर्ण पदों पर बनाये रखा गया जो पिछली सरकार के भी

भरोसेमंद थे। इनाम और सजा का यह चक्रव्यूह विनोद पांडे और भूरेलाल की जोड़ी ने पहले दिन से ही रचना शुरू कर दिया था।

जैसी कि आशा थी। इस योजना के परिणाम निकलने लगे। इन सभी अफसरों ने वी. पी. सिंह सरकार की भरपूर मदद की। ऐसी जानकारियां दीं जिनसे सी. बी. आई. को बदनाम घोटालों की छानबीन में मदद मिली।

दूसरे चरण में वी. पी. सरकार ने उन अफसरों और राजीव-मित्रों पर दबाव डालना शुरू किया जिनके बारे में उम्मीद थी कि उन्हें तोड़ा जा सकता है। भूतपूर्व, रक्षा सचिव शशिकांत भटनागर भी एक ऐसा नाम था। पहले तो भटनागर सहयोग के लिए तैयार हो गये। मगर बाद में आनाकानी करने लगे। शायद वजह यह रही होगी कि भटनागर को लगा कि वह खुद भी कहीं फंस सकते हैं, खास तौर पर पनडुब्बियों के मामले में, बोफोर्स कांड में भटनागर को पर्याप्त जानकारी थी क्योंकि जब वह रक्षा सचिव थे तभी बोफोर्स का अनुबंध तय हुआ था। जानकार सूत्रों का कहना है कि भटनागर ने बोफोर्स के मामले में तो सरकार से सहयोग किया, मगर जब बाद में एच. डी. डब्ल्यू. पनडुब्बियों की फाइल खुली तो भटनागर पीछे हटने लगे। सरकार ने देखा कि भटनागर दबाव में नहीं आ रहे हैं। तो पनडुब्बियों के मामले में उनकी संदिग्ध भूमिका को देखते हुए उन्हें एक अभियुक्त बनाया गया। यह अन्य ऐसे अफसरों के लिए सरकार की चेतावनी थी।

इसी चरण में स्विटजरलैंड और स्वीडन की सरकारों पर अंतरराष्ट्रीय कूटनीतिक चैनलों का इस्तेमाल करते हुए सहयोग के लिए दबाव डाला गया। भारत में बदले राजनीतिक माहौल और जनमानस के नये मूड को देखते हुए और इन प्रजातांत्रिक देशों के जनसंचार माध्यों की खोजबीन के चलते, इन दोनों राष्ट्रों ने अपना रुख लचीला किया। माधवन और जेतली ने पहले दौर में जिस खोजबीन की नींब डाली थी वह इस हफ्ते अपनी चरम और तार्किक परिणति पर पहुंच सकती है।

इस बीच एस. एस. सिद्धू को भी तैयार किया जा रहा है कि वे सहयोग के लिए मान जायें। मगर सिद्धू जरा टेढ़ी खीर हैं। जल्दी दबाव में नहीं आयेंगे।

सिद्धू के अलावा ललित सूरी पर भी शिकंजा कसा जा रहा है हालांकि उनके होटल "हाली डे इन" को अब तब ऐसी सख्त कार्रवाई

से बख्शा गया है जैसी 'कोला किंग' चरणजीत सिंह के 'मेरिडियन' होटल के विरुद्ध की गयी है। कहा जाता है कि सूरी असमंजस में हैं। यदि वह सहयोग के लिए नहीं मानते तो ''चावल घोटाला'' और 'सुमितोममो प्रकरण' की जांच नये सिरे से की जायेगी–ऐसा सरकार ने स्पष्ट संकेत दे दिया है।

उम्मीद जरूर की जा रही है कि छठे गुप्त स्विस खाते के असली मालिक का पता चल जायेगा। यह अलग बात है कि बैंक पर्यवेक्षक मानते हैं कि मूल लाभार्थी तक पहुंचना बड़ा मुश्किल होगा।

जब से अजिताभ बच्चन का नाम छठे खाते से जोड़ा गया है। उनके भाई अमिताभ बच्चन खामोश हैं।

राजीव गांधी और कांग्रेस इस खतरे से बेखबर नहीं है। जवाबी कार्रबाई शुरू कर दी गयी है। उन्होंने इस लड़ाई को राजनीतिक रंग देने की पूरी कोशिश की है। देवीलाल की राजनीतिक हिमायत करके जनता दल के आपसी मतभेदों को और चौड़ा करने की कोशिश इसी दिशा में पहला कदम है।

जानकार सूत्रों का कहना है कि इंकाई खेमे की ओर से उन सभी स्रोतों को ढंकने और बंद करने के यथाशक्ति प्रयत्न हो रहे हैं जो बोफोर्स, पनडुब्बियों और एयरबस के घोटालों को और अधिक प्रकट कर सकते हैं। मसलन विन चड्ढ़ा सी. बी. आई. की घुड़कियों से दब नहीं रहा हैं। हिंदुजा बंधु कानूनी लड़ाई लड़ने का तेवर दिखाकर मामलों को लंबा खींचना चाहते हैं। शायद इस इंतजार में कि पता नहीं कब दिल्ली में आसीन वी. पी. सरकार गिर जाये।

निस्संदेह बोर्फोस, पनडुब्बियां और एयरबस के मामले राष्ट्रीय मोर्चा सरकार के त्रिकोणात्मक चक्रव्यूह हैं। मगर दूसरा पक्ष भी कम प्रयत्नशील नहीं है कि व्यूह को कहां से और कैसे और कब तोड़ा जा सकता है।

31
चंद्रशेखर पर रक्षा मंत्रालय का एक करोड़ रुपया बकाया
देवीलाल ने चुनाव कर्ज़ चुकता करने से इनकार किया

भूतपूर्व प्रधानमंत्री चंद्रशेखर द्वारा लोकसभा चुनावों की घोषणा के बाद प्रचार कार्य के लिए इस्तेमाल किये गये भारतीय वायुसेना के विमानों के किराये के एक करोड़ रुपये खटाई में पड़ गये हैं। रक्षामंत्रालय ने यह राशि वसूलने के लिये समाजवादी जनता पार्टी को एक बिल भेजा है। लेकिन पार्टी अध्यक्ष और भूतपूर्व प्रधानमंत्री देवीलाल ने इतनी भारी रकम चुकता करने में असमर्थता प्रकट की है और इस बिल को चंद्रशेखर के पास भेज दिया है।

सरकारी नियमों के अनुसार एक बार चुनाव घोषित हो जाने के बाद कामचलाऊ प्रधानमंत्री अपनी सुरक्षा के लिये भारतीय वायुसेना के विमानो में यात्रा तो कर सकते हैं, लेकिन इनका उपयोग यदि प्रचार अभियान जैसी गैरसरकारी गतिविधियों में होता है तो उसका भुगतान उनकी पार्टी को करना होता है।

यह पहला अवसर नहीं है जबकि इस प्रकार का बिल वायुसेना द्वारा पिछले प्रधानमंत्री को भेजा गया हो। 1971 में चरणसिंह ने कामचलाऊ प्रधानमंत्री के रूप में जो हवाई चुनाव यात्राएं की थीं, उनका किराया 57 लाख रुपये हुआ गया था। ग्यारह वर्षों तक यह रकम बट्टे खाते में पड़ी रही। उनके हारने के बाद उनकी पार्टी ने भी इसका भुगतान करने में असमर्थता व्यक्त की थी। लिहाज़ा सरकारें आती-जाती रहीं और यह रकम फाइलों में दर्ज होती गई। अंततः ग्यारह वर्ष बाद जब चंद्रशेखर प्रधानमंत्री बने तो उन्होंने इस फाइल को बंद करने के आदेश दिये। ऐसा करते समय

शायद चंद्रशेखर के मन में इस बात का ध्यान रहा होगा कि कल जब वो प्रधानमंत्री नहीं रहेंगे तो उन्हें भी चुनाव प्रचार के दौरान की गई हवाई यात्राओं का बिल भेजा जायेगा और इसे परंपरा जान नयी सरकार माफ कर देगी। लेकिन नयी सरकार का ऐसा कोई इरादा नहीं है। उसे जो आर्थिक कोष विरासत में मिला है उसमें ऐसी फिजूल खर्ची के लिये कोई गुंजाइश नहीं है। वैसे भी इस पर अंतिम फैसला होना बाकी है लेकिन इससे पहले कि यह मुद्दा सार्वजनिक विवाद का विषय बने चंद्रशेखर इसके लिए धन जुटाने में लगे हुए हैं।

ऐसा नहीं कि कांग्रेसी प्रधानमंत्रियों को आम चुनाव घोषित होने के बाद ऐसे बिल न मिलते हों। लेकिन यदि उन्हीं की सरकार जीतती है तो ऐसे बिलों का भुगतान आमतौर पर अपने आप होता रहा है। जब–जब कामचलाऊ प्रधानमंत्री की पार्टी चुनाव हारती है तो नयी सरकार इस राशि की मांग करती रही है।

इस एक करोड़ की राशि में बहुत सारा पैसा पत्रकारों को चुनाव यात्राओं में ले जाने पर भी खर्च हुआ आम नियम यह है कि प्रधानमंत्री पद से त्यागपत्र देने के बाद अगर वे किसी गैर सरकारी व्यक्ति या पत्रकार को अपने साथ ले जाते हैं तो उसका भुगतान या तो भूतपूर्व प्रधानमंत्री की पार्टी को करना होता है या फिर व्यक्ति विशेष को। स्वयं चंद्रशेखर ने अपनी दरियादिली में पत्रकारों और या अपने मित्रों से इस धन की मांग करने की बजाय स्वयं ही इसका भुगतान करने का फैसला किया है। लेकिन प्रश्न पैदा होता है यह भुगतान हो तो कैसे! कायदे से यह बोझ पार्टी को उठाना चाहिए। लेकिन स्वयं चंद्रशेखर कहते हैं, पार्टी है कहां। पार्टी होती तो चुनाव में इतनी बुरी गत न बनती। वैसे बहरहाल चंद्रशेखर ने इस संबंध में देवीलाल से बात की लेकिन ताऊ पल्ला झाड़ कर खड़े हो गये और बोले, मेरे पास तो जो भी पास था वो मैंने चुनाव फंड में लगा दिया। अब जो थोड़ा बहुत बचा है वह आपके हवाई जहाज के किराये के बदले दे दूंगा, तो मैं और मेरे बच्चे क्या करेंगे! अब तो राजनीति के जो हाल हैं उसमें तो हमारी सरकार बनने से रही। अब तो हमें कोई हरियाणा में भी टके के भाव नहीं पूछेगा।

चंद्रशेखर के नजदीकी सूत्रों के अनुसार जब उन्होंने चौधरी देवीलाल का ध्यान उस धन संपदा की ओर दिलाया जो कि जाट नेता ने गांव–गांव

घूम कर जमा किया था, तो ताऊ बिफर उठे। उन्होंने कहा वो पैसा न तो समाजवादी जनता पार्टी को मिला न सरकार को। वह तो हरियाणा की जनता ने चौधरी साहब के जीवन भर की सेवाओं के बदले सम्मान सूचक भेंट के रूप में दिया। बताया जाता है कि देवीलाल ने गांव-गांव घूम कर इस प्रकार लगभग 87 लाख रुपये के मूल्य का सोना-चांदी और नकदी जमा किया। उन दिनों चौधरी साहब जनता के उनके प्रति स्नेह भाव को सिद्ध करने के लिए जगह-जगह इस संपदा की नुमाइश लगाया करते थे।

चंद्रशेखर पर सिर्फ यह एक करोड़ रुपया ही बकाया नहीं है। डॉ. सुब्रह्मण्यम स्वामी की राय वह उन्होंने लगभग 400 उम्मीदवारों को अपनी पार्टी का टिकट दिया था। इन उम्मीदवारों ने अधिकांशतः...

32

भाजपा ने देवीलाल पर आये संकट को टाल दिया

कलकत्ता अधिवेशन की पूर्वसंध्या पर

सिर्फ एक दशक पुरानी भारतीय जनता पार्टी दिल्ली की सरकार को मार्क्सवादियों के साथ साझा समर्थन देने के बावजूद राष्ट्रीय राजनीति में किसी प्रकार की दोयम दर्जे की भूमिका निभाने के लिए तैयार नहीं है।

देश की राजनीति में ध्रुवीकरण की प्रक्रिया शुरू हो गयी है। इस हफ्ते भारतीय जनता पार्टी ने अपनी पहली तुरप खेली। लोकसभा और विधानसभा चुनावों में अभूतपूर्व सफलता के बाद मार्क्सवादियों को उन्हीं के गढ़ में चुनौती देने के लिए आयोजित कलकत्ता अधिवेशन की पूर्व संध्या पर भाजपा ने न केवल अपने भावी इरादों का संकेत दिया, बल्कि चौधरी देवीलाल पर आये संकट को भी मिटा दिया। ऐसा नहीं है कि चौधरी और भाजपा में हनीमून का दौर शुरू हो गया है। उनके आपसी फैसले अभी भी बरकरार हैं। भाजपा अभी भी हरियाणा में उनके बेटे चौटाला की सरकार के खिलाफ मोर्चा बांधे खड़ी है। पर वह एक स्थानीय मसला है। भाजपा के गणित में चौटाला शून्य और दशमलव के बाद ही बैठते हैं। भाजपा तो राष्ट्रीय परिप्रेक्ष्य में अपने नफे-नुकसान का हिसाब कर रही है। इसे पूरी तरह से समझने के लिए घटनाक्रम को तरतीबवार समझाना जरूरी है।

देवीलाल द्वारा अजित सिंह को जनता दल संसदीय बोर्ड की महासचिव पद से हटाने के बाद न केवल इस पार्टी में बल्कि वी. पी. सरकार को समर्थन देने वाली भाजपा और मार्क्सवादी कम्युनिष्ट पार्टी में बल्कि कांग्रेस तक में खासी गहमागहमी शुरू हो चली थी। वी.पी. सिंह

पर दबाव बढ़ने लगा कि इस बार वे देवीलाल के इस्तीफे का इंतजार न करें बल्कि अपनी तरफ से झटका दे दें। वी. पी. सिंह ने अपना चिरपरिचित मौन धारण कर लिया। पर यशवंत सिन्हा जो चंद्रशेखर से छिटककर वी.पी. सिंह के साये तले जा खड़े हुए हैं, से खत लिखवा दिया कि उन्हें अजित सिंह वाली नौकरी करना मंजूर नहीं है। इस चिट्टी के बाद देवीलाल को संदेश भिजवा दिया गया कि पार्टी की राजनीतिक मामलों की समिति की बैठक में इसी चिट्टी पर बातचीत होगी। उधर चुनाव आयोग ने फरमान जारी कर दिया कि शायद दड़बाकलां को चौटाला वैकल्पिक चुनाव क्षेत्र के रूप में पाल पोस रहे थे, में चुनाव हो ही नहीं क्योंकि वहां मतदाताओं की ताजी सूची तैयार नहीं है, हालांकि चुनाव आयोग ने संशोधित फरमान जारी किया कि वक्त रहते नये मतदाता सूची में जोड़ दिये जायेंगे।

इसके साथ ही कांग्रेस पर आक्रमण किया जाने लगा कि वह देवीलाल को फोड़ने की कोशिश कर रहा है और हो सकता है कि उनके साथ वही किया जाये जो संजय गांधी ने 1971 में चरणसिंह के साथ किया था। इन आक्रमणों का तेवर इतना तेज था कि राजीव गांधी सफाई देते-देते थक गये।

वी. पी. सिंह के खेमे ने उन चारों मुख्यमंत्रियों पर भी दबाव डालना शुरू किया जिन पर देवीलाल को बड़ा भरोसा था। उन्हें बता दिया गया कि 12 साल बाद धूरे के जो दिन फिरे हैं वे फिर अमावस में बदल सकते हैं। बाद में चप्पल घसीटते घूमिएगा कोई बारह के भाव नहीं पूछेगा। इन मुख्यमंत्रियों ने जाट नेता को विश्वास में लिया कि इस बार अगर दो-दो हाथ हुए तो वे चौधरी साहब का साथ नहीं दे पायेंगे।

इतना सब करने के बाद वी. पी. सिंह ने पश्चिम बंगाल के मुख्यमंत्री ज्योति बसु से गुहार की। वे फौरन दिल्ली आये। उन्होंने आते ही देवीलाल से बात की। आप आखिर चाहते क्या, के अंदाज में। उसी सांस में यह भी कह दिया कि यह सरकार तो हम गिरने नहीं देंगे।

इसके बाद ज्योति बसु ने वी. पी. सिंह के साथी मंत्रियों से एक-एक करके अलग बातचीत की। अंदाज लगाया कि देवीलाल के साथ शरद यादव भी नहीं है। औरों की तो बात ही जाने दीजिए। इन मुलाकातों में यह

भी पता लगा कि 40 से ज्यादा एम.पी. देवीलाल के लिए राजनीतिक आत्महत्या नहीं करेंगे।

इसके बाद बसु ने वी. पी. को सलाह दी कि देवीलाल बिल्कुल अलग–थलग पड़ गये हैं। अब उनसे कोई खतरा नहीं है। यही मौका है जबकि इस कद्दावर जननायक का आकार छोटा किया जा सकता है।

भाजपा यह सब चुपचाप देख रही थी। उन्हें लगा कि गयी बाजी हाथ से वी. पी. तो पहले भी कम्युनिष्टों को अपना ऐतिहासिक साथी करार दे चुके हैं। भाजपा को जैसे पहले धता बतायी थी वैसी अब फिर बता सकते हैं। शीराजा बिखरने को था। भाजपा के सामने धर्मसंकट की घड़ी थी।

सार्वजनिक रूप से चौटाला के मेहम कांड पर देवीलाल विरोधी रुख अपना चुके थे। पर अब फैसला ज्यादा बड़े मुद्दे पर था।

कश्मीर और पंजाब के मसले पर इधर कम्युनिस्टों और कांग्रेसियों की सोच में नजदीकी दिखायी दी है। लिहाजा भाजपा ने देवीलाल के पास संधि का संदेश भिजवाया। डूबेंगे तो साथ के अंदाज में। उन्हें उनका भला बुरा समझाया गया। ज्यादा अकड़ने से खाट टूट सकती है। दिल्ली भी हाथ से जायेगी और हरियाणा भी। सच पूछा जाये तो भाजपा को अपने अस्तित्व का खतरा था। देवीलाल और वी. पी. में वे आज भी देवी को कम घातक मानते हैं।

देवीलाल को मोटी–मोटी बात समझ में आयी और उन्होंने अजित सिंह को खत लिखवाया कि मेरा मतलब वो नहीं था।

33

भाजपा ने चाहा है ले-देकर समझौता

लोकसभा के अध्यक्ष-उपाध्यक्ष पदों के लिये

जैसे-तैसे लोकसभा का नया अध्यक्ष और उपाध्यक्ष चुने जाना नजदीक आ रहा है, वैसे-वैसे भारतीय जनता पार्टी के खेमे में इस बात को लेकर आशा बलवती हो रही है कि अंतत: स्वतंत्र भारत के इतिहास में पहली बार संभवत: उपाध्यक्ष उनकी पार्टी को लोकसभा में 119 सीटें मिली हैं, तब से वह यह कुलाबे मिलाने की कोशिश करती रही है कि इस सारी ताकत को सत्ता केन्द्रों के रूप में किस प्रकार परिवर्तित किया जाये। इसकी सबसे बड़ी दिक्कत यह रही है कि कांग्रेस समेत तमाम राजनीतिक दलों ने उसके खिलाफ साझा मोर्चा बनाकर चुनाव लड़ा और अब राजनीति भी उसी आधार पर चलायी जा रही है। लेकिन जब लोकसभा अध्यक्ष और उपाध्यक्ष के चुनाव का समय आया तो जनता दल और वामपंथी मोर्चा यह भूल गया कि कल तक उन्होंने जिस भाजपा का चुनाव के मैदान के डटकर विरोध किया था, आज पिछली लोकसभा के अध्यक्ष रवि राय को दुबारा चुनवाने में उन्हें उसी भाजपा की मदद की कितनी आवश्यकता है। यह स्वाभाविक ही था। कि इस मुद्दे पर रवि राय के विरुद्ध कोई सैद्धांतिक आपत्ति न होते हुए भाजपा उन्हें समर्थन देने के बजाय अध्यक्ष पद के लिए कांग्रेस उम्मीदवार को और बदले में उपाध्यक्ष पद के लिए अपनी पार्टी के उम्मीदवार को जितवाये।

इस संबंध में भारतीय जनता पार्टी ने यथार्थवादी राजनीति का उदाहरण प्रस्तुत...

34

हर प्रधानमंत्री खेलता हैं मंत्रालय-मंत्रालय

परिवर्तन के कारण राजनैतिक

वी. पी. सिंह सरकार ने फैसला किया है कि संस्कृति विभाग अब मानव संसाधन मंत्रालय में नहीं सूचना-प्रसारण मंत्रालय का हिस्सा होगा। इसके अलावा प्रसारण अब किसी मंत्रालय के अधीन नहीं होगा। आकाशवाणी और दूरदर्शन के स्वायत्तशासी होने के बाद सूचना के साथ प्रसारण नत्थी नहीं रहेगा।

इसके पहले वी. पी. सिंह कार्मिक (पर्सोनल) विभाग को गृहमंत्रालय से हटाकर सीधे अपने अधीन कर चुके हैं।

ये केवल कुछ परिवर्तन हैं, जो सरकार ने घोषित किये हैं। इसके अलावा कुछ और बदलाव विचाराधीन हैं। मसलन राजीव गांधी ने शिक्षा, स्वास्थ्य, संस्कृति और समाज कल्याण को मिलाकर जिस मानव संसाधन मंत्रालय का गठन किया था उसे फिर अलग-अलग किया जा रहा है। इसी प्रकार रेल, नागरिक, उड्डयन और भूतल परिवहन को मिलाकर जो एक एकीकृत परिवहन मंत्रालय बनाया था, वह भी खंड-खंड कर दिया गया है। अब तीनों विभाग स्वतंत्र कैबिनेट मंत्रियों के पास हैं।

वी. पी सिंह पहले प्रधानमंत्री नहीं हैं जिन्होंने अपने पूर्ववर्ती से प्राप्त मंत्रालयों के ढांचों को तोड़ा-मरोड़ा हो। जवाहरलाल नेहरू के बाद से हर प्रधानमंत्री अपनी पसंद के हिसाब से फेर-बदल करता रहा है। कभी सूचना और प्रसारण मंत्री का दर्जा कैबिनेट स्तर का हो जाता है और कभी उसे छोटा करके राज्य के मंत्री को सौंप दिया जाता है। कभी पर्यटन और नागरिक उड्डयन को मिला दिया जाता है और एक ही मंत्री और सचिव के अधीन कर दिया जाता है। कभी दो चार-विरोधियों को सौंप दिया जाता

है। कभी उर्वरक को पेट्रोलियम के साथ जोड़ दिया जाता है और कभी उर्वरक को कृषि मंत्रालय का हिस्सा बना दिया जाता है।

ऐतिहासिक दृष्टि से देखा जाये तो इंदिरा गांधी ने राजनैतिक कद को ऊंचा करने के लिए और प्रशासन पर अपनी पकड़ मजबूत करने के लिए सबसे पहला काम यह किया कि तमाम गुप्तचर एजेंसियों को गृहमंत्रालय से हटाकर सीधा कैबिनेट सचिवालय के माध्यम से अपने अधीन कर लिया। इनमें वित्तमंत्रालय के अधीन आने वाली आर्थिक गुप्तचर संस्थाएं मसलन राजस्व गुप्तचर निदेशालय भी शामिल कर दी गयीं। यह उनके सबसे बड़े विश्वासपात्र आर. एन. काव की सलाह पर किया गया था। श्रीमती गांधी ने ही 1971 के युद्ध के बाद रक्षा उत्पादन को अलग स्वतंत्र विभाग का दर्जा दे दिया।

अगर फेरबदल के कारणों में जाने की कोशिश की जाए तो विशेष कुछ हाथ नहीं लगेगा। अक्सर ऐसा राजनैतिक कारणों से ही किया जाता रहा है।

विदेश और रक्षा मंत्रालय जरूरत के मुताबिक विभिन्न प्रधानमंत्री अपने अधीन रखते और हटाते रहे हैं। जैसे इन दिनों जबकि स्वयं वी. पी. सिंह पाकिस्तान से युद्ध के लिए तैयार रहने हेतु देश का आहवान कर रहे हैं। केवल इसलिए रक्षा मंत्रालय को अपने पास रखे हुए हैं क्योंकि उन्हें राजीव गांधी से तोपों, पनडुब्बियों और हेलीकॉप्टरों का हिसाब करना है।

अगर इस फेरबदल के कारणों में जाने की कोशिश की जाये तो विशेष कुछ हाथ नहीं लगेगा। अक्सर ऐसा राजनैतिक कारणों से ही किया जाता रहा है। माधवराव सिंधिया, राजेश पायलट और जगदीश टाइटलर का राजनैतिक व्यक्तित्व छोटा था तो राजीव गांधी ने तीनों को बंसीलाल के अधीन रखकर एक वृहद परिवहन मंत्रालय बना दिया। वी. पी. सिंह को आरिफ मुहम्मद खान, जार्ज फर्नांडिस और के. पी. उन्नीकृष्णन के राजनैतिक कदों का मान रखना था तो उन्हें अलग-अलग कर दिया।

महीनों मंत्रियों के पास अतिरिक्त विभाग रहते हैं और उनका कामकाज सचिव चलाते रहते हैं, नाम के वास्ते प्रधानमंत्री उन मंत्रालयों को अपने अधीन रखते हैं जबकि असल में काम तो अफसर ही चलाते रहते हैं।

35

चंद्रास्वामी की राजगुरु की भूमिका बरक़रार

चंद्रशेखर गये तो क्या हुआ अब नरसिंह राव हैं

पी. वी. नरसिंह राव के कांग्रेस संसदीय दल का नेता चुने जाने के फौरन बाद देश की राजधानी में जिन दो घरों पर सबसे ज्यादा भीड़ थी। उनमें से एक था राव का बंगला 9, मोतीलाल नेहरू मार्ग और दूसरा चंद्रास्वामी की सफदरजंग डेवलपमेंट एरिया स्थित कोठी।

भारतीय राजनीति पर पिछले 10 वर्षों से धूमकेतु की तरह छाये हुए स्वयंभू राजर्षि चंद्रास्वामी और भारत के नये प्रस्तावित प्रधानमंत्री के बीच पिछले 30 वर्षों से गहरा और आत्मीय संबंध रहा है। विभिन्न सरकारों के कार्यकालों में चंद्रास्वामी पर जितनी फाइलें बनीं, उनमें कहीं न कहीं प्रत्यक्ष या अप्रत्यक्ष रूप से पी. वी. नरसिंहराव का भी नाम आता है। अब देखना यह होगा कि नये प्रधानमंत्री सत्ता संभालने के बाद किस हद तक अपने आप को इस विवादास्पद तथाकथित धर्मगुरू की छत्रछाया से मुक्त रख पाते हैं। इनके पूर्ववर्ती चंद्रशेखर तो ऐसा नहीं कर पाये थे, उल्टे उन्होंने तो बार-बार चंद्रास्वामी को अपना 'व्यक्तिगत मित्र' कहकर उन्हें अभयदान तक दे रखा था। और तो और चंद्रास्वामी से अपने दफ्तर में पूछताछ करने की हिमाकत करने वाले सी. बी. आई. के संयुक्त निर्देशक एन. के. सिंह को तबादला भुगतना पड़ा था।

लाख कोशिश करने पर भी न वी. पी. सिंह और न ही राजीव गांधी चंद्रास्वामी का...

36

खुद ही पैसा इकट्ठा करो खुद ही खर्च करो

अन्य पार्टियों की तरह कांग्रेस कोषाध्यक्ष सीताराम केसरी की भी उम्मीदवारों को सलाह

किसी भी पार्टी की इन चुनावों में स्थिति सुनिश्चित न देख परंपरागत चंदा देने वाले उद्योगपतियों और बड़ी-बड़ी कंपनियों ने इस बार अपने हाथ काफी हद तक खींच रखे हैं। इस कारण सभी राजनीतिक दलों ने अपने उम्मीदवारों को यह सलाह दी है कि अखिल भारतीय स्तर पर बनाये जाने वाले झंडों, पोस्टरों और बिल्लों को छोड़कर हाईकमान उनकी खास मदद नहीं कर पायेगा, लिहाजा उन्हें अपने निर्वाचन क्षेत्र में पार्टी की स्थानीय इकाई से तालमेल बिठाकर अपना इंतजाम खुद करने के लिए तैयार रहना चाहिए।

इस मामले में सबसे ज्यादा दर्दनाक स्थिति कांग्रेसी उम्मीदवारों की है। गत चुनावों का अनुभव है कि अनेक उम्मीदवार तो कांग्रेस का टिकट सिर्फ इसी लिए चाहते थे क्योंकि पार्टी का केंद्रीय कार्यालय उन्हें एकमुश्त मोटी रकम थमा दिया करता था और कई दफा हारने वाले या हार की आशंका रखने वाले उम्मीदवार इस रकम का एक बड़ा हिस्सा संकट के दिनों के लिए बचाकर रख लिया करते थे। लगता है कि इस बार कांग्रेस पार्टी इस सबसे सबक लेकर अपने उम्मीदवारों को भगवान भरोसे छोड़ दिया है।

13 वर्षों से कांग्रेस के कोषाध्यक्ष सीताराम केसरी ने *दिनमान टाइम्स* से इस विषय पर हुई बातचीत में स्वीकार किया कि पार्टी के पास अनाप-शनाप पैसा नहीं है। पार्टी उम्मीद करती है कि अच्छी साख वाले

उम्मीदवारों को जिला कांग्रेस कमेटियों की मदद से पैसे जुटाने में कोई दिक्कत नहीं होगी। 106 वर्ष पुरानी राजनीतिक पार्टी की महान गंगा नदी से तुलना करते हुए बुजुर्ग नेता ने कहा, 'जरूरत भर का जन-धन के लिए पार्टी का नाम ही काफी है। इससे उम्मीदवारों की योग्यता, क्षमता और साख का पता लगेगा। पांच-लाख के निर्वाचन क्षेत्र में जाने की हिम्मत रखने वाले उम्मीदवार को अपनी जरूरत भर का सामान जुटाने का माद्दा तो होना ही चाहिए। पार्टी जो कुछ-कर सकती है, वह वक्त आने पर करेगी पर फिलहाल तो हमने सभी से यही कहा है कि अपना हाथ जगन्नाथ, केसरी जी ने कहा कि वैसे यह कोई नयीं स्थिति नहीं है। यह एक मिथ्या धारणा है कि कांग्रेस अपने उम्मीदवारों को बेशुमार पैसा दिया करती थी। हम इस बार कोई नयी परंपरा स्थापित नही कर रहे हैं।

लेकिन टिकट की उम्मीद रखने वाले कांग्रेसी उम्मीदवार इस बार जितने परेशान और हताश दिखायी दे रहे हैं, वह केसरी जी के दावे से मेल नही खाता। हर बार की तरह टिकट की उम्मीद में दिल्ली आये लोकसभा प्रत्याशियों को उम्मीद थी कि उन्हें टिकट के साथ-साथ सूटकेश भी थमा दिया जायेगा। पर ऐसा नहीं हुआ। स्थिति को देखते हुए अनेक छुटभैये और किंकर्तव्यविमूढ़ मुद्रा वाले उम्मीदवार तो यह सोचने लगे है कि अब टिकट लें या नहीं। ऐसा नहीं है कि कांग्रेस के पास पैसा नहीं है या हाईकमान पैसा खर्च नहीं करना चाहता। यह भी नहीं है। कि इस बार कांग्रेस पार्टी इन चुनावों को गंभीरता से नहीं ले रही और व्यापक पैमाने पर प्रचार अभियान नहीं चलाया जायेगा, लेकिन यह बात जरूर है। वह उम्मीदवारों की बजाय पार्टी की साझी केंद्रीय छवि बनाने के प्रयास करेगी। राजीव गांधी और इंदिरा गांधी के नाम पर देश की एकता और अखंडता के लिए वोट मांगे जाएंगे, पार्टी प्रमुख होगी, उम्मीदवार गौण रहेगा। स्थानीय स्तर पर उम्मीदवार के जनसंपर्क के लिए और उसकी तस्वीर को मतदाताओं के मन में बिठाने के लिए पार्टी स्तर पर कुछ नहीं किया जायेगा, यह दायितव खुद उम्मीदवार को संभालना होगा। हां, पार्टी उतने झंडे, पोस्टर, बैनर और बिल्ले अवश्य देगी जितने पार्टी की छवि के लिए जरूरी होंगे।

कमोबेश यही स्थिति अन्य पार्टियों की दिखायी दी। जनता दल जिसने 11 महीने तक देश पर राज किया, अपने आपको सबसे ज्यादा

गरीब और निरीह दिखा रहा है। उनकी हालत तो इतनी पतली है कि उसके पास कोई नियमित कोषाध्यक्ष भी नहीं है। यह काम पार्टी के पुराने कार्यालय सचिव एन. बालाकृष्णन देख रहे हैं।

यह पार्टी अपना चुनाव प्रचार गरीबों दलितों और अल्पसंख्यकों के बलबूते पर चला रही है, इसलिए उसकी गरीबी और लचारी इस प्रचार में बिल्कुल फिट बैठती है। वैसे पार्टी के नेता दबी जुबान में यह जरूर कहते हैं कि रामविलास पासवान पार्टी कोष का संचालन कर रहे हैं। वह अकेले मंत्री हैं जिन्होंने अपने कार्यकाल में पार्टी के लिए सबसे ज्यादा धन एकत्र किया। वह धन इन चुनावों में काम आयेगा। लेकिन इसका फैसला भी वही करेंगे कि किस क्षेत्र में कितना पैसा खर्च किया जाये।

जनता दल (स) की स्थिति इन दोनों से थोड़ी ज्यादा मनोरंजक है। एक तरफ पार्टी अध्यक्ष देवीलाल मजाक में ही सही, अपने उम्मीदवारों से कहते हैं, भाई लाख रुपये हों तो टिकट ले जाओं. दूसरी तरफ उनके दुश्मन यह प्रचार कर रहे हैं कि उन्होंने अपने बेटे ओमप्रकाश चौटाला की मार्फत पिछले 15 महीनों में हरियाणा की जनता से खासतौर पर और वैसे पूरे देश में सिर्फ कोष को मजबूत करने का ही काम किया।

अन्य दल भी यही मानते हैं कि चंद्रशेखर सरकार के मंत्रियों ने जी खोलकर पार्टी की सेवा की है और आने वाले कई वर्षों के संघर्ष के लिए एक उपजाऊ जमीन तैयार कर ली है। अब यह जमीन फसल काटने के समय पार्टी के काम आती है या मंत्रियों के, यह तो समय ही बतायेगा। वैसे यह एक अकेली पार्टी है जिसके पास कम से कम पैसों की कमी तो दिखायी नहीं देती। अभी तक सबसे ज्यादा रंगीन और खर्चीले पोस्टर इसी पार्टी की ओर से निकाले गये हैं। यह पार्टी अपने आप को अन्य पार्टियों के मुकाबले सबसे ज्यादा गंभीरता से ले रही है और चंद्रशेखर प्रधानमंत्री पद के अन्य उम्मीदवारों के मुकाबले सबसे ज्यादा आश्वस्त दिखायी देते हैं। इनकी दिक्कत सिर्फ एक है कि ये अभी तक अपने लिए उम्मीदवार नहीं जुटा पाये। एक बार उसका फैसला हो जाये तो चुनाव प्रचार में कोई दिक्कत नहीं आयेगी। औपचारिक तौर पर डॉ. एन. पटौदिया खजांची हैं।

37

ज़रूरत पड़ने पर कांग्रेस वामपंथियों से और भाजपा क्षेत्रीय दलों से गठजोड़ के लिए तैयार

स्पष्ट बहुमत मिलने और सरकार बनाने के दावों के बावजूद

चुनाव नतीजों के गड्डमड्ड असार दिखाई देने के बाद केंद्र के सिंहासन से भारतीय जनता पार्टी को परे रखने के लिए कांग्रेस वामपंथी ताकतों से सहयोग लेकर या उन्हें सहयोग देकर सरकार बनाने पर विचार कर रही है और भारतीय जनता पार्टी की तैयारी है कि अगर उसे इतनी सीटें मिल जाएं कि वह कुछ क्षेत्रीय दलों से जुगत भिड़ा कर केन्द्र से कांग्रेस को किनारे कर सके। चुनाव नतीजों के बारे में भाजपा तो खैर पहले से ही यह नहीं सोच रही थी कि वह अकेले केन्द्र में सरकार बनाने की स्थिति में आ सकती है, लेकिन अपनी पारी की चमकदार शुरूआत के बाद अब कांग्रेसी उम्मीदवार भी थोड़े थके नजर आने लगे हैं और उन्हें लग रहा है कि अकेले सरकार बना पाना शायद मुमकिन न हो।

बड़े कांग्रेसी नेता तालमेल कर सरकार बनाने के मामले में चुप्पी साधे हैं और खुल कर उनके लिए कुछ कहना संभव नहीं है। लेकिन आपस की बातचीत में वे वामपंथी दलों से मिलकर सरकार बनाने कि संभावना के बारे में अपनी सकारात्मक राय देने से नहीं झिझकते हैं। भाजपा इस मामले में ज्यादा मुखर है और उसके नेता अटल बिहारी वाजपेयी खुल कर कहते हैं कि अगर भाजपा को इतनी सीटें भी मिल गईं कि तालमेल के जरिए वह दिल्ली की सरकार बना सके तो वह क्षेत्रीय दलों की मदद ले कर ऐसा जरूर करेगी।

मतदान के पहले चरण के बीतते न बीतते कांग्रेस और भारतीय जनता पार्टी ने स्पष्ट बहुमत न मिलने की स्थिति से सरकार बनाने के लिए और साझे दुश्मन से निपटने के लिए समानधर्मी पार्टियों से गठजोड़ की भारी तैयारी शुरू कर दी है। हालांकि दोनों पार्टियों सार्वजनिक तौर पर यह विश्वास ओढ़े हुए हैं कि स्पष्ट बहुमत उन्हें ही मिलेगा और सरकार वही बनायेंगे। पर निजी बातचीत में दोनों आशंकित हैं और इस संभावना से इंकार नहीं करते कि उन्हें सरकार बनाने के लिए किसी से भी जोड़तोड़ करना पड़ सकता है।

भाजपा नेता अटलबिहारी वाजपेयी ने *दिनमान टाइम्स* से एक लंबी बातचीत में कहा कि वैसे तो इस बात की कोई आशंका दिखायी नहीं देती कि उनकी पार्टी को बहुमत नहीं मिलेगा, लेकिन अगर किसी वजह से कुछ कसर रह गयी तो उनकी पार्टी साझे विचार और निम्नतम कार्यक्रम के आधार पर दक्षिणपंथी क्षेत्रीय पार्टियों से तालमेल कर सकती है। इस संबंध में उन्होंने तेलगुदेशम और द्रविड़ मुन्नेत्र कषगम का खासतौर से नाम लिया।

कांग्रेस ने वाम-ताकतों से गठजोड़ की तैयारियों को अमली जमा पहनाने का मन बनाना शुरू कर दिया है। दो संभावनाओं के बारे मे संजीदगी से, मगर फिलहाल अनौपचारिक विचार चल रहा है। एक सरकार राजीव गांधी बनाएं और वाम-ताकतें एक हो कर कांग्रेस का साथ दे दे। दूसरे सरकार ज्योति बसु बनाएं और कांग्रेस उनकी मदद कर दे।

विचार का यह दौर यह संभावना को देखने के बाद शुरू हुआ कि चुनावों में किसी भी दल का स्पष्ट बहुमत आता दिखाई नहीं दे रहा है। कांग्रेस ने चुनावों की शुरूआत में अपनी पारी की उजली तस्वीर दिखाई थी और कांग्रेस उम्मीदवार भारतीय जनता पार्टी की चुनौती के बावजूद ऊंचे मनोबल से मैदान में उतरे थे। कांग्रेस मुख्यालय के बाहर टिकट पाने के लिए लगने वाली कतारें और कांग्रेसी नेताओं के घर पर रात-रात भर रहने वाली भीड़ ने माहौल बनाया था कि जीत की संभावनाएं कांग्रेस के लिए ही सबसे ज्यादा है और इसीलिए लोग कांग्रेसी टिकट पाने के लिए मारामारी कर रहे हैं। महानगरों के सट्टा-बाजार भी इसकी ताईद कर रहे थे और उम्मीदवारों की हौसला-आफजाई के लिए बहुत से दूसरे कारण भी मौजूद थे।

मगर राजीव गांधी के आसपास घिरे रहने वाले चंद गैरराजनीतिक चेहरों ने चुनावों की शुरूआत से ही मामले को गड्डमड्ड कर दिया। टिकटों के बंटवारे का काम जिस अफरातफरी और हड़बड़ी के बीच पूरा हुआ, उसी से लगने लगा था कि कांग्रेस को मैदान में कम दिक्कतें नहीं उठानी पड़ेंगी। टिकटो के बंटवारे का काम पूरा होते ही कांग्रेसी उम्मीदवारों के मनोबल का पारा साफ तौर पर कुछ नीचे खिसका हुआ दिखाई देने लगा था और खुद राजीव गांधी ने उदयपुर में अपने साथ चल रहे संवाददाताओं से बातचीत में मान लिया था कि अगर कुछ जगह टिकटों के बंटवारे में हड़बड़ी नहीं हुई होती तो अच्छा रहता। टिकट बंटवारे से निकले नतीजे ने कांग्रेसी जीत की संभावनाओं पर पानी फेरने का काम कम नहीं किया।

बाद में कांग्रेस का चुनावी घोषणापत्र जारी करते हुए पंजाब में चुनावी की कांग्रेसी खिलाफत के बारे में पूछे गए एक सवाल में राजीव गांधी ने साफ कह दिया कि अगर चुनाव नतीजे ऐसे आ गए कि केन्द्र में अस्पष्ट तस्वीर बनी तो पंजाब की खाड़कू-विधानसभा से कौन निबटेगा? कहने को राजीव गांधी ने भले ही ठीक बात कही हो, लेकिन कांग्रेस उम्मीदवारों और कार्यकर्ता के मनोबल पर इसका उल्टा असर हुआ और उन्हें लगने लगा कि राजीव गांधी यह मान कर नहीं चल रहे हैं कि चुनावों के बाद कांग्रेस केन्द्र में सरकार बना पाएगी और जब खुद राजीव गांधी ही यह मान रहे हैं तो फिर कोई क्या कह सकता है? कांग्रेसी मनोबल का पारा इससे और नीचे आ गया।

चुनावों के बीच राजीव गांधी ने आसपास घिरे रहने वाले लोगों ने फिर उनके मुंह से कहलवा दिया कि अगर कांग्रेस अकेले सरकार नहीं बना पाएगी तो हम वाम–ताकतों से मिलकर सरकार बनाएंगे। आग की तरह यह बात देश भर के निर्वाचन क्षेत्रों में पहुंची और कांग्रेसी उम्मीदवार बगलें झाकने लगे। कांग्रेसी कार्यकर्ता अपने स्थानीय नेताओं को खुलेआम कोसने लगे। लेकिन राजीव गांधी के आसपास के लोगों पर इसका कोई असर नहीं था। आखिरकार मध्यप्रदेश की यात्रा के दौरान किसी ने राजीव गांधी को सलाह दी कि ऐसा कहने से कांग्रेस की जीत के आसार और कम होते दिखाई दे रहे हैं। मजे की बात यह है कि इस मौके पर भी राजीव गांधी के एक सलाहकार ने वाम–ताकतों से मिलकर सरकार बनाने

की बात का खंडन न करने का मशविरा दिया, हो सकता है कि इस सलाहकार की दूर-दृष्टि कह रही हो कि आगे चलकर चूंकि किसी न किसी की मदद लेनी ही पड़ेगी, इसीलिए अभी से वाम-दलों को संकेत दे देने में कोई बुराई नहीं है।

आखिरकार राजीव गांधी ने इसका खंडन कर दिया और हर जगह जोर-शोर से कहने लगे कि कांग्रेस अकेली ही सरकार बनाने की हालत में रहेगी और केन्द्र में हमें सरकार बनाने में किसी की मदद की जरूरत नहीं पड़ेगी। मगर तब तक कांग्रेसी मनोबल का पारा जितना नीचे और खिसकना चाहिए था, खिसक चुका था। चुनावी प्रक्रिया के अंतिम चरण के आते-आते इसके संकेत भी साफ दिखने लगे। देश भर में इन तमाम बातों का असर यह पड़ा की जीत के किनारे, लेकिन संशय की मुद्रा में खड़े, कांग्रेसी योद्धा अनमने होने लगे। उनमें से कइयों ने अपनी तलवारें यह सोचकर म्यान में वापस रख लीं कि यह चुनाव-समर जीतना उसके वश की बात नहीं रही। ऐसी में अपने बचे-खुचे सिपाहियों, रथों, हाथी-घोड़ों और साज-सुविधाओं को जाया न होने देने और उन सबको आगे के लिए संभाल कर रखने की नीयत ने जोर पकड़ लिया। हताशा की इस हवा ने अपना असर भी दिखाया और अब मतदान में चंद घंटे बाकी रह जाने पर तस्वीर इतनी गड्डमड्ड हो गई है कि कांग्रेस के अकेले सरकार बना लेने की बात पर न कांग्रेस के ही भीतर कोई भरोसा कर रहा है और नही सट्टे के बाजार में अपनी किस्मत आजमाने वाले कांग्रेस की किस्मत को चमकीला मान रहे हैं।

कांग्रेस के भीतर कोई यह खुल कर कहने को तैयार नहीं है कि अगर कांग्रेस अकेले सरकार नहीं बना पाई तो या तो वह वाम-ताकतों की मदद लेने की कोशिश करेगी या फिर वाम-ताकतों को मदद देकर भाजपा को सरकार में आने से रोकने की कोशिश करेगी। लेकिन गुपचुप अनौपचारिक कोशिशें इसी तरफ संकेत करती है।

38
पधस जहाज़ों को ज़मीन पर उतारने की तैयारी
सभी मानते हैं एवरो खरीदना भी गलत था, उड़ाना भी

बंगलूर में हुई एवरो दुर्घटना में 28 अफसरों को खोने के बाद वायुसेना के शीर्ष स्तर पर यह गंभीर चिंतन शुरू हो गया है कि अब इस जानलेवा ब्रिटिश जहाज को ब्रिटिश हैलीकाप्टर वैसटलैंड की तरह जमीन पर उतारने का वक्त हो गया है।

अवकाशप्राप्त वायुसेना अध्यक्ष एयर मार्शल अर्जुनसिंह ने *दिनमान टाइम्स* को बताया कि अब वे जब पीछे मुड़कर देखते हैं तो कभी-कभी सोचते हैं कि क्या इस जहाज को खरीदने, कानपुर में बनाते और इतनी सारी दुर्घटनाओं और प्रतिकूल टिप्पणियों के बावजूद उड़ाते रहना उचित था।

10-12 वर्ष पूर्व जब राजीव गांधी पायलट था तब उन्होंने दिल्ली से रायपुर की एक उड़ान के बाद इस जहाज को उड़ाने से इंकार कर दिया था। उसके बाद उनकी ड्यूटी बोइंग जहाज उठाने पर ही लगायी गयी।

अर्जुनसिंह ने बताया कि यह जहाज तत्कालीन रक्षामंत्री वी. के. कृष्ण मेनन की जिद पर 1961 में भारतीय वायुसेना के लिए ब्रिटेन से खरीदा गया। हालांकि ऐसे फैसले वायुसेना के अफ़सरों की तकनीकी सलाह के बिना नहीं लिये जाते लेकिन कृष्णमेनन का आग्रह इतना प्रबल था कि अफसरों ने कुछ शर्तों के साथ इसे स्वीकार कर लिया।

वायुसेना के एक रखरखाव अधिकारी के अनुसार जब कभी इन शर्तों का उल्लंघन हुआ तभी दुर्घटना हुई। अर्जुनसिंह को आशंका है कि बंगलूर दुर्घटना के पीछे भी किसी कनिष्ठ अधिकारी की लापरवाही हो

सकती है। उन्होंने इस बात पर आश्चर्य प्रकट किया कि 28 अफसर क्योंकर एक जहाज में बिठा दिये गये। उनके सामने में दस-बारह से ज्यादा अफसरों के एक साथ उड़ान भरने पर रोक लगी हुई थीं।

यह दुर्भाग्यपूर्ण जहाज रायल नेपाल एयरलाइंस की देखादेखी खरीदा गया था लेकिन भारत ने एक शर्त और जोड़ दी कि उसे इसे अपने यहां बनाने की छूट दी जाये।

तब सवाल पैदा हुआ कि यह जहाज बने कहां। बंगलूर और पुणे में पहले से जहाज बनाने के कारण गुंजाइश नहीं थी। अतः एक सिख अफसर के आग्रह पर उनके गृह नगर कानपुर का चयन किया गया।

वायुसेना के सूत्रों में इस बात पर मतभेद है कि यह फैसला किसने लिया। क्योंकि यह चयन मूलतः गलत था। जहाज निर्माण कम्पनी के लिए कानपुर का दिन रात बढ़ता-गिरता तापमान कतई उचित नहीं था। दिन में लोहा कटता रात को सिकुड़ जाता। फिर काट-पीट कर ठीक किया जाता। इससे निर्माण में वो नफासत नहीं आ पायी। इंडियन एयरलाइंस के जिन पायलटों ने यह जहाज उड़ाया है उनका कहना है कि कानपुर में इसे बनाने का फैसला घातक सिद्ध हुआ। अर्जुनसिंह ने स्वीकार किया कि एवरो कारखाना कहीं और लगता तो बेहतर रहता। हालांकि उनका नाम इस फैसले से जोड़ा जाता है लेकिन उन्होंने इसका पुरजोर खंडन किया। उन्होंने कहा, हो सकता है एयर वाइस मार्शल हरजिंदर सिंह जो कानपुर के रहने वाले थे और 1965 में रिटायर हुए, इस फैसले से जुड़े रहे हों वैसे इसकी भी पुष्टि नहीं हो पायी।

शुरू में तो यह सोचा गया कि यह जहाज वायुसेना के ही काम आएगा, लेकिन जब इसे भारत में भी निर्माण करने की सहुलियत मिल गयी और इसका बड़े पैमाने पर बनना शुरू हो गया तो इसे इंडियन एयरलाइंस के बेड़े में भी शामिल कर लिया गया। हालांकि एयरलाइंस ने इसका हर स्तर पर कड़ा विरोध किया।

39

पेट्रोल की राशनिंग नहीं की जायेगी

वित्त उपमंत्री अनिल शास्त्री का आश्वासन

वी. पी. सिंह सरकार का फिलहाल पेट्रोल की राशनिंग करने का कोई इरादा नहीं है। इस बारे में तमाम किस्म की अफवाहें चल रही थीं। इन अफवाहों की शुरूआत स्वयं प्रधानमंत्री द्वारा, इस आशय का इशारा करने के बाद, हुई थी।

नये वित्त उपमंत्री अनिल शास्त्री ने *दिनमान टाइम्स* से बात करते हुए इस बारे में सभी आशंकाओं को समाप्त कर दिया। साथ ही उन्होंने उन कदमों के बारे में भी जानकारी दी जो उनकी सरकार महंगाई खत्म करने के लिए उठा रही है। वास्तव में देखा जाए तो यह मंहगाई जनता दल सरकार के जी का जंजाल बन गयी है। सबसे पहले तो अनिल जी ने इस मिथक को समाप्त करने की कोशिश की थी कि इस बार बजट के बाद अप्रत्याशित रूप से कीमतें बढ़ी हैं। उनका कहना है कि हर वर्ष बजट के बाद कीमतें बढ़ती ही हैं। अगर मूल्य सूचकांक के हिसाब से देखा जाए तो इस वर्ष केवल 1.6 की वृद्धि हुई है, जवकि राजीव गांधी के प्रधानमंत्री बनने के पहले वर्ष में यह बढ़ोत्तरी 1.8 की थी। बजट केवल एक कारण है मूल्य बढ़ने का।

अनिल जी ने बताया कि चीनी का दाम एक रुपया गिर कर स्थिर हो गया। सरकार खाने के तेल का आयात करने की सोच रही है। जनवितरण व्यवस्था को भी पुख्ता किया जा रहा है। सरकारी प्रयत्नों से सीमेंट का दाम 85 रुपये प्रति बोरे से घट कर 80 रुपये रह गया है। डीजल के दाम को भी शीघ्र ही कम कर दिया जाएगा।

वैसे अनिल जी की निगाह में ज्यादा बड़ी दिक्कत घाटे की अर्थव्यवस्था को रोकना है। इस बजट में उसे नियंत्रित करने की कोशिश की गयी है। अगर इस पर रोक नहीं लगी तो इसके परिणाम भयंकर हो सकते हैं।

जैसे ही अनिल जी ने काम संभाला। उन्होंने अपने वरिष्ठ मंत्री मधु दंडवते से अपने कार्यक्षेत्र के बारे में पूछा था। मधु जी ने बड़े उदार भाव से कहा: ''तुम्हें सब कुछ देखना है। वैसे खासतौर पर तुम राजस्व और सरकारी खर्च पर निगाह रखना।'' यही कारण है कि अनिल जी इस पर विशेष ध्यान दे रहे हैं।

40
कुर्दों के लिए अब दरवाजे न खुले हैं न बंद
तुर्की के राजदूत ने 'दिनमान टाइम्स' से कहा

इराक के पड़ोसी देश इन दिनों सद्दाम हुसैन के दमनचक्र से घबरा कर आने वाले कुर्द विद्रोहियों से परेशान हैं। अकेले तुर्की में लाखों कुर्द पहुंच चुके हैं और इराक से लगने वाली 331 किलोमीटर सीमा के आरपार स्थापित शिविरों में बेबसी, भुखमरी और बदहवासी का जीवन जी रहे हैं। हालत इतनी बदतर है कि तुर्की फौज को मदद पहुंचाने के लिए सीमा पार करनी पड़ी है।

भारत में तुर्की के राजदूत यालिम एरलाप ने *दिनमान टाइम्स* से बातचीत में अपने देश की परेशानी का ब्यौरा देते हुए बताया कि दुनिया के बड़े-बड़े देश इस स्थिति पर अपनी मौखिक हमदर्दी तो जाहिर कर रहे हैं पर असल मदद के नाम पर वह खामोशी अख्तियार किये हुए हैं। विभिन्न राजनयिक सूत्रों से पता लगाया कि आस्ट्रिया सिर्फ 11, नीदरलैंड 37, स्वीडन 33, डेनमार्क और फ्रांस 335 कुर्द शरणार्थी लेने पर ही राजी हुए है। बाकी सीरिया पार कर तुर्की और ईरान में शरण लिए हुए हैं, बताया जाता है कि सीरिया, सोवियत संघ, तुर्की, इराक और ईरान में गैर अरब मुस्लिम धर्मावलंबी 50 लाख कुर्द रहते हैं। उनकी उत्पत्ति मध्य एशिया के पहाड़ों पर हुई मानी जाती है। इनकी सबसे बड़ी संख्या इराक में कही जाती है। खाड़ी युद्ध में सद्दाम हुसैन की शिकस्त के बाद इन कुर्दों ने दक्षिण इराक में रहने वाले शिया मुसलमानों के साथ मिल कर बगावत कर दी थी लेकिन सद्दाम हुसैन की फौज ने इस कोशिश को नाकाम कर दिया और अब इन से बदला लेने के इरादे से इन्हें पड़ोसी देशों में खदेड़ रहे हैं। भागते शरणार्थियों पर हैलीकाप्टरों से गोलीबारी की जा रही है।

राजदूत ने कहा कि तुर्की के लिए नयी स्थिति नहीं है। जब-जब भी इराक में कुर्दों पर अत्याचार बढ़ता है तो ये लोग भाग कर तुर्की में पनाह लेने के लिए आ जाते हैं। इस समय तुर्की में इन लोगों की संख्या पांच लाख से ऊपर मानी जाती है। 1988 में 60 हजार कुर्द इन्हीं हालात में भाग कर आये थे। इनमें से 30 हजार तो वापिस जा चुके हैं पर बाकी पूर्वी तुर्की में बस गए हैं। लेकिन इस बार अंकारा सरकार इन्हें अपने यहां बसाने को कोई इरादा नही रखती।

तुर्की राजदूत के शब्दों में उनका देश कोई सराय नहीं है कोई जब चाहे मुंह उठा कर चला आये। वैसे उनका देश पहले से बसे कुर्दों के साथ कोई भेदभाव नहीं बरतता। आम तुर्कीवासियों का इन लोगों के साथ रोटी और बेटी का रिश्ता है। यह जीवन के हर क्षेत्र में बराबर का अधिकार रखते हैं। लेकिन अब और शरणार्थियों को लेने की गुंजाइश नहीं है। एशिया और यूरोप का सेतु कहा जाने वाला तुर्की देश पिछली दस शताब्दियों से तमाम किस्म के शरणार्थियों को पनाह देता रहा है। 1989 में उसने तुर्की मूल के तीन लाख बुल्गेरियाइयों को अपने यहां पनाह दी थीं। इनमें से डेढ़ लाख अब यहां पक्की तौर पर बस चुके हैं। 1951 से 5 लाख बुल्गेरियाई यहां आकर शरण ले चुके हैं।

तुर्की के राजदूत ने बताया कि एशिया और कम्युनिस्ट यूरोप में जब-जब भी असंतोष पनपता था वहां के लोग भाग कर तुर्की में शरण ले लेते थे। सोवियत संघ का जाना माना लेनिन विरोधी विचारक ट्राटस्की और चेकोस्लोवाकिया के एलैंग्जेंडर दूबचेक भी यहां शरण ले चुके हैं।

राजदूत यालिम एरलाप की राय में शरणार्थियों के लिए कोई न कोई स्थान खोजा जाना चाहिए। तुर्की को उत्तरी इराक में संयुक्त राष्ट्र संघ की देखरेख में एक स्वतंत्र और सुरक्षित क्षेत्र स्थापित किये जाने पर भी कोई ऐतराज नहीं है। वैसे अच्छा तो यही होगा कि इन कुर्दों को वापिस अपने घर जाने दिया जाये। फिलहाल तुर्की सरकार इन लोगों को कंबल, खाना, दवा और तंबू मुहैया करा रही है। लेकिन जिस इलाके में यह लोग बसे हुए हैं वहां की तूफानी और बर्फीली हवाओं का मुकाबला ज्यादा दिन तक नहीं कर पाएंगे। राजदूत के अनुसार जब यह लोग आये थे तो अपने शरीर को ठंड से बचाने के लिए प्लास्टिक के थैले लपेटे हुए थे। इनके पांव में जूते नहीं थे और यह भूख, प्यास और ठंड से बेहाल थे। तुर्की ने बिना

अतर्राष्ट्रीय मदद का इंतजार किये इन लोगों को अपनी सीमा के अंदर घुसने की इजाजत दी और इनकी बुनियादी जरूरतों को पूरा किया। शुरू में अंदाजा नहीं था कि यह लोग इतनी संख्या में आ जाएंगे। अब जब कि इनकी तादात लाखों में पहुंच गयी है तुर्की ने अपने दरवाजे सरका दिये हैं दरवाजा खुला नहीं है लेकिन पूरी बंद भी नहीं।

41
इधर दो इमामों में ठन गई
उधर खांड़ी में लड़ाई

देखा जाये तो जामा मस्जिद और फतेहपुरी के बीच पांच किलोमीटर की भी दूरी नहीं है, पर खाड़ी युद्ध पर इनके इमामों के नजरिये के बीच जमीन आसमान का फर्क है। ये दोनों पुरानी दिल्ली के लाखों मुसलमानों के दिलों दिमाग पर राज्य करते हैं और उनके धार्मिक, राजनीतिक तथा सामाजिक विचारों को वक्त जरूरत पड़ने पर संचालित भी करते हैं लेकिन आज राजधानी का मुसलमान इन दोनों के विचारों के बीच अपने को परेशान महसूस कर रहा है।

जामा मस्जिद के नामी गिरामी बुजुर्ग इमाम जो हिन्दुस्तान भर में मुसलमानों की नुमाइंदगी करते हुए दिखाई देते हैं, फारस की खाड़ी के किनारे चल रही लड़ाई में अपने आप को कुवैत, सऊदी अरब और अमेरिका के साथ खड़ा हुआ महसूस करते हैं। उनकी अपनी कुछ मजबूरियां हैं। मसलन जामा मस्जिद में अजान प्रसारित करने वाले मक्कामदीना के मुल्क से इमदाद मिलती रहती है। वैसे यह कहना मुश्किल है कि इनके साथ कितने और मुसलमान खड़े हैं क्योंकि दिल्ली का ही नहीं दुनिया भर का छोटा-सा गरीब और अमीर मुसलमान अपने को कर्बला और नजफ की पाक जमीन पर हुए हमले से जुदा नहीं कर पा रहा है। उसे अमेरिका का यह तर्क कतई हजम नहीं हो रहा है कि उसने इराक पर यह हमला कुवैत को आजाद कराने के लिए किया है।

दिल्ली के आम मुसलमानों के जज़्बात को अपनी आवाज देते हुए फतेहपुरी मस्जिद के शाही इमाम मुफ्ती मोहम्मद मुक्करम अहमद ने कहा कि सलामती कौंसिल ने कुवैत आजाद कराने के लिए कहा था। इराक

की मासूम जनता पर बम बरसाने के लिए नहीं। उन्होंने कहा, कोई भी इज्जतदार मुसलमान सऊदी अरब की शह पर अमेरिकी हमले की हिमायत नहीं कर सकता। दिल्ली के मुसलमानों में तो इतना गुस्सा है कि हर अमेरिकी दिखने वाले फिरंगी को पीटने पर उतारू हो जाते हैं। उन्होंने जामा मस्जिद के शाही इमाम अब्दुल्ला बुखारी का बिना नाम लिए कहा कि मैं किसी और के जाती ख्यालात के बारे में कुछ नहीं कहना चाहता, लेकिन सौ में से निन्नानवे मुसलमान आज इराक के साथ हैं।

उन्होंने कहा कि उन्हें न इराक का कुवैत पर कब्जा पसंद और न इराक पर हमला। और न ही इराक द्वारा इस्राइल पर बेबात गोलाबारी, दुनिया में यह खून खराबा फौरन बंद होना चाहिए और भारत सरकार को उस मामले में बचाव करके लड़ाई रूकवानी चाहिए।

ऐसा नहीं है कि जामा मस्जिद के शाही इमाम अपने अकेले होने से वाकिफ नहीं हैं। यही वजह है कि वे इस मसले पर अखबार वालों से बात करने में कतरा रहे हैं और इस मसले पर खुलकर कोई बयान भी नहीं दे रहे हैं। वे जानते हैं कि आम मुस्लिम मिल्लत उनसे इत्तफाक नहीं रखती। और सऊदी अरब से उनके रिश्ते को जानती है, लेकिन अभी तक उनके खिलाफ इसलिए कुछ नहीं कह रही है क्योंकि वे उनका लिहाज करती है। लेकिन उन्हें जल्दी ही अपना रवैया बदलना पड़ेगा। और इराक के हक में फतवा देना पड़ेगा। जुम्मे की नमाज के बाद जामा मजिस्द के आस पड़ोस के इलाकों मे बड़ा तनाव था। लोगों ने अमेरिका के राष्ट्रपति जॉर्ज बुश के पुतले जलाये और नारे लगाये। पुलिस को भीड़ पर काबू पाने में बड़ी दिक्कत का सामना करना पड़ा। हालांकि इमाम साहब ने इराक के हक में और अमेरिका के विरोध में कुछ नहीं कहा था और न ही किसी किस्म का विरोध प्रकट करने का आह्वान किया था, उसके बावजूद आम मुसलमानों ने अपनी मंशा साफ जाहिर कर दी और इमाम साहब से अपनी असहमति जता दी।

42

भारत दक्षिण अफ्रीका के लिए प्रशासक तैयार करेगा

विदेश राज्यमंत्री हरिकिशोर सिंह ने बताया

भारत ने दक्षिण अफ्रीका के भावी प्रशासकों, तकनीशियनों और पत्रकारों को मुफ्त प्रशिक्षित करने की पेशकश की है।

यह प्रस्ताव विदेश राज्यमंत्री हरिकिशोर सिंह ने दक्षिण अफ्रीका के राष्ट्रवादी नेता नेल्सन मंडेला को हाल ही में नाईजीरिया में दिया। श्री सिंह वहां राष्ट्रमंडलीय देशों के विदेश मंत्रियों की दक्षिण अफ्रीका संबंधी समिति की बैठक में भाग लेने गये थे।

वहां से लौटकर विदेश राज्यमंत्री ने *दिनमान टाइम्स* को बताया कि एक वर्ष के भीतर दक्षिण अफ्रीका में काले लोगों की सरकार को अपना काम चलाने के लिए प्रशिक्षित लोगों की आवश्यकता पड़ेगी। भारत ने यह मदद उसी संदर्भ में देने का फैसला किया है। फिलहाल दस अफ्रीकी युवकों को भारत में रहने, सीखने और सारा खर्च उठाने में सहायता दी जाएगी। वैसे भारत में पहले से भी अनेक अफ्रीकी छात्र और भारत मूल के विद्यार्थी यहां के मेडिकल और इंजीनियरिंग कालेजों में पढ़ रहे हैं। लेकिन ये सब अपने खर्च पर पढ़ रहे थे। अब जो आफर किया गया है। उसका सारा खर्च भारत सरकार सहन करेगी।

हरिकिशोर जी ने बताया कि राष्ट्रमंडल में दक्षिण अफ्रीका के कुल बहिष्कार को लेकर कुछ मतभेद हैं। मसलन आस्ट्रेलिया चाहता था कि दक्षिण अफ्रीका की रंगभेद बरतने वाली गोरी सरकार पर आर्थिक प्रतिबंध तो बरकरार रहे पर उसके साथ सांस्कृतिक और शैक्षणिक संबंध शुरू करने का समय आ गया है। इससे वहां के वर्तमान राष्ट्रपति क्लार्क के

हाथ मजबूत होंगे। जब इस पर बहस हो रही थी तब हरिकिशोर जी ने नेल्सन मंडेला से सीधे पूछा कि क्या आप कुछ प्रतिबंध हटाने के पक्ष में हैं। इस पर मंडेला ने स्पष्ट कहा कि जब तक दक्षिण अफ्रीका में काले लोगों समेत सबको एक व्यक्ति एक मत के आधार पर वोट देने का हक नहीं मिल जाता, तब तक बहिष्कार और प्रतिबंध नहीं हटाना चाहिए। इसके बाद सब देशों ने उनकी बात का समर्थन किया और समिति ने सर्वसम्मति से प्रतिबंध जारी रखने का प्रस्ताव पारित कर दिया।

43

बारहवीं के बाद नौकरी के अवसर

अब बी. ए. की जरूरत सिर्फ दूल्हे को है

हर साल सवा लाख लड़के-लड़कियां स्कूल पास करके बाहर निकलते हैं। 90 प्रतिशत से अधिक अंक प्राप्त करने वालो को मनपसंद कॉलेज और कोर्स में दाखिला मिल जाता है। 80 से 90 प्रतिशत तक को कॉलेज न सही पर कोर्स इच्छानुसार मिल जाता है। 60 से 80 तक के लिए किसी न किसी अच्छे कॉलेज में कोई न कोई कोर्स उपलब्ध रहता है। असली दिक्कत 50 से 60 के बीच वालों की होती हैं जो पढ़ना चाहते हैं पर उन्हें कॉलेज और कोर्स दोनों से समझौता करना पड़ता है। रही बात 50 से कम वालों की, तो उनका भगवान ही मालिक है। ऐसे लोग पत्राचार या इंदिरा गांधी मुक्त विश्वविद्यालय से पार्ट टाइम कोर्स में दाखिला लेने पर मजबूर होते हैं। इनके पास पूरा वक्त खाली रहता है।

दूसरी श्रेणी उन मध्य तथा निम्न मध्य वर्ग के छात्र-छात्राओं की है जो धनाभाव के कारण नियमित कोर्स से विश्वविद्यालय की पहली डिग्री भी नहीं ले पाते। ऐसे लोग किसी न किसी काम की तलाश में रहते हैं ताकि कुछ पैसा घर में दे सकें और कुछ अपने जेबखर्च के लिए रख सकें।

गृहलक्ष्मी ने इस संबंध में खोज की तो यह पाया कि खासकर लड़कियों के लिए ऐसे अनेक अवसर हैं जिनसे वे इज्जतदार तरीके से धनोपार्जन कर सकती हैं।

सबसे आसान रास्ता है किसी भी उत्पाद के प्रति उपभोक्ता में उत्सुकता पैदा करके उसकी बिक्री की संभावना बढ़ाना। इसे प्रोडक्ट सेल्स प्रोमोशन कहा जाता है। इसमें भीड़-भाड़ वाले बाजार या किसी

सिनेमाघर के करीब तंबू या मेज लगाकर, संभावित खरीदारों को आकर्षित करना होता है। इनमें वॉशिंग मशीन, कम्प्यूटर, फ्रिज, टी. वी. मेकअप का सामान आदि काफी प्रचलित हैं।

यह काम हफ्ते के सातों दिन या 5,000 प्रतिनाह तक मिल सकता है। इसके एवज में 250 से 450 रुपये रोज या 5,000 प्रतिमाह तक मिल सकता है। ये काम सेल्स प्रोमोशन कम्पनियों के माध्यम से मिलता है। एक बार अगर आपको अनुभव हो जाए तो आप तरक्की पाकर को–आर्डिनेटर भी हो सकते हैं यानि अन्य लड़कियों को यह काम दिलवा सकती है। इसके लिए कंपनी आपको 500 रुपये प्रति उम्मीदवार देगी।

इसकी अगली कड़ी हैं बड़ी दुकानों या डिपार्टमेंडल स्टोर्स में काउंटर गर्ल का काम करना। काम वही होता है लेकिन वेतन सात से आठ हजार तक होता है।

दुकानों के अलावा रेस्तरां दूसरे विकल्प है जहां कॉलेज की पढ़ाई किए बिना लड़कियों को इज्जतदार काम मिल सकता है। यह काम है मेजबानी का। यानि रेस्तरां में आने वाले ग्राहकों का स्वागत और उनकी आवभगत। इसमें अच्छे कपड़े पहनना, सलीके से बात करना तथा ग्राहकों के खाने–पीने की चीजों का ख्याल रखना होता है। मेकडॉनल्ड जैसे रेस्तरां इस काम के लिए 20 रुपये प्रति घंटा या 2700 रुपया महीना देते हैं।

तीसरा विकल्प है टेली मार्केटिंग का। इसमें मोबाइल फोन या क्रेडिट कार्ड जैसे उत्पादों के लिए दी गई सूची के अनुसार संभावित ग्राहकों से फोन पर बात करना और उन्हें सामान खरीदने के लिए प्रेरित करना पड़ता है। इसमें 4500 रुपये तक मिल जाते हैं।

दफ्तरों में रिसेप्शनिस्ट का काम भी अक्सर युवा लड़कियों के लिए उपयुक्त रहता है। इसके लिए फोन करना, सुनना, मिलने आने वालों से बात करना और बड़े अधिकारियों के लिए फोन पर जानकारी लेना शामिल होता है। यदि एक–दो महीने कम्प्यूटर की बुनियादी ट्रेनिंग ले ली जाए तो और अधिक वेतन मिल सकता है। इन दिनों हर छोटी–बड़ी कंपनी, होटल, अस्पताल, दूतावास बैंक आदि में रिसेप्शनिस्ट की जरूरत रहती है। 12 वीं पास लड़कियां छोटी क्लास के बच्चों को ट्यूशन पढ़ा सकती है। इसमें प्रति बच्चा 1200 रुपये तक मिल जाते हैं।

इधर कॉल सेंटर यानि देश और विदेश कंपनियों के लिए फोन करके ग्राहकों से उगाही हेतु, तकाजा करना होता है। इसमें भी फोन पर विनम्रता से बात करके उधार ले चुके या बिल न अदा करने वाले को यह याद दिलाना होता है कि कृपया भुगतान कर दें। इसमें पांच हजार से शुरू होकर 20-25 हजार तक वेतन मिलने की संभावना बनी रहती है।

इन सबके अलावा बार या डिस्को में लोगों को संगीत सुनाने का काम भी युवाओं को आकर्षित करता है। इसे डी. जे. (डिस्क जोकी) कहा जाता है। हाल ही में दिल्ली में स्थित बज़ नामक बार में कैरी नाम की डी. जे. इतनी लोकप्रिय हुई कि मौर्या होटल के डबलिन बार वालों ने उसे हर शनिवार को संगीत सुनवाने के दस हजार देकर अपने यहां बुलवा लिया। इसी कड़ी में ह टी. वी. पर वी. जे. (वीडियो जोकी) और रेडियो पर आर. जे (रेडियो जोकी) का काम।

अब सवाल पैदा होता है इसमें कैरियर ढूंढने का। इन दिनों बहुत सारे कालेजों और प्राइवेट संस्थानों में बी. ए. एम. ए. और डिप्लोमा के माध्यम से मीडिया प्रशिक्षण दिया जाने लगा है।

हमारी धारणा है कि पत्रकार बनने के लिए किसी प्रशिक्षण की अनिवार्य आवश्यकता नहीं है। हो तो अच्छा है। उससे कम से कम एक परिचय तो मिल जाता है कि खबर क्या होती है, कैसे ढूंढी जाती है, लिखने का तरीका क्या है, दूसरे की लिखी खबर को ठीक कैसे किया जाता है। खबर और लेख में क्या अंतर होता है? अखबार और रेडियो की खबरों कें क्या फर्क होता है? टी. वी. लेखन की बुनियादी जरूरत क्या है?

अब अगर प्रशिक्षण न प्राप्त किया जाए तो पत्रकार कैसे बना जाए? आइए फिर आपके पहले पत्र की ओर लौटते हैं।

आपने जैसे पत्र अपने किसी दोस्त या रिश्तेदार को लिखा था, वैसा ही खत उस अखबर के संपादक को लिखिए जिसे आप ही सुबह पढ़ती हैं। उसमें आप दो चीजें लिख सकती हैं। अखबार में छपे किसी समाचार या लेख पर टिप्पणी, प्रतिक्रिया, शंका, विरोध, समर्थन, घटा-जोड़, लांछन, प्रताड़ना या हमदर्दी। आपके पत्र में इनमें से किसी एक या अधिक तत्वों का समावेश हो सकता है। इसे सम्पादक के नाम पत्र कहते हैं। इसे लिखने

के लिए कोई पैसे नहीं देने पड़ते। यह आपका पाठकीय अधिकार है। हां इसे छापा जाए या न छापा जाए यह अधिकार जरूर संपादक के पास है। लेकिन अगर पत्र ठीक ठाक भाषा में, तर्क पूर्ण आधार पर और संक्षिप्त होगा तो वह अवश्य छपेगा। यह पत्रकारिता की पहली सीढ़ी है। जिस दिन आपके पत्र अखबार में स्वीकार होने लगें उस दिन से आप का इस क्षेत्र में प्रवेश हुआ मान लिजिए।

पत्र लेखन की अगली कड़ी है-लेखन। इसके लिए किसी डिग्री-डिप्लोमा, प्रशिक्षण या अनुभव की आवश्यकता नहीं होती। आप कहीं बाहर घुमने गईं, लौटने पर उसका विवरण भेज दिजिए। कहां गई, कैसे गईं, कितना खर्च हुआ। क्या देखा। वहां की कोई कथा जोड़ दीजिए। चित्र होंगे तो छपने की उम्मीद बढ़ जाएगी।

इसी तरह आप यदि रसोई में कोई नया प्रयोग करती हैं तो उसे पत्र-पत्रिका में लिख भेजिए। कहानी-कविता का शौक है तो फौरन लिखिए और भेजिए। इन दिनों कम्प्यूटर और ई-मेल से चीजें और अधिक सुविधाजनक हो गई हैं। लिखिए और ई-मेल कर डालिए।

इस प्रकार के लेखन को फ्री लासिंग कहते हैं। कोई लगी बंधी तनख्वाह तो नहीं मिलती लेकिन आप नियमित रूप से लिखकर कमाई का जरिया बना और बढ़ा सकती है।

पत्रकारिता से जुड़ा एक और पेशा है पुस्तक लेखन और प्रकाशन का। अखबार रोज छपता है, किताब उसका विस्तृत और स्थायी संस्करण है। हर व्यक्ति के भीतर एक पुस्तक छिपी होती है। उसे लिखकर बाहर निकालना चाहिए। पुस्तक अच्छी है तो कोई न कोई प्रकाशक उसकी इंतजार में होगा। उसके लिए एक मुश्त पैसा भी मिलता है आप चाहें तो बिक्री के आधार पर रायल्टी ले सकते हैं। पुस्तक प्रकाशन में सम्पादन और शुद्धिकरण (डुफरीडिंग) का काम भी बेशुमार है। भाषा पर अधिकार हो तो इससे ज्यादा साफ-सुथरा कोई और काम नहीं। जाइए, काम लीजिए, घर बैठकर करिए और पैसे ले आइए।

यह सब तो हुआ पर बैठकर काम करने का आसान तरीका। इस क्षेत्र में नियमित रूप से प्रवेश करने के लिए बी. ए. पास होना एकमात्र शर्त है। पत्रकारिता की डिग्री संग हो तो अतिरिक्त योग्यता माना जाता है।

अखबारों में इसके लिए विज्ञापन आते रहते हैं वर्ना पत्रों या लेखों के माध्यम से आपकी जिस अखबार में जान पहचान हो जाए वहां निरंतर सम्पर्क बनाए रखिए और स्थान खाली होने पर आवेदन भेज दीजिए। इस काम में शुरू में बड़ा संघर्ष करना पड़ता है। पैसे भी कम मिलते है। लेकिन एक बार नाम अर्जित कर लेने के बाद पीछे मुड़कर देखने की जरूरत नहीं पड़ती।

अंतिम सलाहः कोशिश करनी चाहिए कि आप किसी एक विषय में लिखकर अपना नाम उस विषय के साथ जोड़ लें। इससे लोग आपको बुला-बुलाकर लिखवाएंगे।

44

वर्दी में एक बेहतर इंसान

गौतम कौल

दिल्ली पुलिस का उत्तरी जिले का बहुत बड़ा इलाका शहर से लगते गावों का है। यहां के लोगों को दिल्ली पुलिस विभाग से बहुत शिकायतें थीं। इस पुलिस अधीक्षक ने उन लोगों से सीधे सम्पर्क का काम शुरू किया। हर रविवार को किसी एक गांव में सब लोगों को इकट्ठा कर लिया जाता है। ऐसी बैठकें गांव की चौपाल पर होती हैं। लोगों से निश्चिंत हो कर अपने दु:खदर्द कहने के लिए कहा जाता है और उन पर अविलंब शुरू हो जाती है। स्थानीय पुलिस अधिकारी को इसकी पूर्वसूचना नहीं दी जाती। यह प्रक्रिया अपने आप में अभूतपूर्व है। इन के अतिरिक्त श्री कौल की स्पष्ट हिदायत है कि उन के इलाके का कोई भी व्यक्ति किसी भी समय उन से घर पर या दफ्तर में मिल सकता है।

''मेरा सिर्फ एक ही उद्देश्य है कि गरीब और 'बगैर पहुंच वाले' लोगों को न्याय मिल सके। हमारे यहां न्याय मिलने की प्रक्रिया बहुत सुस्त व ढीली है। दिल्ली में 55,000 मामलों मुकदमों का फैसला होना बाकी है। यातायात के चालानों के मुकदमों का तो कोई हिसाब ही नहीं है। सर्वोच्च न्यायालय में कई मामले 30-30 साल से चल रहे हैं। न्याय व्यवस्था की प्रवृति यह रहती है कि सजा कम से कम दी जाए। इस के दो कारण हैं: जेलों में जगह कम है और ज्यादा लोगों को ज्यादा समय जेल में रखने से राजस्व पर बोझ पड़ता है। इसी प्रवृति के कारण अपराधों को बल मिला है। दिल्ली में असामाजिक तत्त्व यह मान कर चलते हैं कि वे जल्दी ही छूट जाएंगे। यह स्थिति बहुत घातक है। बंबई तथा मद्रास में यह स्थिति नहीं है।

''इस स्थिति को समाप्त कर दिया जाए तो दिल्ली संसार की सब से अधिक सुरक्षित राजधानियों में से एक है। भारत में भूतपूर्व अमरीकी राजदूत चेस्टर बोल्स की पुत्री सिंथिया बोल्स ने अपनी एक पुस्तक में लिखा है कि उसे दिल्ली में अपने प्रवास के चार वर्षों के दौरान कभी किसी भी समय अकेले निकलते डर नहीं लगा। अमरीका में तो इस बारे में सोचा भी नहीं जा सकता। 1971 में लंदन में केवल चोरी की वारदातों की संख्या 1,60,000 थी। इस के विपरीत दिल्ली में सभी किस्म की वारदातों की संख्या 34,000 थीं इन में चोरी की सिर्फ 16,600 घटनाएं थीं। लंदन से लौटे तीन पत्रकारों ने बताया कि उन का वहां काफी सामान चोरी चला गया। उनकी शिकायतों के जवाब में पुलिस का रवैया बहुत ही उदासीन था। इटली की राजधानी रोम और अर्जेनटाइना की राजधानी ब्यूनिस एयरस में जनता को सब से अधिक शिकायतें पुलिस के दुर्व्यवहार की होती है। हांगकांग में पुलिस वालों के संबंध में आए दिन सुनने को मिलता है कि वे चोरी कर के भाग गए। लंदन के कुख्यात वेश्यालय, सोहर में रहने वाली वेश्याओं से पुलिस वालों के दाम बंधे रहते हैं। इस प्रकार तुलनात्मक दृष्टि से दिल्ली पुलिस का दामनपाक और साफ है।''

श्री गौतम कौल ने स्वीकार किया कि पुलिस का नाम आते ही लोगों के मुंह का जायका खराब हो जाता है। इसके लिए पूर्ण रूप से प्रशासन दोषी है। स्वतंत्रता से पूर्व पुलिस से लाठीडंडे के जोर से विलायती हुकूमत की जड़ें मजबूत करने का काम करवाया जाता था। उस समय किसी भी व्यक्ति को 'राजनीतिक' कह कर बंद किया जा सकता था। तब न किसी का रिमांड लेने की जरूरत होती थी और न किसी सबूत की ही। आज तो किसी को बंद करने से पहले फोन आने शुरू हो जाते हैं। नरमी बरतने पर पैसा खाने का आरोप लगा दिया जाता है और सख्ती करने पर न्यायिक जांच की मांग उठ खड़ी होती है। स्वतंत्रता के बाद पुलिस के मूलभूत ढांचे को बदलने की कोई आवश्यकता अनुभव नहीं की गई। काम लगभग वही रहा, करवाने वाले बदल गए।

श्री कौल के अनुसार पुलिस के बदनाम होने के कुछ खास कारण इस प्रकार है:

1. पुलिस से जो काम करने की अपेक्षा की जाती है, वे मुलतः अरूचिपूर्ण होते हैं।

2. जनता की दृष्टि से पुलिस सेवा का चित्र सुधारने के लिए कोई ठोस कदम नहीं उठाया गया। सरकार पिछले 26 वर्षों में चार बार सेना पर डाक टिकटें निकला कर उसे सम्मानित कर चुकी है। पुलिस के 110 वर्षों के इतिहास में इस बारे में कभी सोचा भी नही गया।
3. पुलिस प्रशासन में आधारभूत सुधार आवश्यक है।
4. पुलिस के अच्छे कार्यों को प्रकाश में लाने का कोई माध्यम नहीं है। अमरीका और इंग्लैंड में *मास्टर डिडेक्टिव* और *ट्रू डिटेक्टिव* के नास से विश्व प्रसिद्ध पत्रिकाएं निकलती हैं। भारत में ऐसा कुछ भी नहीं है। माउंट आबू से निकलने वाला *भारतीय पुलिस जनरल* न होने के बराबर है।
5. अखबार वाले पुलिस की असफलताओं को खूब उछालते हैं, लेकिन सफलताओं का जिक्र तक नहीं करते।
6. पुलिस का प्रायः सारा गैर अधिकारी अमला ग्रामीण क्षेत्रों से आता है और प्रायः अर्धशिक्षित होता है। सरकारी गजट में सिपाही को अर्धनिपुण श्रमजीवी कहा गया है। इसे आधुनिक और अत्याधुनिक नगरों में काम करना पड़ता है। इन नगरों में ग्रामीण सभ्यता और पृष्ठभूमि के संबंध में एक अजीब भावना होती है। फिर तो इन दो वर्गों में टकराव स्वाभाविक है। दोनों एक–दूसरे की भावना को नहीं समझते और पूर्वाग्रह वश एक–दूसरे को विरोधी मान कर चलते हैं। इस समय शहरी क्षेत्रों से आने वाले गैर अधिकारी पुलिस कर्मचारी केवल पांच प्रतिशत हैं। इसका कारण यह है कि पुलिस सेवा को कभी नगरों में प्रचारित नहीं किया गया। पुलिस सेवा की प्रशंसा में कभी शहरों में बोर्ड नहीं लगाए गए। श्रव्य व दृश्य प्रसार निदेशालय (डी. ए. वी. पी.) के कोष में पुलिस प्रसार के लिए कोई धन नहीं रखा गया। समवर्ती सेवाओं की तुलना में पुलिस वालों का वेतमान बहुत कम है।
7. भारतीय पुलिस सेवा में आने वाले सभी अफसर उन की इच्छा के विपरीत चुने जाते हैं। इन का चयन संघीय लोक सेवा आयोग द्वारा ली जाने वाली आई. ए. एस. परीक्षा के द्वारा होता है। पुलिस सेवा के इच्छुक परीक्षार्थी भी फॉर्म भरते समय द्वितीय या तृतीय विकल्प

के रूप में इसे भरते हैं। भारतीय प्रशासकीय या केन्द्रीय सेवा में स्थान न मिलने की स्थिति में इन्हें पुलिस में आना पड़ता है। यही कारण है कि पुलिस अधीक्षक बनते-बनते अधिकांश अफसर यह नौकरी छोड़ कर अन्य बेहतर सेवाओं में चले जाते हैं जो इस में रह जाते हैं, उन्हें यह ग्रंथि उमर भर सालती रहती है। इस के पीछे एक कारण पैसा भी है। 17 वर्षों तक सेवा में रहने के उपरांत एक पुलिस अधीक्षक (सुपरिंटेंडेंट) को 1300 रुपए मूल वेतन के रूप में मिलते हैं। इसके विपरीत भारतीय प्रशासनिक सेवा (आई. ए. एस.) का अधिकारी उसी अवधि में 2750 रुपए मूल वेतन के रूप में प्राप्त करने लगता है।

स्वयं श्री गौतम ने कभी नहीं चाहा था कि वह एक पुलिस अफसर बने। इनका खानदान प्रशासकों का रहा है। इन के परदादा जयपुर राज्य के वजीर थे। इनके पिता श्री कैलाशनाथ कौल वनस्पतिशास्त्र में राष्ट्रीय प्रोफेसर हैं तथा जम्मू व कश्मीर राज्य के उद्यान निदेशक हैं। इनकी माता श्रीमती शीला कौल लखनऊ संसदीय क्षेत्र से लोकसभा की सदस्या हैं।

श्री गौतम इंगलैंड की ग्लोस्टार शायर काउंटी में 1941 में पैदा हुए। उन्होंने कानपुर के मैथोडिस्ट स्कूल में शिक्षा पाई और फिर लखनऊ के ला मार्टीनियर कालिज के यूरोप के राजनीतिक और कूटनीतिक इतिहास में एम.ए. किया।

शुरू-शुरू में इन्हें अखबारनवीसी का शौक हुआ और यह लखनऊ के 'पायनियर' में रिपोर्टर हो गए। वहां दो साल गुजारने के बाद यह आई. ए. एस. में बैठ गए। वास्तव में इरादा अगले साल इम्तहान देने का था पास होने की उम्मीद कतई नही थी। नतीजा देखा तो बड़ी हैरानी हुई। इंटरव्यू में किसी बात पर भिड़ गए। भाई लोगों ने पुलिस में धकेल दिया। बाद में ध्यान आया कि फार्म ही ऐसे भरा था। तभी हिन्दुस्तान लीवर से भी आफर आई लेकिन महत्त्वपूर्ण व्यक्तियों से सम्पर्क के अभाव में नौकरी नहीं मिली।

मोटी-मोटी आंखें झपकाते हुए जब यह आदमी तेजी से बोलता है तो लगता है, इसे कोई और काम नहीं है लेकिन इन के मातहतों से पता लगा कि साहब न खुद चैन लेते है, न औरों को लेने देते हैं।

इन का दिन सुबह छः बजे से शुरू होता है। सात बजे से अधीनस्थ 13 थानों के मुख्य अधिकारियों के टेलीफोन आने शुरू हो जाते हैं। ये इन्हें पिछली रात की वारदातों का ब्यौरा देते हैं। दफ्तर पहुंचने से पहले आप हर रोज एक थाने में आकस्मिक निरीक्षण के लिए जरूर जाते हैं। साढ़े नौ बजे दोपहर खत्म होता है। दो बजे के बाद वक्त मिला तो लंच, वरना कोई जरूरी मीटिंग या इलाके का दौरा। तीन बजे से फिर दफ्तर जो कि शाम को सात–आठ, कभी–कभी रात 10–11 तक भी चलता रहता है। घर पहुंच कर डाक और बाकी बचे हुए मामलों का अध्ययन रात को खैर रही तो नींद ले ली, वरना हफ्तें में तीन दिन नींद की भी छुट्टी। और घर?

अब की बार जवाब दिया रीता ने, ''कैसा घर? किस का घर? मैं तो तंग आ गई हूं इन से शादी कर के। न सुबह का पता, न शाम का। शादी से पहले सुना था, प्यानो बहुत अच्छा बजाते हैं, पचासों चित्र बनाए हैं, बढ़िया फोटोग्राफर हैं, गाते भी खूब हैं, 1907 से लेकर अब तक के 1100 गानों के ग्रामोफोन रिकार्ड जमा किए है, क्रिकेट बड़ा अच्छा खेलते हैं, फिल्मों पर तो अथारिटी हैं, पर अब? तो चोरी हो गई, खून हो गया, नोट पकड़े गए, दंगा हो गया–यही सुनाई देता है। पर जब इन का नाम अगले दिन अखबारों में देखती हूं तो आंखे चमक उठती हैं, दिल बल्लियों उछलने लगता है।''

लगा, बोलने में गौतम सेर है तो रीता सवा सेर। दोनों की तीन साल पहले शादी हुई थी। एकतरफा इश्क का मामला था, ''गौतम ने प्रोपोज किया। देखने सुनने में ठीक लगा। मैं ने 'हां' कर दी। हर काम में जल्दी करते हैं। मुश्किल से 10 महीने गुजरे होंगे कि सिद्धू (सिद्धार्थ) आ गया।''

कौल साहब का लिखने का शौक अभी गया नहीं है। पत्रपत्रिकाओं में अब तक अनेक लेख प्रकाशित हो चुके हैं। फिल्मों के संबंध में इन की गणना चोटी के समीक्षकों में होती है। दिल्ली फिल्म सोसाइटी और दिल्ली सिंफनी सोसाइटी के पदाधिकारी हैं।

रीता ने ऊपर जिन बातों का जिक्र किया, उन के गौतम ने प्रमाण दिए। ट्रिनिटी कालिज, लंदन द्वारा आयोजित एक प्रतियोगिता में प्यानों बजाने पर इन्हें 100 में से 89 अंक मिले थे। यह एक कीर्तिमान है। अखिल भारतीय पुलिस फोटोग्राफी प्रतियोगिता में इन्हें विशेष पुरस्कार मिला था। इन के द्वारा गठित दिल्ली पुलिस क्रिकेट टीम ने गत वर्ष पहली

बार दिल्ली क्रिकेट लीग को जीता। आजकल आप 'भारत में थानों के प्रशासन में सुधार' विषय पर एक पुस्तक लिख रहे हैं।

''पुलिस के वर्तमान ढांचे में काम करते हुए आप को क्या-क्या दिक्कतें आईं और अब तक की आप की क्या उपलब्धियां हैं?

''मेरे और मेरे जैसे दूसरे पुलिस अफसरों का काम प्रायः ऊपर से निर्धारित नीतियों को कार्यान्वित करना है। हम अपने क्षेत्र में अपने कार्य को सुचारु रूप से चलाने के लिए कुछ स्वतंत्र निर्णय भी ले सकते हैं लेकिन उन से मूलभूत ढांचे पर कोई असर नहीं पड़ता। जब तक पुलिस विभाग जनसेवक के रूप में नई भूमिका नहीं निभाएगा, उस की तस्वीर नहीं सुधरेगी। मेरा यह प्रयत्न रहा है कि शोषित और पीड़ित वर्गों को पुलिस की तथाकथित ज्यादतियों से बचाया जाए, पुलिस और वर्ग में परस्पर विश्वास और आत्मीयता का संबंध स्थापित हो। मेरे नीचे कुल 275 इंस्पेक्टर, सबइंस्पेक्टर और अस्टिंट सबइंस्पेक्टर सम्पर्क रहता है। इनकी व्यक्तिगत कठिनाइयों को भी हल करने की मेरी कोशिश रही है। इसके विपरीत, घूसखोरी या भ्रष्टाचार की शिकायत मिलने पर मैं सख्ती से कदम उठाता हूं। अब तक मैं दो सबइंस्पेक्टरों को बरखास्त कर चुका हूं। एक ने मेरे आदेश को चुनौती भी दी है। मेरा सौभाग्य है कि मेरे पास सिफारिशी लोग और फोन कम आते हैं। मेरे सहयोगी भी मेरी आदत से परिचित है।''

पुलिस की वर्तमान स्थिति में सुधार के बारे में कौल ने कहा, ''थोड़े से व्यक्ति पूरे विभाग में कुछ नहीं कर सकते। उल्टे, वे अपने लिए दुश्मन ही पैदा कर लेते हैं। वास्तव में हमारे यहां कानून और व्यवस्था को नजरअंदाज किया जा रहा है। इसके लिए भारी कीमत चुकाने की आवश्यकता है। क्लिंटन ने अमरीका का राष्ट्रपति बनते ही सेना के खर्च में कटौती कर के पुलिस विभाग तथा न्याय विभाग के सुधार के लिए भारी बजट का प्रावधान किया था। यहां भी पुलिस से यदि न्याय के संरक्षक के दायित्व की अपेक्षा की जाती है तो उस संबंध में अविलंब कार्रवाई की आवश्यकता है। अन्यथा जो स्थिति कुछ वर्ष पूर्व बंगाल में उत्पन्न हुई थी, उस के आते देर नहीं लगेगी।''

45

जब पूत के पांव पालने में दिखाई दिए

अरुण जेटली

छात्र वर्ग चाह कर भी राजनीति से परहेज नहीं कर सकता, लेकिन हिंसा से ओतप्रोत राजनीतिक कशमकश के बारे में इस छात्र नेता का क्या विचार है?

दिल्ली विश्वविद्यालय छात्र संघ के वर्तमान अध्यक्ष अरुण जेटली एक खूबसूरत नौजवान है और वाटरगेट कांड से ले कर दिल्ली विश्वविद्यालय पुस्तकालय पर समान विश्वास और अधिकार से बोलता है। उसे अखिल भारतीय विद्यार्थी परिषद ने नामजद किया था। लेकिन वह अपने आप को जनसंघी नहीं मानता। सेंट जेवियर स्कूल से प्रथम श्रेणी में आई. एस. सी. पास कर के उसने श्रीराम कालिज से द्वितीय श्रेणी में बी. काम. पास किया और आजकल वह एल. एल. बी. कर रहा है।

अरुण आज के छात्र आंदोलन के श्रम संगठन आधार पर चलाए जाने को गलत नहीं मानता। सामाजिक ढांचे में मूलभूत परिवर्तन उस के प्रिय शब्द हैं, जिन्हें वह अपनी नपीतुली साफ, पर तेज-तर्रार और आंकड़ों भरी मिश्रित हिंदी-अंग्रेजी में बारबार दोहराता है। वह प्राय: अपने समर्थकों एवं प्रशंसको से घिरा रहता है और उन से अपनी बात का समर्थन ले कर ही आगे बोलता है।

अरुण 45,000 मतदाता विद्यार्थियों और 55,000 गैर मतदाता विद्यार्थियों का प्रतिनिधि है (केवल दिल्ली विश्वविद्यालय छात्रसंघ से संबंद्ध कालिजों को ही चुनाव में मत देने का अधिकार है, और यह संबद्धता ऐच्छिक होती है)। गत वर्ष से छात्र संघ का चुनाव प्रत्यक्ष तरीके

से होने लगा है। इतने सारे मतदाताओं तक पहुंचने के लिए तो अच्छाखासा पैसा खर्च हुआ होगा?

"देखिए, साहब, 70 प्रतिशत पैसा पोस्टरों पर खर्च होता है। उसके लिए कागज यारों दोस्तों ने दे दिया था। वैसे, पैसा तो खर्च हुआ ही है। मैं इतना ही कह सकता हूं कि मैंने कांग्रेसी उम्मीदवार की तुलना में दसवां हिस्सा ही खर्च किया है।

"कहा जाता है कि कांग्रेसी उम्मीदवार ने दो लाख रुपए खर्च किए थे। पर मैं इस लंबेचौड़े खर्च का औचित्य सिद्ध नहीं करना चाहता, यह गलत है। पहले अप्रत्यक्ष चुनाव के दिनों में मतदाताओं की खुली खरीदफरोख्त से अब स्थिति बेहतर हो गई है। लेकिन एक समस्या और पैदा हो गई है। इस पोस्टरबाजी से खर्च तो बढ़ा ही है, तनाव और हिंसात्मक घटनाओं में भी वृद्धि हुई है। वर्तमान छात्र संघ कोशिश कर रहा है कि पोस्टर लगाने पर प्रतिबंध लग जाए।"

"आजकल आप भागादौड़ी में कितना पैसा खर्च कर देते हैं?"

"मैं सुबह साढ़े सात बजे घर से निकलता हूं और शायद ही कभी आधी रात से पहले घर पहूंचता होउंगा। पैसा तो खर्च होता ही है। फिर भी मैं कोशिश करता हूं कि यह खर्च 400-500 रुपए महीने से ज्यादा न बढ़े। मैं केवल बस में सफर करता हूं।"

जाहिर है कि यह खर्च एक साधारण परिवार का छात्र बरदाश्त नहीं कर सकता। लेकिन अरुण एक सामान्य परिवार से है भी नहीं। इसके पिता श्री महाराज कृष्ण दिल्ली उच्च न्यायालय के जानेमाने वकील हैं। अरुण उनका इकलौता लड़का है। दोनों बड़ी बहनों की शादी हो चुकी है। अब कोई बड़ी जिम्मेदारी नहीं है। लीडरी भी अरुण को खून में मिली है। पिता ने आजादी की लड़ाई में बढ़चढ़ कर हिस्सा लिया था और आजकल भी उच्च न्यायालय के सक्रिय वकीलों में से हैं।

"रोजमर्रा के यातायात का खर्च आप छात्र संघ के कोषज्ञ से क्यों नहीं लेते?"

"जब संघ के काम से जाना होता है तब तो लेता हूं, वैसे लेना मेरी अंतरात्मा को गवारा नहीं होता। मैं बारी से पहले स्कूटर लेने का हकदार हूं लेकिन मेरी अभी तक इच्छा नहीं हुई।"

''सिनेमा की टिकटें बारी से पहले लेने में तो कोई उज्र नहीं होता।''

''जब दम मारने की फुरसत न मिले तब पिक्चर की टिकटें पहले कौन खरीदता फिरे।''

वैसे उसे फिल्म देखने का मौका भी कम ही मिल पाता है। उसे शराब और सिगरेट का भी शौक नहीं है। ''अब तो मैं चाय भी छोड़ने की सोच रहा हूं। स्कूल–कालिज के शुरू के दिनों में जासूसी उपन्यास पढ़ने का शौक था, पर पालिटिक्स की तरफ रुझान हुआ तो मार्क्स पढ़ डाला। वैसे मैं ने सार्त्रे और रसेल को भी पढ़ा है। नेहरू की किताबों ने मुझे प्रभावित किया है। अखबार मैं रोजाना देखता हूं। अपना नाम पढ़ कर रोमांच तो होता है, पर जितना नहीं, वैसे मैं गंभीर पाठक नहीं हूं।

अरुण दिल्ली विश्वविद्यालय के बढ़िया डिबेटरों में रहा है। हरदीप पूरी के साथ उसकी जोड़ी ने काफी दिनों तक तहलका मचाए रखा था। कालिज के शुरू के दिनों में उसे स्टेज से भी लगाव था, पर अब सब खत्म हो गया है।

''लगता है, अब आप पर दिल्ली विश्वविद्यालय छात्र संघ का पद हावी हो गया?''

''ऐसा हुआ है और वह मैंने जानबूझ कर किया है। छात्र वर्ग एक बड़ी शक्ति होती है, लेकिन इस देश में उस शक्ति को पहचाना नहीं गया है। आठ नौ महीने पहले तक यहां संगठित छात्र आंदोलन जैसी कोई चीज नहीं थी। मैं इस छात्र शक्ति को एक स्वरूप देना चाहता हूं। यही मेरा विश्वास है और यही मेरी प्रतिबद्धता। आज तक छात्र आंदोलन कालिज में समोसे और ब्रेड पकौड़े का साइज बढ़वाने तक सीमित रहे हैं। ये छोटे–छोटे सवाल हैं। मैं इस लड़ाई को बड़े सवालों से जोड़ना चाहता हूं।

''कैसे बड़े सवाल?''

''वे सवाल, जो आज समाज को निपटाने हैं। छात्र वर्ग समाज का अभिन्न हिस्सा है। उसे सामाजिक समस्याओं के संदर्भ में सोचकर अपना आंदोलन चलाना होगा। जब समाज महंगाई से परेशान है तो हम अपनी लाइब्रेरी में किताबों की तादाद बढ़वाने में अपनी शक्ति खत्म नहीं कर सकते। हमने इसीलिए महंगाई के विरुद्ध अभियान चलाने का निश्चय

किया है। अगर यह सफल रहा तो शायद हम छात्र आंदोलन को नई दिशा दे सकेंगे।''

''आप तो छः महीने बाद चले जाएंगे। यदि अगले अध्यक्ष के विचार आप से न मिले तो?''

''यही तो विद्यार्थी परिषद जैसे स्थायी छात्र संगठनों की आवश्यकता होता है, ताकि समान विचारधारा वाला नेतृत्व जारी रहे।''

''पर विद्यार्थी परिषद तो जनसंघ का हिस्सा है और जनसंघ एक राजनीतिक दल होने के कारण अपने हितों को स्थायी घोषित नहीं कर सकता?''

''विद्यार्थी परिषद और जनसंघ की पृष्ठभूमि समान हो सकती है, पर पूरक नहीं। मैंने जनसंघ द्वारा वाजपेयी की गिरफ्तारी के विरुद्ध दिल्ली बंद के आह्वान को छात्र संघ का समर्थन दिलवाने से इनकार कर दिया था।''

''क्या आप को नहीं लगता कि छात्रों को गैर शैक्षणिक आंदोलनों में धकेलने से उनकी पढ़ाई-लिखाई का भट्ठा बैठ जाएगा?''

''पहले तो ऐसा है ही नहीं। दिन में 24 घंटे होते हैं। कोई भी छात्र हर समय नहीं पढ़ता। दूसरे, एक पीढ़ी का बलिदान हो भी जाए तो वह आवश्यक है। लेकिन हमें समाज के बड़े हितों के सामने अपने तुच्छ हितों का त्याग करना ही होगा।

''मैं यह जानता हूं सफलता संदिग्ध हैं। भगतसिंह भी संपूर्ण स्वराज्य की मांग में सफल नहीं हुआ था। फर्नाडीज भी मुक्ता रेलवे कर्मचारियों को बोनस नहीं दिलवा सका मुझे भी अपनी विचारधारा आदर्श-वादी अधिक लगती है। पर छोटी चीज प्राप्त करने की अपेक्षा बड़ी चीज के लिए संघर्ष करते समय समाप्त हो जाना अधिक महत्त्वपूर्ण उपलब्धि है। सुंदर लड़की के लिए पिटना अधिक बड़ी उपलब्धि है बनिस्बत एक साधारण लड़की को प्राप्त कर लेने के।''

सुना था, अरुण जेटली प्रायः सुंदर लड़कियों से घिरा रहता है। उसके जीतने का एक यही भी कारण था, पर उसका कहना है:

''इन सब चीजों के लिए वक्त किसके पास है? यहां तो रिश्तेदार और पुराने दोस्त तक नाराज रहते हैं। मुझे लगता है, मैं हमेशा 'चमचों' में

घिरा रहता हूं। कभी-कभी महसूस होता है, कोई दोस्त ही नहीं रह गया है।''

''क्लास में जाते हैं तो कैसा लगता है?''

''आजी साहब, जाता ही कौन है! चार चार महीने हो जाते हैं लेक्चरर की शक्ल देखे।''

उच्च लक्ष्य

लेकिन इसका उस की पढ़ाई पर कोई विशेष असर नहीं पड़ा है। एल. एल. वी. के प्रथम वर्ष में उसके 56 प्रतिशत अंक थे पढ़ाई पूरी कर के उसका इरादा वकालत करने का है।

जिस कमरे में यह बातचीत हो रही थी, वहीं पर पिछले सहसचिव पृथीपाल–सिंह, एक लड़की से बलात्कार के दोषी पाए गए थे। मैंने पूछा, ''सैक्स के बारे में और आजकल विश्वविद्यालय में बढ़ती उच्छृंखलता के बारे में आप के क्या विचार हैं?''

''हालांकि सैक्स आज हमारे युवा वर्ग पर 'आब्सेशन' की तरह हावी है। 90 प्रतिशत साहित्य भी सेक्स विकृतियों को लेकर लिखा जा रहा है, लेकिन सेक्स समस्याओं को लेकर या किसी प्रकार के अन्य मुक्ति आंदोलन की आज की सामायिक परिस्थितियों में कोई जगह नहीं है। हम जितनी जल्दी इस चक्कर से मुक्ति पा लें, उतना ही अच्छा है।''

''सुना है, आप जयप्रकाशजी से प्रभावित है और उन की 'समग्र क्रांति के लिए तो अभी यहां की आबोहवा अपरिपक्व है, उस के लिए तो वातावरण ही नहीं है। वैसे भी अभी यहां छात्र आंदोलन प्रारंभिक अवस्था में है, अपना स्वरूप ग्रहण कर रहा है। जब दिल्ली छात्र आंदोलन को चलाने की क्षमता रखता है तो हम कितना ही बड़ा बीड़ा उठा सकते हैं।''

''आजकल वास्तव में कर क्या रहे हैं?''

''हम ने हर क्षेत्र में मोहल्ला संघर्ष समितियां बनाने का फैसला किया है। इस में छात्रों का नेतृत्व होगा और महंगाई के विरुद्ध प्रशासन और दुकानदारों के खिलाफ अभियान छेड़ा जाएगा। वास्तव में यह शेष समाज की सहानुभूति अर्जित करने के लिए किया जा रहा है। आज तक छात्र आंदोलन समाज से कटाबंटा रहा है।''

''किसी भी छात्र आंदोलन में हिंसा का क्या स्थान है?''

''हिंसा कभी स्थायी हल नहीं दे सकती। तात्कालिक उपलब्धियां हिंसा से प्राप्त की जा सकती हैं, पर दूरगामी परिणामों के लिए हमें मजबूत पृष्ठभूमि, समाज की सहानुभूति और अपने आंदोलन के प्रति ईमानदारी से काम करना होगा। इसके लिए हिंसा की कोई जरूरत नहीं है।

46

डॉक्टर सुंदर मोहिनी लूथरा

मधु गुलाटी, पी. एच. डी. की छात्रा, आगरा विश्वविद्यालय

माता पिता ने मैट्रिक तक पढ़ाया, लेकिन अपनी मेहनत, लगन और कर्त्तव्यनिष्ठा के बल पर आज एक सफल प्रिंसिपल हैं...

हर व्यक्ति अपने जीवन में कभी न कभी क्षमता की उच्चतम स्थिति तक पहुंचता है और उसके बाद उसका निरंतर ह्रास आरंभ हो जाता है, पर एक 51 वर्षीया अविवाहित महिला का कहना है कि उसने अभी इस स्थिति को छुआ भी नहीं है और न ही निकट भविष्य में ऐसी कोई आशंका ही है। क्योंकि क्षमता का सीधा संबंध दृढ़ निश्चय से होता है और वह उस में कूट-कूट कर भरा है।

यह दृढ़निश्चय महिला हैं डॉ. सुंदर मोहिनी लूथरा, जिन के माता पिता उन्हें मैट्रिक से आगे पढ़ाने को कतई तैयार नहीं थे। पर आज वह अपनी इच्छा शक्ति के बल पर दिल्ली विश्वविद्यलाय के प्रतिष्ठित लेडी श्रीराम कालिज की गत छः वर्षों से प्रिंसिपल है।

आज डॉ. सुंदर लूथरा का जीवन उन '55 खंभों और लाल दीवारों' (इस कालेज की भूतपूर्व प्राध्यापिका ऊषा प्रियंवदा के कालेज की ही पृष्ठभूमि पर आधारित एक उपन्यास का शीर्षक) को समर्पित है जिन में लेडी श्रीराम कालेज सिमटा हुआ है।

डॉ. सुंदर लूथरा का जीवन उतार-चढ़ावों से भरा हुआ रहा है। आजादी से पहले यह लाहौर में पढ़ा करती थीं। वहां के किनार्ड कालेज से इन्होंने बी. ए. तथा गवर्नमेंट कालेज से गणित में एम. ए. किया। देश विभाजन इन्हें दिल्ली ले आया। यहां इन्हें नए सिरे से जिंदगी शुरू करनी

पड़ी। छः साल तक यह एक स्कूल में पढ़ाती रहीं। अपना भविष्य बनाने में इतनी मग्न रही कि विवाह का ध्यान ही नहीं रहा। पर आज इन्हें इस पर कोई गिला नहीं है। क्योंकि इन्होंने अविवाहित रह कर समाज को इतना दिया है कि शायद एक समान्य गृहिणी बन कर न दे पाती।

''लेकिन इस का यह अर्थ नहीं कि मैं विवाह संस्था के पक्ष में नहीं हूं। विवाह और परिवार शाश्वत हैं और इस परंपरा को निभाना व्यक्ति को पूर्ण बनाता है।''

स्कूल में पढ़ाने के दौरान इन्होंने पी. एच. डी. की तैयारी शुरू की और बहुत कम समय में दिल्ली विश्वविद्यालय के दो प्रख्यात प्रोफेसरों डॉ. कोठारी और डॉ. औलक के निर्देशन में 'सांख्यिकी, यांत्रिकी और अंको का विभाजन' पर अपना प्रबंध (थीसिस) पूरा कर लिया। इसी के आधार पर 1956 में इन की नवस्थापित लेडी श्रीराम कालेज में गणित की प्राध्यापिका के रूप में नियुक्ति हो गई। यहां 1967 तक पढ़ाने के उपरांत इन्हें मैत्रेयी कालेज में प्रिंसिपल का पद सौंपा गया। लेकिन वह लेडी श्रीराम कालेज के परिवेश का मोह न त्याग सकीं और अगले ही वर्ष यहां प्रिंसिपल बन कर आ गई।

''एक प्राध्यापक और एक प्रशासक के बीच तुलना की कोई गुंजाइश नहीं है। मैंने दोनों दायित्वों को पूरी ईमानदारी और विवेक के साथ निभाया है। प्रिंसिपल के रूप में नौजवान पीढ़ी की नित नई समस्याओं को सुलझाने में बड़ा मजा आता है। वैसे मेरे कालेज की लड़कियां किसी भी लिहाज से सिरदर्द नहीं हैं। मेरे कार्यकाल के दौरान कभी हड़ताल नहीं हुई, कभी कोई विकट समस्या नही उठी।''

अपने कालेज से तो नहीं, पर वर्तमान शैक्षणिक ढांचे और परीक्षा पद्धति से वह खुश नहीं है।

''चीजें बहुत तेजी से बदल रही है। उन का असर सामाजिक, राजनीतिक और आर्थिक व्यवस्था पर पड़ रहा है। फलस्वरूप मूल्यों में परिवर्तन हो रहा है, पर उस के अनुकूल शिक्षा के ढांचे में कोई परिवर्तन नहीं आया है। बी. ए. और एम. ए. की डिग्रियां चंद किताबें रटवा कर इम्तिहान में उगलवाने के सिवा कुछ नहीं कर पातीं। तीन या पांच वर्ष की शिक्षा विद्यार्थी को कम से कम अपने देश के जनजीवन का पूर्ण ज्ञान कराने में तो समर्थ होनी चाहिए। इस के लिए विभिन्न विश्वविद्यालयों में सांस्कृतिक आदान-प्रदान हेतु विद्यार्थियों की यात्रा का प्रबंध होना चाहिए।

47
आधुनिक परीक्षा पद्धति से क्षुब्ध

परीक्षा पद्धति के संबंध में प्रिंसिपल महोदय का कहना है कि साल भर में चार पेपरों से विद्यार्थी के ज्ञान का सही मूल्यांकन नहीं हो पाता। वर्ष भर उस की नियमित प्रगति की जांच होनी चाहिए और संबद्ध प्राध्यापक की टिप्पणियों को अंतिम परिणाम में जोड़ा जाना चाहिए। लेडी श्रीराम कालेज की स्टाफ कौंसिल ने इस संबंध में अपना मत विद्या परिषद (एकेडेमिक कौंसिल) को भेजा था, पर कोई सुनवाई नहीं हुई।

डॉ. लूथरा प्राध्यापक वर्ग में बढ़ती हुई श्रम संगठनात्मक प्रणाली की प्रवृति से बहुत चिंतित है, ''यदि प्राध्यापक यह मांग करते हैं कि उन का वेतनमान बढ़ाया जाए तो उन्हें अपने गिरेबान में झांक कर यह भी देखना चाहिए कि क्या वे वर्तमान वेतन के औचित्य को सिद्ध कर रहे हैं?''

प्रश्नः छात्रों तथा प्राध्यापकों में निर्णय लेने वाली समितियों में प्रतिनिधित्व की मांग के संबंध में आप का क्या विचार है?

उत्तरः जहां तक प्राध्यापकों का प्रश्न है, मैं उन्हें निर्णय लेने में साझीदार बनाने के पक्ष में हूं। मेरे कालेज में तो स्टाफ कौंसिल पहले से विद्यमान है और सुचारु रूप से कार्य कर रही है, पर विद्यार्थियों से केवल उन से संबंधित मामलों में ही राय ली जा सकती है। पाठ्यक्रम के मामले में विद्यार्थियों से राय कैसे ली जा सकती है?

प्रश्नः लड़कियों के कालेज की प्रिंसिपल की हैसियत से लड़कियों के नैतिक मूल्यों और मानदंडों और नारी मुक्ति की मांग के संबंध में आप का क्या मत है?

उत्तरः मैं इस संबंध में भारत के परंपरागत मूल्यों के पक्ष में हूं। मैं लड़के-लड़कियों को विवेकशील बनाने और उन्हें पूरी आजादी देने के

पक्ष में हूं। मुझे क्लबों और आधुनिक नाचघरों (डिस्को-थेक) तथा विगत जमाने में त्योहारों पर होने वाले लोक नृत्यों में कोई अंतर नहीं दिखाई देता। वैसे पीढ़ी-पीढ़ी का अंतर सदा रहा है। हर नई पीढ़ी यह समझती है कि उसके घर के बड़े-बूढ़े उदार नहीं हैं और उस पर उचित अनुचित प्रतिबंध लगाने की कोशिश कर रहे हैं। यह संघर्ष सदा चलता रहेगा। जहां तक नारी की मुक्ति का प्रश्न है, यह नारा भारतीय संदर्भ में ज्यादा संगत नहीं बैठता। मध्य वर्ग की महिलाएं कुछ घुटन महसूस कर सकती हैं, पर शिक्षा के प्रसार तथा आर्थिक स्वतंत्रता से यह दूर हो जाएगी।

48
व्यस्त जीवन

व्यक्तिगत रूप से डॉ. लूथरा का जीवन बड़ा व्यस्त रहता है। जब कभी भी वक्त मिलता है, वह अपने पहले शौक, बागवानी में जुट जाती है। कालेज और घर के चारों ओर कलात्मक हरियाली को श्रेय इन्हें ही मिलता है। अपने परिवार की वह एकमात्र सदस्या हैं लेकिन शायद ही कोई दिन अकेले गुजरता हो। भाई-बहनों का लंबा-चौड़ा परिवार इन्हें कम ही अकेले रहने देते हैं।

वह अपने खाली समय में प्राय: नाटक और जीवनियां पढ़ती हैं। नेपोलियन की दृढ़ता, शरत की भावुकता और टालस्टाय की तार्किकता ने इन पर काफी प्रभाव छोड़ा है।

इस संवाददाता से उन की बातचीत खत्म होने को ही थी कि कालेज की एन. सी. सी. से संबद्ध प्राध्यापिका कमरे में आई-बड़े गुस्से में और हड़बड़ाई हुई, ''देखिए, यह सामान 'अमुक' छात्रा ने भिजवाया है। अब तक तो अंतिम तारीख निकल चुकी है। सामान भी पूरा नहीं है। मैं उसका रोल नंबर रोक लूंगी।'' डॉ. लूथरा हल्के से मुस्कराई, ''सामान मेरी जिम्मेदारी पर वापस ले लो। कम सामान का पैसा छात्रा की जमानती राशि में से काट लिया जाएगा। परीक्षा से एक सप्ताह पूर्व रौल नंबर रोक कर छात्र को परेशान करना उचित नहीं लगता।''

49
शीला उत्तम सिंह

''ऊषा, तुम कल कालेज के समारोह में नहीं आई। मैंने तो कहा था कि अपने बेटे को भी साथ लाना'' दिल्ली के सबसे पुराने महिला कालेज इंद्रप्रस्थ कालेज की सातवीं प्रिंसिपल, डॉ. शीला उत्तम सिंह अपनी स्टेनो से कह रही थीं।

''जी, उस की तबियत ठीक नही थी।''

''अरे, क्या हुआ उसे? तुमसे कितनी बार कहा है कि बच्चे का ख्याल रखा करो।''

वर्तमान शिक्षा के क्षेत्र में फैली अव्यवस्था से दुःखी होने के साथ-साथ व्यवहार पटु

यह सिलसिला उस पूरे डेढ़ घंटे तक जारी रहा, जिस दौरान यह संवाददाता शीलाजी के साथ रहा। अपने चपरासी, अपनी छात्राओं और सहयोगी प्राध्यापिकाओं में डॉ. शीला की समान लोकप्रियता का राज इसी व्यक्तिगत दिलचस्पी में छिपा है।

डॉ. शीला प्रिंसिपल का पद संभालने के एक वर्ष के भीतर ही कालेज के जर्रे-जर्रे में रचबस गई हैं।

''ऐसा नहीं कि मुझे अपनी छात्राओं और प्राध्यापिकाओं से कोई दिक्कत पेश नहीं आती। मुझे भी हड़ताल, घेराव और विरोध की धमकियां मिलती हैं, पर मेरा विश्वास है कि एक कालेज और एक कारखाने में मूलभूत अंतर है और कालेज का प्रशासन श्रम संगठन के आधार पर कभी भी नहीं चलाया जा सकता।''

आज की शिक्षा पद्धति और शिक्षा जगत में व्याप्त अशांत वातावरण के बारे में प्रिंसिपल साहिबा के विचार बड़े साफ और निर्भीक हैं।

"जब से प्राध्यापकों ने अध्यापन को अन्य नौकरियों या व्यवसायों के समान समझना शुरू कर दिया है और ट्रेड युनियनों के ढंग पर अपने तथाकथित अधिकारों के लिए लड़ना शुरू कर दिया है। तभी से वर्तमान स्थिति पैदा हुई है। जब मजदूर पूंजीपति के खिलाफ विद्रोह करता है तो हानि एक व्यक्ति की होती है लेकिन जब एक प्राध्यापक अपनी मांगों के लिए आंदोलन करता है तो हानि पूरे समाज की होती है।"

शीलाजी को अपनी प्राध्यापिकाओं से कोई शिकायत नहीं है।

"अन्य कालेजों के विपरीत मेरे यहां स्टाफ परिषदें बहुत सफल रहीं हैं। प्रवेश समिति, छात्रवास समिति जैसी संस्थाओं की बदौलत इंद्रप्रस्थ कालेज में प्राध्यापिकाओं ने कालेज में व्यवस्था तथा अनुशासन बनाए रखने में बड़ी मदद दी है।"

पूरे देश में फैली शिक्षा अव्यवस्था पर डॉ. शीला बहुत चिंतित दिखाई दी।

खिन्न उदार ह्रदया शीलाजी एक कुशल प्रशासिका और लोकप्रिय आध्यापिका भी हैं...

"इस देश में दो शताब्दियों पूर्व एक उदार शिक्षा पद्धति की बुनियादी रखी गई थीं। उस शिक्षा पद्धति का उद्देश्य व्यक्तित्व का सर्वांगीण विकास करना था। ऐसा चाहा गया था कि यह शिक्षा पद्धति अपने आप में एक साध्य हो, पर आज इस की उपयोगिता समाप्त हो गई है। हमारी आज की अर्थव्यवस्था इस खर्चीले शौक को बरदाश्त नहीं कर सकती। करदाताओं की पूंजी केवल सात प्रतिशत जनता के लिए तथाकथित उच्चतर शिक्षा मुहैया करने में खर्च नहीं की जा सकती। खास तौर पर उस हालत में जब कि वे सात प्रतिशत शेष 93 प्रतिशत के लिए कुछ नहीं कर रहे। बगैर किसी लक्ष्य के बी. ए., एम. ए. किए जाना एक वाहियात परंपरा है। उच्च शिक्षा केवल विशेषता प्राप्त करने के इच्छुक और उस के योग्य प्रार्थियों को ही दी जानी चाहिए। और जो इसे ग्रहण मुक्त करें, उन्हें चाहिए कि वे देश में निरक्षरता दूर करने में सहयोग दें।"

बीच–बीच में लोग आ जा रहे थे। वह हर एक की बात बड़े ध्यान से सुनती और उसकी तसल्ली कर के भेजती।

"अब इस चपरासी को लीजिए। इसे हिंदी और अंग्रेजी का अच्छा ज्ञान है। वह टाइप जानता है। पर मैं इसे क्लर्क नहीं बना सकती। हमें योग्यता की बजाए वरिष्ठता का अधिक ध्यान रखना पड़ता है। नहीं तो हल्ला हो जाएगा। एक रिक्त स्थान की घोषणा करो तो हजारों प्रार्थनापत्र आ जाएंगे। कई बी. ए., एम ए. भी होंगे। एक तरफ यह हाल है। दूसरी तरफ मेरा रेडियो काफी समय से मरम्मत करने वाले के यहां पड़ा है। उसे फुरसत ही नहीं है। ऐसे काम करने वालों की निहायत कमी है। मैंने बहुत कोशिश की मगर अच्छा ड्राइवर ही नहीं मिल रहा। इस के बावजूद यह सुनने को मिलता है कि यहां काम नहीं है, लोग बेकार हैं तो बड़ा अजीब सा लगता है।"

अंग्रेजी साहित्य में पारंगत इस महिला से इतनी व्यावहारिक बातें सुन कर बड़ा आश्चर्य हुआ। अक्सर विशुद्ध साहित्यिक आलोचकों के बारे में कहा जाता है कि वे दिन दुनिया के कोरे होते हैं। ज्यों-ज्यों बातें होती गई, मेरा आश्चर्य बढ़ता गया।

अध्यापन काल

डॉ. शीला इस कालेज की प्रिंसिपल होने से पूर्व यहीं अंग्रेजी की विभागाध्यक्षा थीं। साथ ही वह विश्वविद्यालय में एम. ए. की कक्षाएं लेती थी।। इस समय तीन प्राध्यापक इन के अधीन अंग्रेजी साहित्य में शोध कर रहे हैं। इन्होंने स्वयं 1959 में लंदन विश्वविद्यालय से 'शैली और नाटक का स्वरूप' विषय पर डॉ. टापकिंस के अधीन पी. एच. डी. की थी। उन्होंने बी. ए. के विद्यार्थियों के लिए एक पाठ्यपुस्तक भी संपादित की है। देश की लगभग सभी प्रमुख पत्रिकाओं में इन की साहित्यिक आलोचनाएं छपती रहती हैं। रेडियो के श्रोताओं के लिए इन का नाम बड़ा जाना पहचाना है। इस सब के बावजूद उन की विनम्रता ने उनसे कहलवाया:

"मैं चाह कर भी साहित्य में सक्रिय योगदान नहीं दे पा रही हूं। कालेज की प्रशासनिक जिम्मेदारियां दिन का अधिकांश भाग लेती हैं। शेष समय मैं अपनी छात्राओं में बिताती हूं। जिस दिन मुझसे पढ़ाना छुट गया, उस दिन मैं खत्म हो जाऊंगी। रहा सहा वक्त मैं अपने परिवार में बिताती हूं।"

पारिवारिक झलक

शीलाजी के परिवार में इन की मां है और दो बहनें हैं। इन के पिता डॉ. उत्तम सिंह दिल्ली के प्रसिद्ध नेत्र चिकित्सक थे। 1935 में इनके पिता कराची से दिल्ली चले आए। तब से इनका जीवन यहीं गुजरा है। जीसस एंड मेरी से सीनियर कैंब्रिज करने के बाद इन्होंने इंद्रप्रस्थ कालेज में इंटर किया तथा सेंट स्टीफंस से बी. ए. और एम. ए. (उन दिनों सेंट स्टीफंस में महिलाएं भी पढ़ सकती थीं) इन के पिता चाहते थे कि यह कानून पढ़ें और वकालत करें पर "मेरी शुरू से ही अध्यापन में रुचि थी और मैंने अपने अध्यापन जीवन का हर क्षण मजे में भोगा है।"

शीलाजी ने विवाह नहीं किया, पर इन की भी विवाह परिवार की संस्थाओं में पूरी आस्था है।

"प्लेटो के जमाने से विवाह और परिवार का विकल्प खोजा जा रहा है, पर इस क्षेत्र में मिली नितांत असफलता सिद्ध करती है कि इन का कोई विकल्प नहीं है।"

"तब यह नारी मुक्ति का शोर?"

"यह केवल शोर है। कैसी मुक्ति किससे मुक्ति? यदि मुक्ति चाहिए वो पुरुषों को अपने दोहरे व्यक्तित्व से, अपने दोहरे मानदंडों से। कौन कहता है कि इस देश में नारी मुक्त नहीं है?

"मेरा मतलब आर्थिक मुक्ति से है।"

उन्होंने मुझे बीच में रोकते हुए कहा, "इस देश में 75 प्रतिशत स्त्रियां पुरुषों के साथ खेतों और कारखानों में काम करती हैं। बाहर काम नहीं करतीं, उन्हें घर पर बहुत काम है। तब क्या यह कहना उचित है कि यहां नारी आर्थिक रूप से स्वतंत्र नहीं है? यह सब शोर मुठ्ठी भर मध्यमवर्गियों ने मचाया हुआ है। आज स्त्रियां काम करना छोड़ दें तो सारी अर्थव्यवस्था चरमरा जाए। अत: भारतीय संदर्भ में नारी की मुक्ति का कोई अर्थ नहीं है।"

डॉ. शीला के विचार नारायण, अनिता देसाई और अनिल विश्वास की लेखनी में भी प्रतिध्वनित होती हैं, जिन्हें वह अच्छे भारतीय अंग्रेजी लेखक मानती हैं। उन के विचार में भारत में अच्छे अंग्रेजी उपन्यास लिखे जा रहे हैं और इस क्षेत्र में काफी संभावनाएं हैं, पर उन्हें यहां लिखी जा

रही अंग्रेजी कविता पर बड़ी खीझ होती है, ''मुझे तो यह परिवार का वक्त काटने को लिखी गई भड़ास मालूम होती है।''

शीला जी की भावी योजना दिल्ली विश्वविद्यालय की, जिस रूप में बन पड़े, सेवा करना है। उन्होंने इस बात का खंडन किया कि दिल्ली विश्वविद्यालय की छात्राओं की बढ़ती संख्या को देखते हुए कनिष्ठ महिला उपकुलपति की आवश्यकता महसूस की जा रही है।

''वह जमाना चला गया, जब महिलाओं के हितों की रक्षा के लिए महिलाओं की जरूरत महसूस की जाती थी। इस दृष्टि से लिंग भेद अनुचित है। मेरी राय में तो इंद्रप्रस्थ तथा अन्य महिला कालेजों में सहशिक्षा लागू किए जाने में कोई हानि नहीं है। इससे कई समस्याएं हल हो जाएंगी।

50
'वर्जित फल': एक परिचर्चा

हर आने वाली पीढ़ी पिछली पीढ़ी की तुलना में अधिक समझदार होती है, क्योंकि उसके पास बीत रही पीढ़ी द्वारा कमाया हुआ अनुभव विरासत में मिलता है और वह उस पड़ाव के बाद से ही अपनी यात्रा शुरू करती है। इसलिए उसे बंधे-बंधाए नियमों को चलाने की कोशिश रहेगी। आज वह हर छोटे-बड़े प्रश्न पर हम से उपदेश भी लेने को तैयार नहीं। यह तो जमाने की रीत है, शायद हमारे माता-पिता का अपने माता-पिता के प्रति भी यही रवैया रहा हो। अत: उसके किसी कार्य पर रोक लगाना, उसकी आलोचना करना उसे गवारा नही। 'पराग' द्वारा प्रस्तावित इस परिचर्चा का शायद यह उद्देश्य है भी नहीं। इस पहलू से सोचा जाए तो राजनीति में भाग लेने के नाम पर आज हमारे स्कूल कालेजों में जो हड़ताल, प्रदर्शन, घेराव तथा तोड़-फोड़ हो रही है, हमें उस पर ऐतराज़ नहीं करना चाहिए। लेकिन इस प्रश्न का एक दूसरा पहलू भी है।

आज का राजनीतिज्ञ बड़ा चालाक है। उसने आज के किशोरों की कमज़ोर नब्ज़ को ही पकड़ा है। वह जानता है कि नये खून में उछाल लाना मुश्किल नहीं। जरूरत है सिर्फ दियासलाई दिखाने की और वह उसने दिखा दी है।

कच्ची उम्र, अनुभवहीनता, असीमित जोश और असंयत शक्ति का रुख आज के राजनीतिज्ञों ने अपने ही परिवार, समाज और राष्ट्र के विरुद्ध मोड़ दिया है। वे भूल गए हैं कि यह घर फूंक तमाशा उन्हें भी तबाह कर देगा। क्षणिक सफलता ने उनका सिर फिरा दिया है। आज जरूरत है किशोरों को इसी खतरे के प्रति आगाह करने की।

इसी दृष्टिकोण को ध्यान में रखते हुए हमने निम्नलिखित विचारों को चुना है।

इसमें दो राय नहीं हो सकतीं कि किशोरों को राजनीति में भाग लेना चाहिए। आज हम देश में जो नेतृत्वहीनता देखते हैं, उसका एकमात्र इलाज यह है कि नई पीढ़ी को नेतृत्व प्रदान करने योग्य बनने का मौका दिया जाए।

यह काम आज के नेताओं के बस का नहीं। वे, उनके दल, उनकी विचारधारा और कार्य-पद्धति सब पुराने पड़ गए हैं। सब अर्थहीन हो गए हैं। आज की पीढ़ी कुछ नया चाहती है। वह नया क्या हो, इसकी कोई साफ तस्वीर नहीं है। यही हमारी अर्थात् अग्रज और चुक रही पीढ़ी की ज़रूरत है।

यह जो कुछ मैंने कहा, परिचर्चित विषय के संदर्भ में सामान्य रूप से तो फिट बैठता है। लेकिन किशोरों और किशोरियों का भेद करते ही इसके जवाब में भी अंतर हो जाएगा।

आज की औसत लड़की का राजनीति से पहले और बहुत कुछ जानना, सीखना और समझना जरूरी है। महज किताबें घोट कर डिग्री ले लेना और फिर शादी करके घर बसा लेने वाली ढर्रे की जिंदगी से राजनीति में भाग लेने वाला प्रश्न मेल नहीं खाता।

मैं उन मुठ्ठी भर लड़कियों की बात नहीं कर रही, जो सौंदर्य-प्रतियोगिताओं में भाग लेने से लेकर मार्क्सवाद पर बहस करने तक में दखल रखती हैं। उन्हें राजनीति की दीक्षा देने से पूर्व शिक्षा की सार्थकता सिखाने वाली सलीकेदार जिंदगी जीना सिखाना होगा। सारा कसूर इनका हो, ऐसा भी नहीं। प्रायः रुढ़िवादी परिवारों से आई ये लड़कियां वह पढ़ती हैं जो इन्हें पढ़ाया जाता है। उधर पढ़ाने वालों को भी कठघरे में खड़ा नहीं किया जा सकता। वे भी इसी घिसी पिटी शिक्षा-पद्धति और जर्जर ढांचे की उपज हैं, जो किसी तरह अच्छी डिवीजन लेकर मास्टर बन गई हैं। उनमें भी किसी तरह की राजनीतिक चेतना हो, यह केवल अपवादों तक सीमित है। अतः शुरूआत कहीं और से करनी होगी।

वस्तुस्थिति में तो उपाय यही है कि संरक्षक, प्राध्यापक और महिला राजनीतिज्ञ यह जिम्मेदारी सामूहिक रूप से अपने सिर पर लें और धीमी रफ्तार से किशोरियों का दिमाग इस ढंग से खोलें कि कम से कम उन्हे

समझ में तो आ सके कि उनके चारों ओर निरंतर बदलती दुनिया में क्या हो रहा है।

–मन्नू भंडारी (अध्यक्षता: हिन्दी विभाग, मिरांडा हाउस, दिल्ली)।

मेरे विचार में राजनीति में भाग लेना हर व्यक्ति का अधिकार है।

शिक्षण–संस्थाओं में राजनीतिज्ञ क्या भूमिका अदा कर रहे हैं और किस प्रकार निजी स्वार्थों के लिए भोले--भाले भावुक किशोरों की भावनाओं से खिलवाड़ कर बैठते हैं–यह बात अब स्पष्ट रूप से सामने आ गई है। इस स्थिति ने विद्यार्थी–जीवन के सम्पूर्ण आदर्शों को न केवल एक नए मोड़ पर ला खड़ा किया है, बल्कि इसके भले–बुरे परिणामों को भी हमें ही भुगतना पड़ रहा है। पिछली महत्त्वपूर्ण परिचर्चाओं की तरह 'पराग' ने इस बार भी इस ज्वलंत प्रश्न को 'वर्जित फल' स्तंभ के अंतर्गत उठाया है, ''क्या भारतीय छात्र राजनीति में भाग लेने के लिए बाध्य हैं?'' इस अंक में पढ़िए विभिन्न क्षेत्रों के व्यक्तियों के अलग–अलग विचार।

–संपादक

नहीं, कर्तव्य भी है। और किशोर इस संदर्भ में अपवाद नहीं है। लेकिन मैं साथ ही यह मानता हूं कि समकालीन राजनीति में भाग लेने के दो अर्थ हैं। पहला यह कि व्यक्ति किसी संसदीय पद के लिए चुनाव लड़े या किसी के चुनाव लड़ने में सहायता दे। और मेरी इस परिभाषा के अंतर्गत पढ़ रहे किशोरों के लिए सक्रिय राजनीति में कोई स्थान नहीं है।

आज राजनीति एक पूर्णकालिक पेशा बन गई है। उसको समझने तथा उसमें भाग लेने के लिए चौबीसों घंटों की प्रतिबद्धता चाहिए। यह सब पढ़ाई–लिखाई के साथ–साथ नहीं चल सकता। किशोर जीवन में जहां एक ओर अध्ययन को गौण नहीं माना जा सकता, वहां साथ ही राजनीतिक चेतना के महत्व को भी नकारा नहीं जा सकता। हमें बीच का मार्ग खोजना होगा।

जहां तक मेरा दिमाग दौड़ता है, यह रास्ता है विभिन्न राजनीतिक विचारधाराओं और उनके अनुरूप कार्य कर रहे विभिन्न दलों का अधिक से अधिक सैद्धांतिक ज्ञान। दूसरे शब्दों में उनमें से अपने लिए अच्छा या बुरा छांटने की तमीज।

यह सब आज नहीं हो रहा है। आज तो विश्वविद्यालयों में विभिन्न राजनीतिक दलों ने अपने पिछलग्गु जमा करने के लिए युवा-संगठन स्थापित कर लिए हैं। जिनकी तनिक भी आवश्यकता नहीं है। इन पर अविलंब रोक लगा दी जानी चाहिए। ये कैम्पस में अनुशासनहीनता फैलाते हैं। इनका संचालन करने वाले दल इनके माध्यम से अपनी नीतियों के समर्थन में तथा विपक्षियों की नीतियों और कार्यों के विरोध में सभाएं और प्रदर्शन करवा कर जमानत, बल्कि भीड़मत तैयार करवाते हैं। इससे किशोरों का भला होने की बजाए नुकसान ही अधिक होता है।

कतिपय अध्यापक भी दूध के धुले नहीं हैं। उनमें भी दलों के हिसाब से बंटवारा हुआ है। वे भी किशोरों का मार्गदर्शन करने के नाम पर उन्हें अपने खेमे में घसीटने का प्रयास करते हैं।

इस चिंताजनक स्थिति में आशा की एकमात्र किरण वे मुठ्ठी भर अध्यापक हैं, जो चीजों को गुण-दोष के आधार पर निष्पक्ष निर्णय कर सकते हैं तथा अपने प्रभावशाली व्यक्तित्व से किशोरों को भी इसी योग्य बना सकते हैं।

जरूरत इस बात की है कि समय-समय पर उठने वाले स्थानीय, राष्ट्रीय और अंतर्राष्ट्रीय प्रश्नों पर विभिन्न राजनीतिक दलों के जानकार वक्ताओं को बुलवा कर उनके दल के विचारों से किशोरों की जानकारी करवा ली जाए। किशोरों की शंकाओं और प्रश्नों को उठाने के लिए प्रेरित और प्रोत्साहित किया जाए।

-शान्तिनारायण, कॉलेजों के डीन, दिल्ली विश्वविद्यालय।

मैं किशोरों को उम्र के लिहाज से दो वर्गों में बांटना चाहूंगा। पहले वे जो 18 साल से कम हैं, और दूसरे वे जो इससे अधिक हैं।

18 साल से अधिक का व्यक्ति वयस्क माना जाता है। अतः उसे राजनीति में अनिवार्य रूप से भाग लेना चाहिए। यदि वह विद्यार्थी भी है तो भी कोई हर्ज नहीं, क्योंकि मेरे विचार में राजनीति चौबीसों घंटे का पेशा नहीं होना चाहिए और इस संबंध में रोक लगाने के लिए कड़े उपाय हों।

मैं मानता हूं कि आज यही हो रहा है। इसके लिए कुछ इस प्रकार का नियम बना दिया जाना चाहिए कि किसी पेशे में लगे हुए लोग ही चुनावों में खड़े हो सकें। यदि किसी महत्वपूर्ण पद पर कार्य करते समय

पुराना धंधा आगे आए तो उस अवधि के लिए छुट्टी ली जा सकती है। मैं भी यही कर रहा हूं।

18 वर्ष से कम आयु के किशोरों की राजनीतिक विचारधाराओं को सैद्धांतिक ज्ञान तक ही सीमित रखना चाहिए। वैसे यह ज्ञान बड़ों के लिए भी जरूरी है।

राजनीति को आज जीवन से काटकर नहीं रखा जा सकता। अतः किशोरों को इसमें भाग लेने से रोक लगाना उचित नहीं होगा। कानून की सहायता से या माता–पिता के जोर–जबर्दस्ती से या प्राध्यापकों के निर्देशों से शायद रोक लगाई भी नही जा सकती।

यह बात राजनीतिक युवा–संगठनों पर भी लागू होती है। इनके माध्यम से किशारों को राजनीति में भाग लेने और उसे समझने में सहायता मिलती है। जहां तक इनके माध्यम से छात्रों को गुमराह करने या उनके दुरुपयोग करने का प्रश्न है, इस बारे में दोनों पक्षों अर्थात् राजनीतिक दलों और विद्यार्थियों को कुछ करना होगा। प्राध्यापकों को चाहिए कि वे किशोरों के मस्तिष्क का इस भांति विकास करें कि उन्हें गलत या सही को परखने का ज्ञान हो सके। उग्रपंथियों के संबंध में मेरा विचार है कि यह कानून व व्यवस्था की समस्या है। और इसे उसी प्रकार सुलझाया जा सकता है जिस प्रकार इस क्षेत्र की अन्य समस्याओं को। वैसे किसी भी राजनीतिक दल में चाहे उसके सिद्धांत कितने ही उग्रपंथी क्यों न हों। निष्ठा रखने का पूरा अधिकार और छूट किशोरों को मिलनी चाहिए।

मैं नहीं समझाता कि आज के राजनीतिक दल पुराने पड़ गए हैं। वास्तव में कोई भी दल या विचारधारा एकदम निरर्थक नहीं हो जाती। उसमें समय की आवश्यकताओं के अनुसार सुधार की गुंजाइश रहती है और मेरा विश्वास है कि नये खून के आने से यह परिवर्तन स्वयंमेव आ जाएगा।

–विजयकुमार मल्होत्रा, भू. पू. मुख्य कार्यकारी पार्षद, दिल्ली।

वर्तमान सामाजिक और राजनीतिक परिवेश में विद्यार्थी का यह एक बुनियादी अधिकार और कर्तव्य है कि वह राजनीति में भाग ले। आज का विद्यार्थी अपने परिवर्तनों की अपेक्षा अधिक सजग व जागरूक है। यह सही है कि उसके लक्ष्य बहुत साफ नहीं हैं, पर महत्वाकांक्षाएं यानि कुछ

कर गुजरने की इच्छा प्रबल जरूर है। कुछ धुंधला ही सही, पर हर प्रश्न पर उसका कुछ दृष्टिकोण है। इस दृष्टिकोण को यदि आवश्यकता पड़े तो प्रशासन और जनता के सम्मुख रखने का उसके पास केवल एक माध्यम है और वह है राजनीति।

भविष्य में शासन की बागडोर संभालने के लिए विद्यार्थी जीवन से ही राजनीति में सक्रिय रूप से भाग लेना काफी जरूरी है। हर किशोर के लिए अपने देश और आस-पड़ोस की दुनिया में क्या हो रहा है, जानना अत्यधिक आवश्यक है और फिर यदि मौका मिले और वह उसे कुछ फेर-बदल करने की क्षमता रखता हो तो उसे विधायकों की मार्फत उसको बदलने का प्रयास करना चाहिए। लेकिन यहां यह नहीं भूलना चाहिए कि किशोर जीवन में पढ़ाई-लिखाई उसका पहला कर्तव्य है। यदि वह वहां नही चमकता है तो उसके राजनीति में भाग लेने पर किसी को आपत्ति नहीं होगी। जब वह संगठनों में सक्रिय रूप से भाग लेता है तो उसके द्वारा कुछ ऐसी बातों का हो जाना स्वाभाविक है, तो अनुशासनहीनता को जन्म देती है या अग्रज पीढ़ी को रास नहीं आती, लेकिन यदि हम कुछ परिवर्तन चाहते हैं तो हमें इस खतरे को उठाना ही होगा; क्योंकि हम यदि इस पर अंकुश लगाने का प्रयास करेंगे तो डर है कहीं यह असंयमित होकर अधिक अराजकता को जन्म देगा, जैसा कि अन्य देशों में हुआ है।

आज बात की जाती है किशोरों को सीख देने की, लेकिन बदकिस्मती से दोनों पीढ़ियों में हर दृष्टि से इतना अधिक अंतर आ गया है। कि यह सीख किशोरों के गले नहीं उतरी। और वे इस पर अमल करने के बजाय विद्रोह कर उठते हैं, जिससे यह पीढ़ी अंतर तो बढ़ता ही है-परिवार, समाज और अंततः देश की इकाई के टूटने का भय पैदा हो जाता है। हम यह क्यों नहीं मान लेते-नदी की शाखाओं की भांति हम अपना रास्ता गिरते-पड़ते ही सही, खुद खोज लेंगे।

-सर्वोत्तम शर्मा, छात्र, हंसराज कॉलेज, दिल्ली विश्वविद्यालय, दिल्ली।

हमारे देश का इतिहास, इसकी परम्पराएं और मान्यताएं साक्षी हैं कि हमारी जनता ने हर परिवर्तन को अपनाने में पहल की है। और यदि उस परिवर्तन को, उस बदलाव को रोकने की कोशिश की है तो वह जबर्दस्ती लाया गया है। इस बात को आज की बड़ी पीढ़ी को बिल्कुल स्पष्ट शब्दों में समझ लेना चाहिए।

आज जो नई पीढ़ी आ रही है, वह बहुत सचेत है। उसके चारों तरफ जो घट रहा है। उसको बड़े ध्यान से देखती है समझती है और अपनी निश्चित राय बनाती है। उसके बाद उसकी स्वाभाविक इच्छा होती है कि उसकी राय सुना जाए और यदि ठीक लगे तो उसे अपनाया जाए। न ठीक लगे तो तर्क से समझाया जाए। वह कोई बात बलपूर्वक थोपे जाने को स्वीकार करने वाली नहीं।

ऐसी पीढ़ी को हम बिल्कुल नकार नहीं सकते। हमें इन को विश्वास में लेकर चलना होगा। हमारा इसके विपरीत इरादा भी नहीं है, लेकिन साथ ही मैं यह भी कहूंगी कि पढ़ाई के दौरान विद्यार्थियों को पढ़ाई ही करनी चाहिए क्योंकि अन्य पहलूओं में प्रवेश करने के लिए तो उम्र पड़ी है। हां, लेकिन राजनीति के हर पक्ष को नजदीक पे देखने में कोई हर्ज नहीं और इसके लिए कोई भी रास्ता अपनाया जा सकता है।

इसके लिए यदि किशोर राजनीतिक दलों के युवा-संगठनों का सहारा लेते हैं तो भी कोई हर्ज नहीं। मैं नही समझती कि राजनैतिक दलों में किशोरों को गुमराह करने की क्षमता है। अगर आज के युवक–युवतियां हमकों दोषी ठहराते है, तो यह हमारा कसूर है। हमें अपने गिरेबान में झांक कर देखना होगा।

–नंदिनी सत्पथी, राज्यमंत्री, सूचना व प्रसारण मंत्रालय, भारत सरकार

यदि इस प्रश्न को विस्तृत परिप्रेक्ष्य में देखा जाए तो उन बुजुर्गों का भी दावा खोखला होता नजर आतो है तो अपने को सक्रिय राजनीतिज्ञ मानते हैं। लोकतंत्र के नाम पर हमारे यहां कुछ दुकानें चलाई जा रही हैं। जिनको चलाने वालों का दावा है कि उन्होंने इस देश को आजाद करवाया है, और आज उनके पास कुछ ऐसे फार्मूले हैं, जिनसे वे इस देश को प्रगति के उच्चतम शिखर तक ले जा सकते हैं। हर पांच साल बाद वे अपने उन फार्मूलों को पेंटेंट करवाने के लिए जनता के पास पहुंचते हैं और फिर इस लंबे अरसे तक आजादी से पहले कमाए गए तथाकथित चमड़े के सिक्कों को सोने के सिक्कों में बदलने की कोशिश में लग जाते हैं।

यह सही है कि दुकान रूपी इन राजनीतिक दलों ने विश्वविद्यालयों में भी घुसपैठ की है और कुछ जयचंद और मीर ज़ाफर अपनी ओर फोड़ लिये हैं, लेकिन ये लोग केवल हमारे ज्ञान–मंदिरों को अपवित्र करने का ही कुचक्र चला रहे हैं। इन्हीं दलों के उकसाने पर इन मुट्ठी भर लोगों

ने नारे का जन्म दिया है कि किशोरों को राजनीति में भाग लेने दिया जाए। किस के राज, किसकी नीति में आप भागीदार बनाना चाहते हैं?

अमेरिका वियतनाम में बम बरसा रहा है, इसलिए हमें अमेरिकी दूतावास पर प्रदर्शन करना चाहिए, चाहे वियतनाम छोड़ हमें यह भी न पता हो कि गुड़गांव की भौगोलिक स्थिति क्या है! रूस ने चैकोस्लोवाकिया पर हमला किया, हमें उसका विरोध करना चाहिए। एंजेला डेविस की रिहाई के लिए सभा का आयोजन किया जाए।

क्या हर इस तरह का कदम उठाने से पहले आपने समझ लिया है कि आप किस का समर्थन या विरोध क्यों और किस लिए कर रहे हैं? यदि जानने-बूझने के बाद यह लगे कि अमुक प्रश्न पर आप कुछ नया कहना चाहते हैं, तो उसके लिए शालीन तरीके हैं। उनके तरीकों से अपनी बात कहने में आपका सहर्ष स्वागत है। फिर आप उस को चाहे राजनीतिक में भाग लेने का नाम दें या किसी और चीज़ का।

51
सिर्फ कश्मीर चाहिए
बेनज़ीर भुट्टो

आजाद कश्मीर में पाकिस्तान पीपुल्स पार्टी की सरकार बन जाने के बाद पाकिस्तान की प्रधानमंत्री बेनज़ीर भुट्टो के लिए एक और सिरदर्द पैदा होने के आसार बन गये हैं।

वैसे तो पाकिस्तान हथियाए हुए कश्मीर को अपना हिस्सा नहीं मानता और वहां एक स्वतंत्र संविधान और संप्रभु सरकार का दावा करता है पर वहां दो दिन गुजारने के बाद इस बात में कोई शक नहीं रह गया कि कश्मीर का वह 5000 वर्गमील इलाका किसी भी व्यावहारिक पहलू से पाकिस्तान का पांचवा सूबा है। हालांकि पिछले महीने हुए चुनावों में किसी भी पार्टी को 48 सदस्यीय असेंबली में बहुमत प्राप्त नहीं हुआ है पर यह स्वयं आजाद कश्मीर के राष्ट्रपति सरकार मुहम्मद अब्दुल कयूम खान ने स्वीकार किया कि बेनजीर की पार्टी कुछ अन्य दलों की मदद से यहां सरकार बना लेगी। इसी के साथ उन्होंने यह भी आरोप लगाया कि बेनज़ीर सरकार ने इन चुनावों में खुलकर धांधली की और इन दिनों वे नवनिर्वाचित सदस्यों की खरीद फरोख्त कर रहे हैं।

सवा घंटे की लंबी बातचीत में उन्होंने साफ कहा कि बेनज़ीर की पार्टी भले ही सरकार बना ले पर वह चैन से नहीं बैठ पाएगी। उन्होंने आने वाले दिनों में बेनज़ीर की पार्टी से लंबे संघर्ष की ओर इशारा करते हुए कहा कि अंतत: वे फिर सत्ता में आएंगे और 'कश्मीर को भारत से आजाद कराने की मुहिम का नतृत्व करेंगे।'

पाक अधिकृत कश्मीर की राजधानी मुजफ्फराबाद इन दिनों नयी सरकार बनने की उठापटक के अलावा कई और भारत विरोधी गतिविधियों

का केन्द्र बनी हुई है। कयूम सरकार की जानकारी में यहां कम से कम 48 भारत विरोधी कश्मीरी संगठनों ने अपने अड्डे बना रहे हैं। उन्हीं की सरकार से सूचना विभाग के एक अधिकारी की मदद से और इस्लामाबाद साथ गये एक अधिकारी की मौजूदगी में 'दिनमान टाइम्स' को हिज्बुल मुजाहीदीन (धर्म युद्ध के लिए गठित पार्टी) और जे. के. एल. एफ. (जम्मू-कश्मीर मुक्ति मोर्चा) के अड्डों पर ले जाया गया। दोनों अड्डे प्राइवेट घरों में बनाये गये हैं। दोनों जगह 100-100 से अधिक नौजवान कश्मीरी लड़के मौजूद थे, हिज्बुल के दफ्तर में तो फोन, फैक्स, टेलेक्स भी लगे हुए थे। इसके कर्ताधर्ता गुलाम मुहम्मद सफी ने जो हाल ही में कश्मीर से यहां आये थे। ऐलानिया अंदाज में घोषणा की कि साल भर में अंदर-अंदर वे भारतीय सेना को कश्मीर से खदेड़ देंगे। उन्होंने कश्मीर घाटी में इन दिनों हो रहे तमाम उग्रवादी गतिविधियों और अनेक गद्दारों के सफाये का श्रेय लेते हुए कहा कि उन्होंने और उनके साथियों ने अफगानिस्तान में मुजहीदीन के साथ कंधे से कंधे मिलाकर खून बहाया है और अब वे भारत के साथ सशस्त्र संघर्ष के लिए तैयार है। काफी तीखी बहस के बाद उन्होंने स्वीकार किया कि उन्हें कश्मीर के पाकिस्तान में मिलने पर कोई आपत्ति नहीं है।

इसके बाद इस संवाददाता को जे. के. एल. एफ. के अड्डे पर ले जाया गया। इसके मुखिया वही अमानुल्ला खान हैं जिन्होंने हाल ही में अमेरिका में भारत को सबक सिखाने और कश्मीर को आजाद कराने का संकल्प किया था अमानुल्ला खान खुलेआम इस्लामाबाद और कराची से अपनी गतिविधियां चलाते हैं और पाकिस्तान के जाने-माने अखबारों से संपादकीय पृष्ठ पर कश्मीर की आजादी के लिए उत्तेजक लेख लिखते हैं। खैर इसी फ्रंट के 'आजाद कश्मीर' के कर्ताधर्ता जनाब राज मुज़फ्फर खान ने गुलाम मुहम्मद सफी से ठीक विपरीत कहा कि वे कश्मीर की स्वतंत्र स्थापना के लिए सशस्त्र संघर्ष कर रहे हैं।

बताया गया कि ये दो मुख्य भारत विरोधी संगठन हैं पर इनके अलावा 56 और अड्डे हैं, इनमें अल्लाह टाइगर्स, जिया टाइगर्स, यंलगारे अली, पीपुल्स लीग, यूथ लीग आदि प्रमुख हैं। इन सब संगठनों को किसी न किसी रूप में और अलग-अलग मात्रा और तरीकों से कयूम सरकार और बेनज़ीर सरकार मदद करती है। यह सब खुलेआम हो रहा है। इन

दोनों मुखियाओं ने स्वीकार किया कि इनके लोग सीमा के आर–पार होते रहते हैं। जहां तक हथियारों का ताल्लुक है वह तो अफगानिस्तान की लड़ाई के बाद और अफगान मुजाहिदों की बदौलत पाकिस्तान में खुलेआम बिकते हैं। आजाद कश्मीर से इस्लामाबाद लौटते समय पूरे उत्तर पश्चिम सीमा प्रांत (एन. डब्ल्यू. फ्रंटियर प्राविंस) में हथियारों की सैकड़ों दुकानें खुलेआम देखी जा सकती हैं।

फिलहाल न कयूम सरकार और न बेनज़ीर सरकार स्वतंत्र कश्मीर राष्ट्र की बात करती हैं। सरदार कयूम ने बातचीत में स्वीकार किया कि कश्मीर के दोनों हिस्सों में आजादी की मांग जोर पकड़ रही है। लेकिन अभी मुकम्मल आजादी आर्थिक, भौगोलिक और राजनीतिक दृष्टि से टिकाऊ नहीं होगी। वे कश्मीर के भविष्य के फैसले में भारत या पाकिस्तान की कोई भूमिका नहीं चाहते। उनका कहना है कि भारत और पाकिस्तान दोनों संयुक्त राष्ट्र संघ, शिमला और न जाने किन–किन समझौतों से बंधे हुए हैं। कश्मीरियों को इन सबसे कोई लेना देना नहीं है। हमें यह आजादी होनी चाहिए कि हम किसके साथ और कब तक रहें! इस संदर्भ में जनमत संग्रह तक तो ठीक है पर इसके बाद कश्मीरियों को उनके भाग्य पर छोड़ देना चाहिए।

कयूम मूलतः जिया–उल–हक के आदमी माने जाते थे। उन्होंने साफ कहा कि जिया रहते तो कश्मीर के लिए और बहुत कुछ करते। बेनज़ीर के वश का कुछ नहीं है। उन्हें कश्मीरियों की कोई परवाह नहीं है। वे तो सिर्फ कश्मीर की ज़मीन चाहती हैं और यही भारत भी चाहता है। कश्मीरियों के भले की कोई नहीं सोचता।

जाहिर है कि इसी मुद्दे पर कयूम और बेनज़ीर में टकराव होगा। अब तक कयूम सत्ता में थे। अतः उनके हाथ बंधे हुए थे। पर बेनज़ीर की पार्टी की हुकूमत बनने पर वे कश्मीरियों की महत्वाकांक्षा को भड़का सकेंगे और वहां चल रहे अड्डों और संगठनों को नया सैद्धांधिक तेवर मुहैया करा सकेंगे।

यह रणनीति आगे चलकर बेनज़ीर के लिए भारी सिरदर्द साबित होगी।

बेनज़ीर की आजाद कश्मीर में एक और मुसीबत होगी वे हजारों शरणार्थी जो बारामूला, कोपद्वारा पुंछ और उड़ी के सीमावर्ती जिलों से

भागकर मुजफ्फराबाद के सात शिविरों में शरण लिए बैठे हैं छोटे-बड़े सभी को वहां की सरकार 300 रुपये ही महीने इमदाद के बतौर देती है। इसके अलावा पानी, दवा और सुरक्षा भी।

इन लोगों ने बताया कि वे भारतीय फौज के अत्याचारों से घबराकर यहां आये हैं हालांकि उन्होंने कहा कि इनका उग्रवादी घटनाओं से कोई ताल्लुक नहीं था पर पाकिस्तानी अखबारों और रिसालों में जो इंटरव्यू और तस्वीरें छपी हैं वे इन्हें उग्रवादी बताती हैं।

52
मेनका और सोनिया में किसका काम बड़ा है?

गांधी-परिवार की दोनों बहुएं अपने-अपने राजनीतिज्ञ पतियों के दिवंगत होने के बाद कुछ ऐसे काम में लगी हैं जिसका राजनीति से कोई सीधा ताल्लुक नहीं है। समकालीन राजनीति में यह एक अपवाद है। इन दोनों की सास इंदिरा गांधी ने तो राजनीति को परिवार से ज्यादा महत्व दिया था। उन्होंने अपने दोनों बेटों को इस देश के प्रधानमंत्री बनने के लिए भी तैयार किया था। एक की दुर्भाग्वश दुर्घटना में मृत्यु हो गयी और दूसरा उनकी हत्या के बाद उन्हीं का उत्तराधिकारी बना। इसलिए यह बड़े आश्चर्य का विषय है कि तीन पीढ़ियों से चली आ रही सल्तनत को इन दोनों बहुओं ने लगभग ठुकरा दिया है।

मेनका गांधी ने तो फिर भी इंदिरा जी के जीवनकाल में और उनके बाद भी राजनीति में अपना स्थान बनाने की कोशिश की थी। अपने पति के नाम पर संजय विचार मंच नामक एक राजनीतिक पार्टी का गठन भी किया था। चुनाव लड़ा था और एक बार हारने तथा दूसरी बार जीतने के बाद केन्द्रीय मंत्री के पद तक भी पहुंची थी। लेकिन अब वह सिर्फ पर्यावरण और प्रकृति के प्रति समर्पित दिखाई देती है। उन्होंने पशु-पक्षियों की रक्षा की अपनी प्रतिबद्धता को शाकाहार की वकालत के स्तर तक पहुंचा दिया है। इस यात्रा में उन्होंने चिड़ियाघर से लेकर सर्कस तक और अन्य प्राणियों की खोल से लेकर मदारियों तक विरोध किया। इन सब ने उन्हें भारत में तो कोई विशेष प्रसिद्धि या गौरव नहीं दिलवाया लेकिन दुनिया में वह एक ग्रीन नेता यानि ऐसी हस्ती जो प्रकृति के प्रतीक हरे रंग की सुरक्षा के लिए समर्पित हो, के रूप में अपना एक निश्चित स्थान

बनाया है। इस तरफ उन्होंने लोकसभा के अपने पीलीभीत निर्वाचन क्षेत्र को छोड़कर पूरी दुनिया को कर्मस्थली घोषित किया। आज उनकी चर्चा और गिनती दुनिया के ऐसे प्रतिबद्ध व्यक्तित्वों में होती है जो देश और काल की सीमाओं के परे जाकर अपने सरोकारों के लिए काम कर रहे हैं।

इसी से मिलती-जुलती कहानी उनकी जेठानी सोनिया गांधी की भी है। फर्क सिर्फ इतना है कि कम से कम अगले चुनाव तक उनके चाहते न चाहते हुए कांग्रेस की राजनीति में उनका महत्व बना हुआ है। उनका घर दस जनपथ कांग्रेस के एक समानांतर सत्ता केन्द्र के रूप में विख्यात है। लेकिन सोनिया ने स्वयं अब तक सक्रिय राजनैतिक सत्ता के लिए कोई मोह प्रदर्शित नहीं किया। सादा जीवन और उच्च विचार वाले पुरातन भारतीय दर्शन के अनुरूप वे नेहरू, इंदिरा और राजीव की विरासत को एक विश्वजनीन स्वरूप देने के लिए विभिन्न प्रकार के आयोजनों में लगी हुई हैं। इन तीनों नेताओं की अपने को तीसरे विश्व का नेता कहलवाने की लालसा बड़ी प्रबल थी। इसके चलते इन तीनों ने दुनिया भर के मौजूदा और भूतपूर्व नेताओं से संबंध बनाए हुए थे। उनके समकालीनों में जो लोग अभी जीवित हैं उनका इस परिवार के प्रति मोह बरकरार है। उसकी बदौलत सोनिया गांधी को विरासत में वे सब संबंध भी प्राप्त हुए हैं। इस पूंजी का उन्होंने काफी समझदारी से निवेश किया है। सुनने में इनके क्रियाकलाप बौद्धिकता के उच्चतम स्तर पर तैरते हुए दिखाई देते हैं। लेकिन बुद्धिजीवियों के एक अंतर्राष्ट्रीय वर्ग को ये चीजें बहुत अच्छी लगती हैं। मसलन व्यक्ति और समाज का संबंध, आदर्श समाज की कल्पना, तेजी से गांव के रूप में परिवर्तित होती दुनिया में राष्ट्र की अवधारणा, प्रजातांत्रिक मूल्यों का अन्तर्राष्ट्रीय समाज में स्थान इत्यादि-इत्यादि।

मेनका और सोनिया दोनों के सरोकारों का सीधा ताल्लुक व्यक्ति से है ऐसे व्यक्ति जो किसी भी देश का नागरिक हो लेकिन बुनियादी सवालों से अवश्य जूझता है। मौलिक अधिकारों का सवाल, प्रकृति के साथ सामंजस्य का सवाल, भौतिकवाद और धर्मान्धता, व्यक्ति की गरिमा बचाए रखने का संघर्ष ये सब किसी देश या कालखंड के सीमित सदर्भों वाले सवाल नही है। मानव की विकास यात्रा के प्रारंभ से ही इन सवालों की गूंज सुनाई देती रही है। ये सवाल नेहरू जी की स्वप्नों के खांचे में अटे

हुए दिखाई देते हैं। उनकी गुटनिरपेक्षता भी इन्हीं सवालों के आसपास मौजूद थी। इंदिरा गांधी जी ने भी इनके बारे में कई दफा बात की और गुटनिरपेक्ष आंदोलन को आगे बढ़ाया। राजीव गांधी के आते–आते दुनिया काफी बदल गयी थी। गुटनिरपेक्षता अपना महत्व खोती जा रही थी। इसलिए राजीब ने निस्स्त्रीकरण तथा शांति जैसे मुद्दों पर सभी महाद्वीपों के प्रतिनिधियों को एक मंच पर लाने की कोशिश की।

सोनिया गांधी खासतौर से अपने राजीव फाउण्डेशन के जरिए एक ऐसा मंच तैयार कर रही है जहां राष्ट्रों के जंगल में अकेले इंसान की आवाज सुनाई जा सके। इस अभियान में उनके साथ अपने–अपने देश में महत्व रखने वाले काफी यूरोपियन, एशियाई और अफ्रीकी नेता जुड़े हुए हैं। ये लोग अक्सर दिल्ली में मिलते है और सामूहिक स्वर से अपनी बात को प्रचारित करने की कोशिश करते हैं। इससे जो दबाव समूह बनता है वह किसी एक सरकार पर केन्द्रित नहीं होता इसे संयुक्त राष्ट्रसंघ के पूरक प्रयासों की संज्ञा दी जा सकती है। यदि विश्व नागरिक की अवधारणा कभी फलीभूत हुई तो इन प्रयासों को उसके इतिहास में जरूर जगह मिलेगी। कुछ लोग इसे सोनिया गांधी की राजनैतिक विवशता भी कहते हैं। सत्ता किसे अच्छी नहीं लगती। ऐसे व्यक्ति को तो और भी ज्यादा, जिसने भारत–भूमि पर कदम रखने के बाद से अपने को सत्ता के केन्द्र बिन्दु के आस–पास खड़े हुए महसूस किया हो। लेकिन अब वो चाहकर भी उस प्रकार की सत्ता फिलहाल हासिल नहीं कर सकतीं। सत्ता के खुले संघर्ष में उनके लिए स्थाई मुश्किल दिखाई देता है। वह न केवल विदेशी मूल की है बल्कि एक ऐसे परिवार में ब्याह कर आयी थीं जो आज बदकिस्मती से सत्ता के हाशिए पर खड़ा कर दिया गया है।

अब तक इस देश में जितने भी आम चुनाव हुए हैं उसमें लोगों ने गांधी परिवार के पक्ष या विपक्ष में ही निर्णायक मत दिया है। अगला चुनाव पहला ऐसा चुनाव होगा जिसमें शायद गांधी–परिवार कोई फैक्टर न हो। यद्यपि अर्जुन सिंह के नेतृत्व वाला कांग्रेसी धड़ा यह कोशिश जरूर कर रहा है कि इन चुनावों में और खास कर प्रधानमंत्री राव की चुनाव जितवाने की क्षमता का पता लगाने के बाद इसी परिवार की पुनः मदद ली जाए। लेकिन अर्थशास्त्र में हर उपयोग के बाद घटने वाले प्रतिफल के सिद्धांत के अनुसार अब इस परिवार के नाम में कितनी कशिश रह गयी है, यह

बहस का मुद्दा हो सकता है। जब तक इसे परखा न जाए तब तक सोनिया गांधी का वर्तमान प्रभामंडल सुरक्षित है। जिस दिन इसकी चुनाव परीक्षा हों गयी उस दिन उसकी हालत हवा में उछाले गए सिक्के की तरह हो जाएगी। शायद सोनिया गांधी यह सिक्का न उछालना चाहें। उन्हें इस बात से क्या अंतर पड़ने वाला है कि इस देश का प्रधानमंत्री कौन होता है? कम से कम उनके जीवनकाल में गांधी परिवार के ऐतिहासिक महत्व को नकारा नहीं जा सकता। कांग्रेस से कोई भी प्रधानमंत्री बने वह दस जनपथ को यथोचित मान देगा ही। अगर किसी और पार्टी की सरकार बनती है तब भी वह इस जोखिम को नहीं उठाना चाहेगी कि जो महिला सक्रिय राजनीति में नहीं और अंतर्राष्ट्रीय ख्याति प्राप्त कर चुकी है उसे क्यों छेड़ा जाए। इस प्रकार सोनिया के लिए सबसे ज्यादा निरापद यही रास्ता है कि वह अपनी निष्पक्षता बनाए रखते हुए अपने पति की विशेष रूप से और गांधी परिवार की आमतौर पर खड़ाऊं की रक्षा करती रहे।

विडम्बना है कि अपने जीवनकाल में अपनी मां के ज्यादा सटीक उत्तराधिकारी दिखने के बावजूद संजय गांधी की विधवा मेनका न केवल राजनीति से बल्कि उस परिवार की विरासत से भी बहुत ज्यादा दूर चली गयी हैं। कांग्रेसी अब उन्हें शायद ही स्वीकार करें। क्योंकि उन्होंने राजीव गांधी के घोषित शत्रु वी. पी. सिंह की सरकार में एक गैर कांग्रेसी मंत्री होना स्वीकार किया था। लिहाजा वह सत्ता और खासतौर से कांग्रेसी सत्ता की लड़ाई हार चुकी हैं। उनकी विवशता वैसी तो नहीं है जैसी कि सोनिया गांधी की। लेकिन वह भी सक्रिय राजनीति से उतनी ही दूर रहने के लिए नियतिबद्ध हैं- एक बार चुनाव हारने के बाद और उन पार्टी गत समीकरणों के निष्क्रिय होने के बाद जो उन्हें मंत्री पद तक ले गए थे अब उनके लिए वह रास्ता बंद हो चुका है।

उन्होंने मंत्री होकर भी वह सब हासिल नहीं किया जो वह अब राजनीति से बाहर आकर अपने सरोकारों के लिए प्राप्त कर पा रही है। यह एक तरीके से गैर राजनीतिक और गैर सरकारी प्रयास है जिनकी विश्वसनीयता ज्यादा गहरी है और जिनका प्रभाव राष्ट्र विशेष से परे हटकर भी है। दिक्कत सिर्फ इतनी है कि रोजमर्रा के जीवन को प्रभावित करने वाले क्रियाकलापों पर उनका न कोई नियंत्रण है और न ही प्रभाव। लेकिन शायद ये दोनों बहुए निकट भविष्य के लिए संघर्ष भी नहीं कर

रही हैं। ऐसा संघर्ष इतने सारे निहित स्वार्थों की मारकी में आता है कि उसका परिणाम स्थाई नहीं रह पाता। बुनियादी सवालों को लेकर लड़ी गई लड़ाईयां धीमी जरूर होती हैं लेकिन उनका असर स्थाई और दूरगामी होता है। मानव की विकास यात्रा में एक व्यक्ति का महत्व कभी-कभी एक अर्द्धविराम से ज्यादा नहीं हो पाता है। लेकिन यदि वहां अर्द्धविराम किसी अन्याय का रास्ता कुछ क्षण के लिए ही सही रोक दे तो उसका जीवन सार्थक हो जाता है। शायद राजनीति के माध्यम से जीवन की सार्थकता की तलाश अब दूषित और बेमानी हो चुकी है। यह युग विकल्पों को तलाशने का युग है। सोनिया और मेनका इन्ही विकल्पों की तलाश में हैं।

53
दलाईलामा का उत्तराधिकार

दिल्ली से लेकर तिब्बत की राजधानी लासा तक और दलाई लामा की निर्वासित सरकार की राजधानी धर्मशाला से लेकर गंगटोक तक बौद्ध भिक्षु एक अभूतपूर्व उलझन के शिकार हैं। उनके धर्म गुरू दलाई लाना का उत्तराधिकारी कौन होगा? दलाई तिब्बती बौद्धों का कारग्यू शाखा से संबंधित है। यह तिब्बत के महायान बौद्धों की चार शाखाओं में सबसे प्रमुख है। तिब्बत के लगभग 20 प्रतिशत बौद्ध इसमें अपनी आस्था रखते हैं और इतने ही सिक्किम, लद्दाख, भूटान और नेपाल में भी। इन क्षेत्रों के अलावा इस शाखा के अनुयायी दक्षिण पूर्व एशिया, यूरोप और अमरीका तक फैले हुए हैं। इस शाखा के अकेले तिब्बत में दो सौ से अधिक मंदिर है तथा इसके अलावा भी भारत और नेपाल में तथा अन्य दो सौ दुनिया भर में फैले हुए हैं।

कारग्यू शाखा का सर्वोच्च मुखिया करमापा कहलाता है। ग्यारवीं शताब्दी से यह मान्यता रही है कि करमापा अवतार लेता है। 5 नवम्बर 1981 को 13 वें करमापा का 58 वर्ष की आयु में देहांत हो गया था। यही करमापा अंततः दलाई लामा के न रहने पर उसका स्थान लेता है और यदि इसकी मृत्यु दलाई लामा के जीवनकाल में ही हो जाती है तो नये अवतरित करमापा को उत्तराधिकारी घोषित कर दिया जाता है। यह एक आस्था का प्रश्न है जिसमें बहस की कोई गुंजाइश नहीं है। करमापा के अधीन चार रिजेन्ट होते है जो कि इस सम्प्रदाय की प्रशासनिक व्यवस्था का काम देखते हैं। 16 वें करमापा के देहांत के पश्चात यह तय हुआ कि जब तक 17 वां करमापा अवतरित नहीं हो जाता और उसकी खोज नहीं हो जाती तब तक ये चारों रिजेन्ट बारी-बारी से करमापा के दायित्वों को संभालेंगे। 16 वें करमापा ने अपनी मृत्यु से 10 महीने से पहले इन चार

रिजेन्टों में-से एक ताई रिमपोचे को एक मखमली तावीज दिया था और कहा कि इसे जीवन भर अपने गले में लटकाकर रखना। एक दिन अचानक वह तावीज खुला और उसमें-17वें करमापा के पैदा होने और प्रमुख स्थान पर पाये जाने के संकेत थे। रिमपोचे ने 22 मार्च, 1992 को यह ताबीज और उसके संकेत अन्य प्रशासकों को दिखाये। उसके बाद यह खबर आम हो गयी कि 17वें करमापा का पता चल गया है। लेकिन उस समय शमीर रिमपोचे नामक रिजेन्ट ने काम संभाला हुआ था और उन्हें इस ताबीज तथा खोज पर भरोसा नहीं हुआ। लगता है कि करमापा का काम देखते-देखते उनके मन में यह महत्वाकांक्षा जग गयी थी कि वहीं स्वयं दलाई लामा के उत्तराधिकारी क्यों नहीं हो सकते? इस महत्वाकांक्षा के कारण उन्होंने विद्रोह की मुद्रा अख्तियार कर ली। तब यह सारा मामला दलाई लामा के पास ले जाया गया जिन्होंने ताबीज, 17वें करमापा की खोज और उनके अवतरित होने की पुष्टि करते हुए कहा कि तिब्बत में रह रहा 10 वर्षीय बालक अयेन थ्रिनले दोरजी ही उनका उत्तराधिकारी होगा और वही आगे चलकर दलाई लामा बनेगा। उन्होंने तिब्बत में सुरूफू नामक स्थान पर उसके अभिषेक की अनुमति भी दे दी। लेकिन 17 मार्च 1994 को शमीर रिमपोचे ने अचानक दिल्ली में स्थित अंतर्राष्ट्रीय बौद्ध संस्थान में तेनजिन चेटसे नामक एक अन्य 10 वर्षीय बालक को करमापा घोषित कर दिया और उसका अभिषेक भी सम्पन्न करवा दिया। इस अवसर पर शमीर रिमपोचे और उनके विरोधियों में जमकर संघर्ष भी हुआ तथा अंततः पुलिस को शांति कायम करने के लिए बीच-बचाव करना पड़ा मामला एक बार फिर दलाई लामा की अदालत में ले जाया गया और उन्होंने भारत सरकार, सिक्किम प्रशासन तथा दुनिया भर में फैले हुए अपने धर्मावलम्बियों का आह्वान किया कि उन्हें आपस में लड़ना नहीं चाहिए और तिब्बत में जो उत्तराधिकारी घोषित हो गया है, उसे स्वीकार कर लेना चाहिए। मजे की बात यह है कि दोनों पक्ष एक-दूसरे के विरुद्ध चीन से सांठ-गांठ का आरोप लगा रहे हैं। जबकि चीनी राजदूत ने भारत को बताया कि उनकी सरकार का इस सबसे कोई लेना-देना नहीं है। यह तिब्बतियों का अपना धार्मिक झगड़ा है, जिसे वे ही सुलझा सकते हैं। चीनी राजदूत ने इस बात पर भी आश्चर्य प्रकट किया कि तिब्बती बौद्धों के मामले में विदेशी इतनी दिलचस्पी क्यों ले रहे हैं? उनका इशारा जाहिर है कि उन अमरीकी और यूरोपवासियों की ओर

था जो चीन को लज्जित करने के लिए न केवल दलाई लामा और उनके समर्थकों का हौसला बढ़ाते हैं, बल्कि कई प्रकार से मदद भी करते हैं।

जहां तक भारत सरकार का प्रश्न है वह भी इन तिब्बतियों के मामले में हस्तक्षेप नहीं करना चाहती। यद्यपि सिक्किम से जो खबरें आयी हैं, उनसे पता चलता है कि वहां स्थित रूमटेक मंदिर में भी इस विवाद को लेकर हाथापाई हो चुकी है। लेकिन सिक्किम सरकार ने दलाई लामा द्वारा स्वीकृत उत्तराधिकारी का ही समर्थन किया और अपनी पुलिस को हिदायत दी कि वह उन्हीं का साथ दे। एक बार झगड़ा बढ़ने पर गंगटोक में तैनात एक भारतीय फौजी दस्ते ने मंदिर में जाकर बीच-बचाव कराया था। इस पर सिक्किम सरकार की बड़ी तीखी प्रतिक्रिया हुई कि कैसे भारतीय सेना सिक्किम में एक धार्मिक मामले में बीच-बचाव के लिए पहुंच गयी। जबकि यह मामला वहां की पुलिस बड़ी आसानी से निपटा सकती थी।

यद्यपि भारत ने दलाई लामा और उनके अनुयायियों को 1959 से भारत में शरण दे रखी है लेकिन इन्हें संयुक्त राष्ट्रसंघ के मानवाधिकार आयोग और शरणार्थी आयोग से काफी सहायता मिलती है। भारत में शरण लेने के बाद से दलाई लामा ने हिमाचल प्रदेश में धर्मशाला के स्थान पर अपनी निर्वासित सरकार स्थापित की हुई है। धर्मशाला का वह हिस्सा एक तरीके से दलाई लामा का साम्राज्य माना जाता है। वहां उनके अलावा उनके विभिन्न मंत्री समय-समय पर भारत सरकार और दुनिया के अन्य देशों से ठीक उसी प्रकार व्यवहार करते है जैसे कि कोई स्वयंभू देश बाकी दुनिया से करता है।

चीन रह-रहकर भारत को अपनी नाराजगी से अवगत कराता रहता है। चीन को यह बात बहुत खलती है कि भारत अपनी भूमि से दलाई लामा को राजनैतिक गतिविधियां करने और चीन के विरुद्ध अभियान छेड़ने की अनुमति देता है।

जनता दल के सांसद जार्ज फर्नांडीज की पहल पर दिल्ली में एक अंतर्राष्ट्रीय संसदीय सम्मेलन हुआ था जिसमें चीन से मांग की गयी थी कि वह दलाई लामा से बातचीत शुरू करे। इस सम्मेलन पर बीजिंग की ओर से बड़ी तीखी प्रतिक्रिया व्यक्त की गयी। जो भाषा चीन ने भारत के विरुद्ध इस्तेमाल की वैसी भाषा 1962 के युद्ध से पहले सुनने में आती

थी। चीन के राजदूत ने इस संवाददाता को बताया कि अब भारत और चीन के बीच जो तीन दशक के बाद मैत्रीपूर्ण संबंध स्थापित हुए हैं। उनमें इस तरह के सम्मेलन ही व्यवधान उत्पन्न करेंगे। लेकिन भारत के विदेश राज्यमंत्री रघुनन्दन लाल भाटिया ने संसद के बजट अधिवेशन में इस प्रतिक्रिया के बारे में कहा था कि हमारे यहां अभिव्यक्ति की पूर्ण स्वतंत्रता है। इसलिए हम अपने यहां किसी को और खासकर सांसदों को किसी भी राष्ट्रीय या अंतर्राष्ट्रीय मामले पर बोलने से नहीं रोक सकते। उन्होंने स्पष्ट किया था कि सत्तारूढ़ दल कांग्रेस या सरकार की और से किसी ने इस सम्मेलन में भाग नहीं लिया था। लेकिन चीन इससे संतुष्ट नहीं है। इधर भारतीय विदेश मंत्रालय का मत है कि चीन के कूटनीतिक औपचारिकता निभा रहा है।

वह यह बात भलीभांति जानता है कि भारत चाहकर भी दलाई लामा की गतिविधियों को भारत में बंद नहीं कर सकता, न ही अब कूटनीतिक दृष्टि से यह भारत के बस में है कि वह दलाई लामा तथा उनके लाखों तिब्बती समर्थकों को भारत से बाहर निकाल दे। तिब्बत अब एक अंतर्राष्ट्रीय प्रश्न बन चुका है। उसे लगभग पूरी दुनिया का समर्थन प्राप्त है। संयुक्त राष्ट्रसंघ तक में चीन से यह आग्रह किया जा चुका है कि वह तिब्बत में मानवाधिकारों की रक्षा पर ध्यान दे और दलाई लामा को विश्वास में ले। भारत अपनी तरफ से तिब्बत को चीन का स्वायत्त इलाका और इस मुद्दे को उसका आंतरिक मामला मान चुका है। यह बात जवाहर लाल नेहरू ने दलाई लामा के भारत में शरण लेने से पहले भी कही थी लेकिन जहां तक उन्हें भारत में बसन्ने देने का प्रश्न है वह राजनैतिक शरण के अंतर्राष्ट्रीय नियमों के तहत ही किया गया था। आज लंदन, पेरिस और बर्लिन में दुनियाभर के विकासशील और विकसित देशों के राजनैतिक असंतुष्ट और प्रतिपक्षी शरण पाए हुए हैं। इसका यह अर्थ नहीं है कि शरण देने वाले देश संबंधित देश के विरुद्ध कार्य कर रहे हैं। सभी प्रजातांत्रिक देशों में असंतोष और विरोध को स्थान दिया जाता है।

भारत में तो तमाम किस्म के पृथ्कतावादी आंदोलन चल रहे हैं जिनके बारे में कभी कोई जोर जबरदस्ती नहीं की जाती। हां, भारत अपनी तरफ से दलाई लामा को किसी भी रूप में स्वतंत्र तिब्बत का शासक नहीं मानता और न ही उन्हें वह दर्जा देता है। दलाई लामा से यह अपेक्षा की जाती है कि वे यहां से राजनैतिक गतिविधियां नहीं चलाएं। भारत के कहने

पर वह इस आशय के बयान भी नहीं देते। भारत उन्हें बौद्ध धर्म का एक प्रतिष्ठित नेता मानता है और उसी रूप में उनका सम्मान करता है। जिन समारोहों में भारतीय नेता उपस्थित होते हैं वहां दलाई लामा किसी भी प्रकार का राजनैतिक वक्तव्य नहीं देते। वे चीन के मामले में अखबार वालों से बातचीत में भी परहेज रखते हैं।

चीन के प्रधानमंत्री की पिछली भारत यात्रा के समय उनके कहने पर दिल्ली पुलिस ने काफी कठोर भाव से तिब्बती प्रदर्शनकारियों को और चीन विरोधी गतिविधियों को रोकने का प्रयास किया था। अतः चीन यह नही कह सकता कि भारत तिब्बतियों को चीन विरोधी कार्रवाईयां करने के लिए उकसाता है। जहां तक उनके अपने विरोध प्रदर्शन का सवाल है यह स्वतंत्र भारत में ईरानी, अफगानी और सूडानी छात्रों को पूरी तरह से प्राप्त है। भारत की भूमि से नेपाल के विरुद्ध काफी लंबे दर्जे तक तत्कालीन राजाओं के विरुद्ध आंदोलन चलाए जाते रहे हैं।

आज दुनियाभर में कश्मीरियों द्वारा भारत विरोधी प्रचार किया जा रहा है। इससे पहले अलगाववादी सिख संगठनों द्वारा इसी प्रकार की कोशिश की जाती रही थी। बी बी. सी. ने कई बार भारत विरोधी नेताओं के इंटरव्यू प्रसारित किये हैं, लेकिन इसका यह अर्थ नहीं कि ये लोग भारत के विरुद्ध दुश्मनी निकाल रहे हों। इसी प्रकार चीन भी यह बात जानता है कि यहां तिब्बतियों को शरण दिए जाने और चीन विरोधी प्रदर्शनों पर रोक न लगाए जाने का एक मात्र कारण अभिव्यक्ति की स्वतंत्रता और विरोधी विचार रखने की छूट है।

जहां तक भारत और चीन का संबंध है उसमें ज्यादा बड़ा मुद्दा सीमा विवाद है जिसके बारे में भारत ने लगभग समर्पण करते हुए इसे द्विपक्षीय संबंधों के दायरे से ही बाहर कर दिया है। प्रधानमंत्री श्री राव ने पिछली यात्रा के दौरान यह तय हो गया था कि यह विवाद हल होता रहेगा पहले हमें आर्थिक और अन्य क्षेत्रों में बातचीत शुरू कर देनी चाहिए। लगभग यही तर्क अमरीका तथा अन्य यूरोपीय देश भारत और पाकिस्तान के मामले में कश्मीर पर देते रहे हैं। लेकिन कम से कम पाकिस्तान की पूरी राजनीति का आधार ही कश्मीर है। अतः कश्मीर का मुद्दा छोड़े जाने का तो उसके द्वारा सवाल ही पैदा नहीं होता।

भारत में बौद्ध धर्मावलंबियों की तादाद तिब्बतियों को छोड़कर इतनी ज्यादा नहीं है कि दलाई लामा का उत्तराधिकार का प्रश्न उन्हें किसी भी तरह से परेशन करे लेकिन चीन के लिए यह सबसे ज्यादा और उन पश्चिमी देशों के लिए जो उसे मदद कर रहे हैं यह बहुत महत्वपूर्ण है। चीन ने दलाई लाला के परिवार में पहले ही फूट डलवा दी है। चीन दुनिया को यह बताता रहा है कि तिब्बत में रह गए पण्छेन लाल ही असली नेता हैं। वे तिब्बत में रह रहे दलाई लामा के अनुयायियों में पूरी तरह फूट डालने में सफल रहे हैं। स्वयं दलाई लामा का मानना है कि उनके अपने समर्थकों की संख्या तिब्बत में 20 प्रतिशत से भी ज्यादा नहीं है। कई बार तो यह लगता है कि दलाई लामा के लिए तिब्बत से बाहर समर्थन की मात्रा ज्यादा है। अतः चीन के यह हित में है कि वह इस समय चल रही उत्तराधिकार की लड़ाई में बढ़चढ़कर हिस्सा ले। तिब्बत से जो खबरें आती हैं उनके बारे में सौ प्रतिशत यकीन करना ठीक नहीं है। अतः वहां जिस दस वर्षीय दोरजी को उत्तराधिकारी घोषित किया था वह कहां तक प्रमाणित है यह अभी कहना मुश्किल है। दलाई लामा के विरोधी शैमार रिमपोचे का यह दावा बिल्कुल नजर अंदाज नहीं किया जाता है कि अन्य रिजेंटों ने जो खोज की है वह बहस का मुद्दा है।

54

आप तो जन्मजात पत्रकार हैं

कैरियर

मीडिया यानि अखबार, रेडियो और टी.वी. में लड़कियों और यहां तक कि विवाहित महिलाओं के लिए भी अपार संभावनाएं हैं। संभावनाएं उस दिन से शुरू हो जाती हैं जिस दिन से आप अपने चारों तरफ के वातावरण के प्रति जागरूक हो जाती हैं और उसमें कहीं न कहीं हस्तक्षेप या अपना योगदान करना चाहती है।

थोड़ा और पहले जाएं तो याद करिए वह क्षण जब आपने किसी को पहला खत लिखा था। क्या था उस खत में। आपने अपने बारे में बताया होगा और जिसका पत्र लिखा होगा उसके बारे में पूछा होगा। कुछ सवाल पूछे होंगे, कुछ का जवाब दिया होगा। यह काम आप बचपन से ही शुरू कर देते हैं। बच्चा आंखें खोलते ही इधर-उधर टुकर-टुकर ताकता है। जब वह शब्दों को वाक्य में पिरोना सीखता है तो सवाल पूछता है। सच पूछा जाए तो बच्चों में यह उत्सुकता प्रचुर मात्रा में होती है।

खैर आपके पहले पत्र की ओर लौटते हैं। अपनी उत्सुकता शांत करने के लिए प्रश्न पूछना और दूसरे की उत्सुकता शांत करने के लिए उत्तर देने का काम ही पत्रकारिता है।

हमारे वेद-शास्त्रों में एक शब्द आया है-शंका। अर्थात जो कुछ बताया जाए उस पर शंका व्यक्त करना। समझ में आ भी जाए तब भी शंका उठाना। यह पत्रकारिता का पहला धर्म है। जिन लोगों में यह शंका स्वाभाविक रूप से विद्यमान रहती है उनमें पत्रकार बनने के गुण पैदाइशी होते हैं।

पत्रकार शब्द में पत्र आधारभूत है। पत्रकार कागज पर लिखकर जानकारी जिसे वह समाचार कहता है समाज को देता है। अखबार के

जरिए, रेडियो के द्वारा और टी.वी. के माध्यम से। आप किसी भी समाचार की तह में जाए तो आपको इन प्रश्नों के उत्तर मिलेंगे–क्या हुआ, कब हुआ, कहां हुआ, क्यों हुआ, कैसे हुआ और किसने किया, कौन प्रभावित हुआ। ये सब सवाल हम अपनी रोजमर्रा की जिंदगी में रोज पूछते हैं। पड़ोस में, घर पर, दफ्तर में। स्कूल–कालेज पहुंचने पर। कभी–कभी बस या ट्रेन में सफर करते समय। अतः आप सोते जागते हर क्षण पत्रकार का धर्म निभा रहे होते हैं।

55

खाड़ी युद्ध में 'यहूदी फैक्टर' खतरनाक

सद्दाम ने इस्राइल पर हमला कर आखिरी 'तुरूप पत्ता' चला

वही हुआ जिसका खतरा था इराक ने अमेरिका की रक्षा पंक्ति को भेदते हुए अपने प्रक्षेपास्त्रों का मुंह इस्राइल की ओर मोड़ दिया है। युद्ध के पहले 24 घंटों में अमेरिका ने हरचंद कोशिश की कि इराक पर दबाव बनाये रखते हुए ऐसा नहीं होने दिया जाये लेकिन दूसरी आधी रात के शुरू होते ही इस्राइल की राजधानी तेलअबीब और बंदरगाह हैफा का आकाश इराकी प्रक्षेपास्त्रों से प्रज्वल्लित हो उठा। राजनकिय क्षेत्रों में इसे राष्ट्रपति सद्दाम हुसैन की बड़ी कूटनीतिक पहल बताया जा रहा है।

अमेरिका यह कतई नहीं चाहता था कि इस्राइल इस युद्ध में सीधे प्रवेश करे हालांकि इस्राइल ने बार-बार यह कहा था कि यदि उस पर सीधा आक्रमण हुआ तो वह जवाबी कार्रवाई करेगा। उसने अपने पायलट काकपिट में भी बिठा दिये थे लेकिन अंदरूनी तौर पर इस्राइल को यह आश्वासन दे दिया गया था कि अमेरिका हर कीमत पर इस्राइल की रक्षा करेगा और शमीर सरकार को अपनी रक्षा के लिए हथियार नहीं उठाने पड़ेंगे। ऐसा वायदा करते समय अमेरिका को इस्राइल से ज्यादा अपने युद्ध हितों का ध्यान था। क्योंकि सऊदी अरब समेत उन तमाम अरब राष्ट्रों ने जिन्होंने अमेरिका से मदद मांगी यह आश्वासन ले लिया था कि इस युद्ध में ऐसी स्थिति नहीं आने दी जायेगी जबकि इस्राइल ने फिलिस्तीनियों की जमीन पर कब्जा किया हुआ है और जिस जमीन को आजाद कराने के लिए वे पिछले 45 वर्षों से उससे संघर्ष कर रहे हैं। यह तो नियति की विडंबना है कि आज उन्हीं अरब राष्ट्रों का इस्राइल के सबसे बड़े पक्षधर अमेरिका की मदद और उसके नेतृत्व में एक साथी अरब राष्ट्र के विरुद्ध युद्ध करना पड़ रहा है। यहां तक तो उनके गले उतर गया है लेकिन

इस्राइल के साथ मिल कर इराक से युद्ध करना न अरब शासकों को हजम होगा और न अरबवासियों को। यही सद्दाम का तुरूप-पत्ता था जो उसने पहला मौका पाते ही चल दिया।

सद्दाम अरब राष्ट्रों को विभाजित करना चाहता था। उसने सबसे पहले कुवैत पर कब्जा कर लेने के बाद खाड़ी संकट को फिलिस्तीनी आयाम देने की कोशिश की। उसने बार-बार दुनिया को यह समझाने की कोशिश की कि उसका युद्ध कुवैत की जनता और अब अन्य अरब राष्ट्रों के विरुद्ध नहीं है वह तो अमेरिका तथा अन्य पश्चिमी देशों को मजबूर करना चाहता है कि वे इस्राइल पर दबाव डाल कर फिलिस्तीनी राष्ट्र को बनाने में सहयोग दें। जब उसे लगा कि उसकी यह बात मानी नहीं जा रही है तो उसने इस्लाम का सहारा लिया, उसने अपने प्रसारण तंत्र से यह प्रचारित करने की कोशिश की कि सउदी अरब तथा कुछ अन्य अरब राष्ट्र इस्लाम की पाक जमीन को अमेरिकी सैनिकों द्वारा भ्रष्ट करवा रहे हैं। अमेरिका को सउदी अरब में बुला कर शाह फहद ने मक्का और मदीना की अस्मत को खतरे में डाल दिया है। अब न अरब राष्ट्र बचेंगे न उनकी संस्कृति। उसने तो अपने इराकी झंडे पर अल्लाह ओ अकबर लिखवाने की भी पेशकश की ताकि अरब सैनिक एक इस्लामी परचम पर गोली दागने से पहले सौ बार सोचें। जब यह शगूफा भी कारगर नहीं हुआ तो सद्दाम ने सरेआम घोषणा की कि वह इस्राइल का वजूद नेस्तनाबूद कर देगा। वास्तव में उसका इरादा इस्राइल को इस कद्र भड़काना था कि तेल अबीव अपनी रक्षा के लिए हथियार उठाने पर मजबूर हो जाये क्योंकि रक्षा के लिए भी आक्रमक पहल उसकी आदत रही है। उसकी चाल यही थी कि अगर तेल अबीव के हवाई जहाज तोप और प्रक्षेपास्त्र बगदाद की ओर रूख करेंगे तो क्या तब भी अरब राष्ट्र चुपचाप इसे सहन कर लेंगे। सामरिक पर्यवेक्षकों का मानना है कि जैसे ही इस्राइल इराक पर जवाबी हमला करेगा। अरब राष्ट्र चुप नहीं रहेंगे। कम से कम इस युद्ध में इराक के खिलाफ लड़ाई नहीं लड़ेंगे।

इस बात के संकेत पहले दिन ही मिलने शुरू हो गये थे। जोर्डन ने कहा कि वह इस युद्ध में अमेरिका के साथ नहीं है। मोरक्को के शासक ने कहा कि उनका दिल तो इराक के साथ है दिमाग भले ही अमेरिका

के पक्ष में हो। ईरान पहले ही अपने निष्पक्ष होने की घोषणा कर चुका है। अन्य अरब राष्ट्र भी ये सोचने लगे हैं कि क्या यह युद्ध वास्तव में उसी उद्देश्य के लिए लड़ा जा रहा है जिसकी घोषणा पश्चिमी देशों ने की। क्या यह युद्ध एक अरब राष्ट्र से नहीं लड़ रहा है। क्या एक इस्लामी धर्मावलंबी दूसरे के साथ नहीं आ खड़ा हुआ है. इस्राइल के युद्ध में आ कूदने के बाद तो इस युद्ध का धार्मिक आधार और ज्यादा प्रबल हो जाएगा। यहूदी फैक्टर इस पूरे युद्ध की दिशा ही बदल देगा।

पूरी संभावना है कि बहुत ज्यादा दिनों तक सद्दाम अकेला न रहे और अमेरिका उन सभी 147 संयुक्त राष्ट्र संघ के सदस्य राष्ट्रों का समर्थन न मिलता रहे जिन्होंने इराक के विरुद्ध सैनिक कार्रवाई करने की सुरक्षा परिषद के प्रस्ताव को अपनी मंजूरी दी थी। इस आशंका के आसार दिखाने लगे हैं, फ्रांस ने अपना रूख इराक के प्रति ढीला किया है। उसने पूर्ण युद्ध की बजाय सिर्फ अपने जगुआर और वो भी अधिकृत कुवैत में इराकी ठिकानों पर इस्तेमाल करने की इजाजत दी है। सोवियत संघ अपने को पहले ही असंपृक्त घोषित कर चुका है। चीन और लीबिया यह कतई नहीं चाहते हैं उनका पुराना साथी इराक अकेले पिटता रहे। युद्ध रोकने के उनके प्रयास और तेज हो गये हैं। जर्मनी और जापान अपने औद्योगिक साम्राज्य की सुरक्षा के लिए लड़ाई रोकना चाह रहे हैं। अंततः इस युद्ध में संगठित यूरोप और अमेरिका की परंपरागत प्रतिद्वंद्विता को नहीं भुलाना चाहिए। संगठित जर्मनी जो नये यूरोपीय नेता के रूप में उभरा है यह कतई नहीं बर्दाश्त कर सकता कि इस युद्ध के माध्यम से अमेरिका पश्चिमी दुनिया का नेता बने।

ईरान का रूख इस पूरे संकट में उस मछलीमार का रहा है जो मौका देखते ही कांटा डालने की फिराक में रहता है। इराक से वर्षों पिटने के बावजूद उसने कुवैत पर हमला होते ही इराक से दोस्ती का हाथ थाम लिया। इराक ने भी उसकी सारी शर्तें मानकर एक मोर्चे को तो निष्क्रिय कर दिया, पर ईरान अपनी बेइज्जती भूला नहीं है। उसे इससे ज्यादा खुशी किसी बात में नहीं होगी कि इराक इस युद्ध में हारे और सद्धाम अपमानित हो। जैसे 'यहूदी कार्ड' सद्धाम का तुरूप पत्ता है इसी तरह 'ईरान कार्ड' का आने वाले दिनों में कोई अमेरिकी इस्तेमाल हो जाए तो किसी को ज्यादा अचंभा नहीं होना चाहिए।

इस्राइल की जवाबी कार्रवाई की गहराई इस बात पर निर्भर कर रही है कि अंततः खाड़ी युद्ध में अमेरिकी और बहुराष्ट्रीय हितों का पलड़ा किस तरफ और कितना झुकता है।

इस्राइल अमेरिका का घनिष्टतम मित्र है और अमेरिका में बसे पूंजीपति यहूदी इस्राइल की सुरक्षा के सबसे कड़े कवच हैं, इन यहूदी धनिकों की अमेरिकी में काफी पहुंच है और अमेरिकी प्रशासन पर उनका खासा असर है। अमेरिका में कोई भी नीतिगत निर्णय और खासकर इस्राइल अरब संघर्ष के मामले में कोई फैसला बिना इस प्रभावशाली वर्ग की सहमति के संभव नहीं है। इसी 'यहूदी लॉबी' ने अमेरिका से यह वायदा कराया था कि इस्राइल का बाल भी बांका नहीं होने दिया जाएगा।

56

इधर शांति की बातें उधर युद्ध की तैयारी

साहबजादा न्यूयार्क में और बेनजीर जियारत पर

भारत और पाकिस्तान की सीमाओं पर मंडराते युद्ध के बादल इस हफ्ते शुरू हुई शांति की कोशिशों के बावजूद गहरे ही हुए हैं। एक तरफ पाकिस्तान के प्रस्ताव पर विदेशमंत्री इंद्रकुमार गुजराल से मिलना तय हुआ, दूसरी ओर बेनजीर भुट्टो हज करने के बहाने मक्का जा पहूंची अपने अरबी आकाओं की हिमायत बटोरने। इस खबर को लिखने के दौरान ही पाकिस्तान से खबर आई कि उसके दो जनरलों ने फिर ताल ठोंकी है।

अभी तक ईरान को छोड़कर किसी भी देश ने खुलकर कश्मीर के मामले पर पाकिस्तान का साथ नहीं दिया है। ईरान द्वारा समर्थन दिये जाने के कारण इराक की पहल पर अनेक अरब राष्ट्र भारत की ओर हमदर्दी का रूख अख्तियार करने लगे थे। इससे पाकिस्तान का फिक्रमंद होना लाजिमी था। बेनजीर को लगा यदि सऊदी अरब की दुआ मिल जाये तो बाकी मध्यपूर्व एशियाई देशों को पटाना आसान हो सकता है, पाकिस्तान से सऊदी शेखों की सुरक्षा के लिये कमांडो मुहैया कराता रहा है, बदले में पाकिस्तान को तमाम किस्म के असले बनाने और अंतर्राष्ट्रीय हथियार-सौदागरों से खरीदने की इमदाद मिलती रही है। सऊदी अरब को खुश करने के लिए ही जनरल जिया ने इस्लामी कठमुल्लेपन का दामन पकड़ा था। लिहाजा कोई अचंभा नहीं होना चाहिए अगर बेनजीर अपने मिशन में कामयाब हो जाए।

वैसे पाकिस्तान अमेरिका के रूख से काफी बौखलाया हुआ है, जब से अमानुल्ला खान का वीजा रद्द हुआ है। पाकिस्तानी जनरलों की रातों की नींद हराम है। इसके अलावा एक के बाद एक अमेरिकी सेनेटर और

कांग्रिसमैन भारत के विरूद्ध कड़ा रुख छोड़कर यह सलाह देने का सिलसिला जारी रखे हुए है कि भारत और पाकिस्तान को कश्मीर का मसला बातचीत से हल कर लेना चाहिए। यह अमेरिका और सोवियत संघ दुनिया भर में अपने अस्ले–बारूद को कम करने की जो कोशिश कर रहे हैं। भारत–पाकिस्तान के बीच युद्ध की आशंका उन कोशिशों पर पानी फेरने का काम कर रही है, लिहाजा सोवियत संघ की तरह अमेरिका भी इस बर्रे सगीर में जंग के खिलाफ है। पर एक और ताजा खबर परेशानकुन है। चीन ने दूर तक मार करने वाले मिसाइल पाकिस्तान को देने का वायदा करके उसकी बेइंतहा हौसला अफजाई की है। वैसें युद्ध होने की हालत में चीन द्वारा मोर्चा खोलने की कोई उम्मीद नहीं है। चीन से भारत के ताल्लुकात बेहतर हुए हैं। उधर चीन की अंदरूनी हालत भी ऐसी नहीं है कि वो हिमालय की बर्फानी चोटियों पर अपने सिपाही पाकिस्तानी भट्‌टी में झोंके।

बावजूद इस सब के भारत और पाकिस्तान के बीच लड़ाई की तैयारी भी बाकायदा जारी रही। रक्षा विशेषज्ञ यह मानते हैं कि यदि लड़ाई नहीं हुई तो फिर शायद टल जाये। लड़ाई की खासी उम्मीद की वजह पाकिस्तान वाले कश्मीर में होने वाले चुनाव हैं। चुनाव से पहले खून उबलेगा।

पाकिस्तान की भी तैयारी पूरी है। वो इस हफ्ते अपनी फौजों को सरहद के और करीब ले आया, पाकिस्तान ने पंजाब और कश्मीर पर अपना जमाव किया है। उसे डर है जो सही भी है कि अगर हमला भारत की ओर से हुआ तो वह पाक वाले कश्मीर पर होगा। पाकिस्तान ने यह भी सोच रखा है कि भारत सिंध के रेगिस्तान में बढ़ा चला भी जाये तो खास फर्क नहीं पड़ता। पर कश्मीर पर इंच–इंच के लिए कट मरना पड़े तो कोई उज्र नहीं। पाकिस्तान को उस हालत में कराची–लाहौर राजमार्ग बचाने की दिक्कत पेश आयेगी। भारत का अंदाज है कि कश्मीर में पाकिस्तान के बढ़ाव को रोकने के लिए दो लाख जवानों की जरूरत होगी। इसके अलावा गुप्तचर संस्थाओं ने पंजाब में सीमा पर गुरूद्वारों की ताजा बाढ़ का भी पता लगाया है जहां से भारतीय फौज के खिलाफ अबे–तबे की जा रही है।

इसको देखते हुए एक तिहाई फौज को और तैनात करने का विचार है। यह निपटेगी आतंकवादियों से। भारतीय अफसर यह भी मानते हैं कि

पाकिस्तानी सैनिक संचार व्यवस्था भारत से ठीक है। इस वजह से शुरू के दो चार दिनों में पाकिस्तान को मैदानी इलाकों में बढ़त मिल सकती है। भारत अमेरिकी अवाकस जहाजों को भी लेकर चिंतित है। अवाकस फिलहाल सऊदी अरब में हैं और बिना पाकिस्तानी आसमान में घूसे भारत की खोज खबर पाकिस्तान को दे सकते है।

भारत के पास मिग 29, 27, 23 और 21 तथा मिराज, जगुआर मिलाकर 35 स्वावाहन है जब कि पाकिस्तान के पास एफ-16, 7, 6, और पांच मिला कर साढ़े 17 वैसे हमारे पास जो रूसी टी. वी-172 टैंक हैं उन्हें पाकी जहाज आसानी से निशान बना सकते हैं। पर भारत की नौसेना इस बार चाकचौबंद है।

57

विदेश मंत्रालय आधा-आधा बंटा

गुजराल और अफसरों के बीच

एक लंबे अर्से तक अंतर्राष्ट्रीय मामलों में दिलचस्पी रखने वाले इंद्रकुमार गुजराल जानते थे कि कोई भी प्रदेश मंत्री साऊथ ब्लाक के अफसरों की मदद के बिना सफल नहीं हो सकता। यही कारण है कि मंत्री बनते ही उन्होंने सत्ता को मिल बांट कर भोगने का फैसला कर लिया, गुजराल ने तत्कालीन विदेश सचिव शैलेंद्रकुमार सिंह और अन्य वरिष्ठ अधिकारियों के साथ पहली बैठक में साफ कह दिया था कि उनकी व्यक्तिगत दिलचस्पी सिर्फ पड़ोसी देशों और चार महाशक्तियों में इन देशों की राजधानियों में है। इन देशों की राजधानियों में राजदूत वे खुद तय करेंगे और उन्हें आसानी रहेगी यदि आई. एफ. एस. वाले अपने किसी अधिकारी के नाम पर जोर न दें।

विदेश सचिव उस बैठक में तो हामी में सिर हिलाते रहे लेकिन व्यवहार में वे इन देशों के बारे में खासतौर पर अपनी सलाह न केवल पेश करते रहे बल्कि उस पर बहस भी करते रहे यहां तक कि उन्होंने तत्कालीन 'रा' प्रमुख ए. के. वर्मा की गुप्त सलाहों का भी मजाक उड़ाया और उस पर अपना विपरीत नजरिया चस्पां किया, लिहाजा उन्हें जाना पड़ा। हटते ही उन्होंने अपना सारा नजला शर्मा की रहनुमाई वाली 'रा' पर उतारा, उनके टाइम्स आफ इंडिया में छपे इस लेख से तमाम आई. एफ. एस. सकते में हैं।

सिंह के उत्तराधिकारी के रूप में गुजराज ऐसा विदेश सचिव चाहते थे जो प्रशासनिक रूप से कुशल हो, पर हर कूटनीतिक मामले में उसकी अलग राय न हो, मुचकुंद दुबे ढांचे पर तपे हैं, उन्होंने अपने पूरे कार्यकाल में तेहरान और ढाका दो राजनीतिक दृष्टि से संवेदनशील राजधानियों में

काम किया है। उनकी बाकि नियुक्तियां आर्थिक दृष्टि से महत्वपूर्ण रही हैं। लिहाजा उनकी फाइल पर दो टिप्पणियां उनके हक में गयीं। प्रशासनिक अनुभव और व्यापारिक सूझबूझ वाला कूटनीतिज्ञ और साथी अफसर निराश हैं। पर यह स्थिति गुजराल को बहुत पसंद आ रही है। इससे दो नुकसान हुए हैं। एक तो दूबे के अधीनस्थ अफसरों की बन आयी है। वे सीधे गुजराल से संपर्क साधे हुए हैं। इस कारण विदेश सचिव और अन्य स्तर के अफसरों का रुतबा घटा है। नतीजा यह हुआ है कि मंत्री और सांसदों की दखलअंदाजी बढ़ गयी है। रोजमर्रा के फैसले भी नहीं लिये जा रहे हैं।

कम से कम छह बड़े अफसर महीनों से दिल्ली में खाली बैठे हैं। उनके लिए कोई कुर्सी ही नहीं मिल पा रही है। इनमें प्रमुख हैं राजीव गांधी के तत्कालीन प्रवक्ता जो पार्थसारथी। उनके खिलाफ आरोप है-कि उन्होंने अपने कार्य और अधिकारक्षेत्र से बाहर जाकर स्वामिभक्ति का परिचय दिया। अतः उन्हें कुछ दिन बर्फ में लगा दिया जाए। जबकि पार्थसारथी के दुश्मनों तक का यह मानना है कि उनसे बेहतर कूटनीतिज्ञ कम ही हैं। वाशिंगटन और कराची में किये गये उनके कामों को आज भी याद किया जाता है।

अनेक दूतावासों में कुर्सियां खाली पड़ी हैं पर गुजराल को अपना मनपसंद आदमी नहीं मिल पा रहा है जिसे वे राजदूत बना सकें। मसलन बर्मा ने भारतीय दूतावास रजादूतविहीन था। गुजराल वहां अपने किसी खास अफसर को भेजना चाहते थे पर उन्हें फाइल पर सही करने का वक्त नहीं मिल पा रहा था। अंततः कई हफ्तों के बाद फैसला हुआ।

इसी प्रकार ट्रिनीडाड और टोबेगो में भारत के उच्चायुक्त शिवकुमार ने गुजराल के विदेशमंत्री बनते ही उन्हें खत लिखा कि सेंट किट्स वाले मामले में तत्कालीन विदेशमंत्री ने उन पर दबाव डाला था। इस पत्र को 'इंडियन एक्सप्रेस' में शिवकुमार के नाम से छपवा भी दिया गया। इसके बाद शिवकुमार की न केवल अतिरिक्त सचिव पद पर तरक्की हो गयी बल्कि उनका कार्यकाल पूरा होने के बावजूद उन्हें कहा गया है कि वे वहीं बने रहें क्योंकि न उनके लायक कुर्सी मिल रही है और न उसकी कुर्सी के लिए राजदूत।

58
युद्ध विराम की आशा

भारत में ईरान के राजदूत इब्राहित रहीम ने आशा प्रकट की है कि उनके देश द्वारा खाड़ी युद्ध को फौरन रुकवाने के प्रयास सफल होने की काफी संभावना है। क्योंकि इराक और अमेरिका दोनों इस बात को जानते हैं कि उस युद्ध में सिर्फ हार होगी विजेता कोई भी सिद्ध नहीं होगा।

ईरान के राष्ट्रपति रफसंजानी द्वारा, शांति प्रयासों में तेजी लाये जाने के बाद 'दिनमान टाइम्स' से बातचीत करते हुए ईरानी राजदूत ने विश्वास व्यक्त किया कि उनके ताजा शांति प्रस्तावों में सभी संबद्ध पक्षों की इज्जत छुपी है। उन्होंने इन प्रस्तावों का ब्यौरा तो नहीं दिया लेकिन यह अवश्य कहा कि ईरान अपनी निष्पक्षता का भरपूर फायदा उठाते हुए दोनों पक्षों पर नैतिक दबाव डालने की स्थिति में है।

उल्लेखनीय है कि ईरान अकेला ऐसा राष्ट्र है जिसकी बात सुनने के लिये ईराक ने उत्सुकता, धैर्य और विवेक का परिचय दिया है। अल्जीरिया और यमन के नेताओं की बैठक हुई तो इसमें भाग लेने के लिए इराक ने अपना प्रतिनिधि भी भेजा था। इस हफ्ते भी इराक के राष्ट्रपति सद्दाम हुसैन ने अपने कई दूतों को मित्र राष्ट्रों की राजधानी के लिए रवाना किया है।

इराक ने युद्ध छिड़ने के फौरन बाद कहा था कि वह ईरान की भावनाओं की इज्जत करता है और उसके सारे फैसलों को आदर भाव से स्वीकार करेगा। जब इराक ने मजबूरी पड़ने पर अपने सौ जहाजों को ईरान में उतारा तब भी इराक ने यही कहा कि यदि ईरान इन जहाजों को युद्ध समाप्त होने के बाद लौटाने की शर्त रख रहा है तो उस पर भी कोई एतराज नहीं है। हालांकि पश्चिमी देशों ने इराक की नीयत पर संदेह करते हुए यह कहा था कि इराक या तो इन जहाजों को किसी भावी युद्ध के

लिए बचा कर रखना चाहता है या फिर आवश्यकता पड़ने पर ईरान को किसी न किसी तरीके से इस युद्ध में शामिल होने के लिए मना लेना। लेकिन स्वयं अमेरिका के राजनीतिक काउंसलर जार्ज शर्मेन ने 'दिनमान टाइम्स' को बताया कि यह सिर्फ इराक की खुशफहमी है, उन्हें ईरान की तटस्थता पर पूरा भरोसा है। सद्धाम हुसैन जानबूझकर भ्रम फैलाने के लिए ईरान को लपेट रहे हैं।

ईरानी राजदूत ने भी लगभग इन्हीं भावों को व्यक्त करते हुए इस संभावना से पूरी तरह इंकार किया कि वह इस युद्ध में शामिल हो सकता है। आठ वर्षों तक इराक के विरूद्ध घनघोर युद्ध में जुटे रहने के बाद अब ईरान के पास न सामरिक शक्ति है और न ऐसा आर्थिक आधार कि वह अमेरिका और उसके साथी राष्ट्रों के विरुद्ध लड़ सके। लेकिन अगर वह अपने को इराक के साथ जोड़ ले तो खाड़ी के सैनिक समीकरण अमेरिका और बहुराष्ट्रीय सेना के लिए एक बारगी लड़खड़ा जाएंगे और अगर वह अमेरिका की ओर झुक जाए तो इराक को इस युद्ध में मांगे पानी भी नहीं मिलेगा। इसलिए उसके तो सारे हित इसी केन्द्र बिन्दु पर आकर जुड़ते हैं कि किसी प्रकार इस क्षेत्र में शांति हो जाए।

अमेरिका और इराक द्वारा इस प्रकार विश्वास में लिये जाने के बाद से ईरान इस क्षेत्र में केन्द्रीय स्थिति में आ गया है। यही कारण है कि वह अमेरिकी राष्ट्रपति जार्ज बुश और सद्धाम हुसैन से एक ही तेवर में बात कर सकता है। यह तेवर उस समय दिखाई दिये जब कि युद्ध की लपटें उसके सीमावर्ती क्षेत्रों में महसूस की जाने लगीं। उसने बड़ी कठोर भाषा का इस्तेमाल करते हुए युद्धरत राष्ट्रों को चेतावनी दी कि उसकी तटस्थता का सम्मान करते हुए उसके नागरिकों की सुरक्षा की गारंटी दी जानी चाहिए।

यदि इस युद्ध में इराक हार जाता है और उसका भौगोलिक बंटवारा हो जाता है तो वह भी ईरान के हित में नहीं होगा क्योंकि तब सऊदी अरब और तुर्की सीमावर्ती क्षेत्र पर अपना अधिकार जताते हुए ईरान के लिए खतरा उत्पन्न कर सकते हैं।

ईरान कई वर्षों से पूर्वी अरब राष्ट्रों का नेतृत्व करने की लालसा सहेजता रहा है। अब उसे यह अवसर मिला है कि वह युद्ध में आहत हुए राष्ट्रों के घावों पर मरहम लगाने के बहाने अपना नेतृत्व स्थापित कर सके। उसके इन प्रयासों को सऊदी अरब और तुर्की न केवल घृणा की दृष्टि

से देखते रहे हैं बल्कि उसे इस काम में चुनौती भी देते रहे हैं। लेकिन इस युद्ध के कारण ईरान का अपना यह लक्ष्य काफी करीब दिखाई देता है।

युद्ध का आरंभ इराक द्वारा अपने तेल वाले समुंद्री जहाजों हेतु छोटा रास्ता हासिल करने के लिए किये गये प्रयासों के कारण भी हुआ था। इस युद्ध में हार जाने के बाद और कुवैत पर कब्जा छुड़वा दिये जाने के बाद भी इराक को वैकल्पिक समुंद्री मार्ग की आवश्यकता तो पड़ेगी ही। उस स्थिति में ईरान अपनी शर्तों पर यह सुविधा प्रदान करके इराक पर नैतिक बढ़त हासिल कर सकता है।

इसी प्रकार खाड़ी क्षेत्र के तेल स्रोतों के पूरी तरह नष्ट हो जाने से पूर्व युद्ध समाप्त करवाने में ईरान का आर्थिक हित भी जुड़ा हुआ है। भविष्य में जब कभी भी तेल पैदा करने और निर्यात करने वाले राष्ट्र मिल बैठकर तेल के दाम और उसके बंटवारे का फैसला करेंगे तो उस बातचीत में ईरान की भी महत्वपूर्ण भूमिका होगी। इसलिए ईरान यह भी नहीं चाहता कि इस क्षेत्र का सारा तेल युद्ध की ज्वाला में नष्ट हो जाये।

ईरान को अपने इतिहास और इस्लामी संस्कृति की धरोहर पर बड़ा नाज रहा है। इसी कारण वह अरब और गैर–अरब मुस्लिम राष्ट्रों की अगुवाई करने का सपना संजोता रहा है। इस युद्ध ने उसे ऐसा प्राकृतिक अवसर प्रदान किया है जब वह इसे साकार कर सके। यही कारण है कि वह अन्य राष्ट्रों द्वारा किये जा रहे शांति प्रयासों से पहले अपनी कोशिशें कर रहा है।

युगोस्लाविया की राजधानी बेलग्रेट में गुट निरपेक्ष देशों के नेताओं की एक बैठक होने जा रही है। जिसमें इस आंदोलन से जुड़े हुए देश कुछ शांति प्रस्तावों की रूपरेखा तय करेंगे। ईरान के राष्ट्रपति रफसंजानी ने उस बैठक से ठीक एक सप्ताह पूर्व अपने प्रयासों पर विश्वव्यापी समर्थन जुटाने में उन्हें जिस प्रकार प्रचारित और प्रसारित किया वह यह स्पष्ट करता है कि ईरान इन शांति प्रयासों के लिए सारा श्रेय खुद ही लेना चाहता है।

उल्लेखनीय है कि इराक और अमेरिका ने भी गुटनिरपेक्ष राष्ट्रों की कोशिशों को ज्यादा गम्भीरता से नहीं लिया है। लेकिन ईरान के शांति प्रस्तावों पर इराक ने कूटनीतिक दृष्टि से महत्वपूर्ण प्रतिक्रिया व्यक्त की है। पश्चिमी राष्ट्र और खास तौर से अमेरिका गुट निरपेक्ष आंदोलन को

सोवियत संघ के विचारों के करीब मानते रहे हैं। यही कारण है कि गुटनिरपेक्ष राष्ट्रों की पहल के समानांतर मास्को ने भी इस संबंध में कुछ प्रयास किये हैं।

कहीं सोवियत संघ, जिसने अपने आपको इस युद्ध से बिल्कुल परे रखा है, शांति का श्रेय न झटक ले इसीलिए पश्चिम राष्ट्रों की ओर से ईरान को ज्यादा महत्व दिया जा रहा है।

59

युद्ध विराम की संभावनाएं

खाड़ी युद्ध

इराक, ईरान और कुवैत के राजदूतों से ओम गुप्ता की बातचीत पर आधारित खाड़ी डेस्क की रपट

खाड़ी युद्ध से संबद्ध देशों के दिल्ली स्थित दूतावासों को बगदाद में अपने राजनियकों से जो खबरें मिली हैं, उनके आधार पर आशंका है कि अब तक अमेरिका की बमबारी से अकेले इराक में 15 हजार से ज्यादा लोग मारे जा चुके हैं, सऊदी अरब के रेगिस्तान में इन दिनों चल रहे भीषण जमीनी लड़ाई के दौरान यह संख्या कहीं और ज्यादा होने की संभावना है। यही कारण है कि सभी पक्षों की ओर से शांति प्रयास तेज हो गये हैं और उम्मीद की जाती है कि अस्थायी तौर पर ही सही, युद्धविराम हो जाएगा।

खाड़ी युद्ध का मूल्यांकन करने के लिए *दिनमान टाइम्स* ने इराक, कुवैत, ईरान तथा अमेरिका के शीर्षस्थ राजनयिकों से लंबी मुलाकातें कीं। इन बातचीतों के आधार पर ये निष्कर्ष निकलते हैं:

अमेरिका इस बात को लेकर बड़ा परेशान है कि दुनिया भर में उसके खिलाफ जन आक्रोश बढ़ता जा रहा है और सद्दाम हुसैन सहानुभूति अर्जित करते जा रहे हैं। जिस प्रकार फ्रांस के रक्षामंत्री, इटली के फौजी कमांडर, मोरक्को के शाही दस्तों और उनके अरब राष्ट्रों ने अपने-अपने तरीकों से अमेरिकी हमले के प्रति विरोध जाहिर किया है, वह भी उसके नए परेशानी का कारण बन गया है। यही कारण है कि स्वयं हमला करने के बावजूद और इराक द्वारा अपने रवैये में कोई ढील न दिये जाने के बाद भी अमेरिका ने सोवियत संघ के साथ मिलकर इराक के सामने एक और शांति प्रस्ताव रखा है। युद्ध के बीचोंबीच एक आक्रमण करने वाले देश

के द्वारा अपने से कमजोर राष्ट्र के सम्मुख रखा गया शांति प्रस्ताव अमेरिका की नैतिक हार समझा जा रहा है।

वैसे दिल्ली स्थिति अमेरिकी दूतावास में राजनीतिक मामलों के काउंसलर जॉर्ज एफ. शर्मेन ने कहा कि अमेरिका के इस शांति प्रस्ताव को उसकी कमजोरी नहीं मानना चाहिए। अमेरिका तो सदा शांति चाहता था। वह तो तमाम शांति प्रयासों के विफल हो जाने के बाद सुरक्षा परिषद के प्रस्ताव पर अमल करने के लिए अमेरिका ने सहयोगी राष्ट्रों की सेनाओं का नेतृत्व करना स्वीकार किया। अभी भी यदि इराक कुवैत से हटने की बात बिना शर्त नहीं मानता है, तो युद्ध समाप्त नहीं होगा। भले ही वह कितना लंबा चले।

भारत में ईरान के राजदूत इब्राहीम रहीमपूर मानते हैं कि इस लड़ाई में कोई नहीं जीतेगा। इसमें सिर्फ विध्वंस होगा। लगता है खुदा ईरान के सब दुश्मनों को सजा दे रहा है। वह इसे धर्मयुद्ध भी नहीं मानते। उनका अपना अनुमान है कि यह युद्ध ज्यादा लंबा नहीं चलेगा क्योंकि अमेरिका अभी से थका हुआ लगता है। उन्हें तेहरान में आज से शुरू हुए शांति प्रयासों के सफल होने की काफी उम्मीद है। इन प्रयासों में इराक ने शामिल होना स्वीकार कर लिया है जो यह सिद्ध करता है कि इराक भी किसी न किसी तरह अपनी इज्जत बचाना चाहता है। इराक और ईरान के अलावा इन प्रयासों में अल्जीरिया, यमन और फ्रांस भी भाग ले रहे हैं।

इस प्रकार के प्रयास भारत भी कर रहा है और इस संबंध में भारत के विदेशमंत्री वी. प्र. शुक्ला देश-देश घूम रहे हैं लेकिन ईरान के राजदूत कहते हैं कि भारत का रुख खाड़ी युद्ध में स्पष्ट नहीं है। पहले भारत साफ तौर पर इराक और सद्दाम हुसैन का समर्थन कर रहा था, अब उसका रवैया कुछ बदला-बदला नजर आ रहा है। और जिस प्रकार भारत ने अमेरिकी सैनिक यातायात विमानों को अपने यहां से तेल भरने की इजाजत दी है, उसके बाद से तो लगता है कि भारत के रवैये में निश्चित बदलाव आया है।

भारत का यह रवैया इराक की समझ में भी नहीं आया। भारत में इराक के राजदूत अब्दूल वदूद शेखली ने कहा कि लगता है समाजवादी प्रधानमंत्री चंद्रशेखर सद्दाम हुसैन के युद्ध की पूर्वसंध्या को दिये गये शाति

प्रस्ताव को पढ़ने के लिए समय नहीं निकाल पाये। यदि वे गहराई में जाते तो उन्हें इराक से निश्चित रूप से ज्यादा हमदर्दी होती।

लेकिन भारत में कुवैत के राजदूत अली जकरिया अल अंसारी को चंद्रशेखर का रवैया पिछले दो प्रधानमंत्रियों के मुकाबले ज्यादा यथार्थवादी नजर आया। उनका मानना है कि भारत का वामपंथी बुद्धिजीवी वर्ग अभी भी औपनिवेशक मन:स्थिति में जी रहा है। कहीं-कहीं कुवैत के मुकाबले इराक के प्रति जो हमदर्दी दिखायी देती है, वह वास्तव में दुनिया के इस हिस्से में अमेरिका के तथाकथित साम्राज्यवादी इरादों को लेकर जो भ्रांतियां उपस्थित हैं, उन्हीं की उपज है। वे खासतौर से भारतीय अखबारों से बहुत ज्यादा नाराज दिखायी दिये। उनका कहना है कि भारतीय अखबार जानबूझकर सद्दाम हुसैन को हीरो बनाने में लगे हुए हैं।

भारतीय अखबारों के इस रवैये से अमेरिकी दूतावास भी काफी परेशान नजर आया। उसका कहना है कि सद्दाम हुसैन के लिए गैर अरब मुस्लिम देशों में ज्यादा सहानुभूति है क्योंकि अरब राष्ट्र और उनकी जनता तो उसके असली इरादों को जानती है। उन्होंने यह स्वीकार किया कि दुनिया के इस हिस्से में सद्दाम हुसैन ने अपने हथकंडों से काफी हमदर्दी उगाही है, लेकिन कुल मिलाकर दुनिया अमेरिकी रवैये के प्रति ज्यादा सहिष्णु और उदार है।

लेकिन इराक अमेरिका की इस बात से सहमत नहीं है। उनके राजदूत अब्दुल वदूद शेखली ने दावा किया कि उन्हें हर रोज लाखों भारतीयों का तार, टेलीफोन और चिट्ठियों के जरिये समर्थन प्राप्त हो रहा है। अब तक 20 लाख भारतीय उनकी ओर से लड़ने की पेशकश कर चुके हैं। उन्होंने कहा कि भारतीय अखबारों, बुद्धिजीवियों और सभी धर्मों के नेताओं में इराक के प्रति जो रवैया बेहतर हुआ है, वह उसकी नैतिक जीत की ओर इशारा करता है और इसी बदले हुए रवैये के कारण अमेरिका परेशान हो उठा है। उन्होंने दावा किया कि आज दुनिया भर के फिलिस्तीनी मुसलमान तथा साथी अरब राष्ट्र उनके साथ हैं, यही नहीं पश्चिम अखबारों और टेलीफोन कंपनियों का एक बहुत बड़ा हिस्सा भी तटस्थ रवैया अख्तियार कर चुका है।

अमेरिका ने इराक के इन दावों का खंडन करते हुए कहा कि सद्दाम हुसैन जानबूझकर दुनिया को गुमराह कर रहे हैं, मसलन ईरान के न चाहते

हुए भी इसका जानबूझकर यह प्रचारित करने का प्रयास कर रहा है कि ईरान देरसवेर उसकी ओर से लड़ाई में शामिल हो जाएगा। आखिरकार वह उसका भाई है और इस्लाम का हिमायती है।

पर न ईरान और न ही अमेरिका इराक की इस खुशफहमी के शिकार होना चाहते हैं। ईरान राजदूत ने कहा उनका इस युद्ध में शामिल न होने का इरादा अटल है। हां, अगर उनके देश पर हमला हुआ या इस्राइल इस युद्ध में शामिल हो गया तो बात अलग है। तब ईरान युद्ध में कूदने की सोच सकता है। पर तब तक वह एक तटस्थ देश बना रहेगा और शांति प्रयास जारी रखेगा। इसी प्रकार अमेरिकी राजनयिक ने भी कहा कि इराक शरारत के बतौर ईरान को लपेटना चाहता है। उन्हें ईरान की तटस्थता पर पूरा भरोसा है।

जहां तक इस्राइल के युद्ध में कूदने की बात है, कुवैत को उस पर तनिक भी भरोसा नहीं है। उसके राजदूत ने कहा कि इराक इस्राइल से बच्चों की तरह छेड़खानी कर रहा है। अगर वह उसे भड़काना चाहता तो अब तक भीषण हमला कर चुका होता।

वैसे ईरान का यह मानना है कि इस युद्ध में सबसे ज्यादा नुकसान इस्राइल का ही होगा। हो सकता है उसे फिलिस्तीनियों के लिए अपना आधा देश देना पड़े। अमेरिका चाहकर भी इस्राइल को नहीं बचा पाएगा। इराक भी यही चाहता है। उसके राजदूत के अनुसार उनका एकमात्र लक्ष्य है फिलिस्तीनियों को उनका राष्ट्र दिलवाना। जब तब उनकी यह मांग पूरी नहीं हो जाती, तब तक कुवैत पर सोचने का भी सवाल पैदा नहीं होता।

60

सिंधिया राजपरिवार कब्ज़ा चाहता है

करोड़ों के जर्मन दूतावास भवन को लेकर विवाद

ग्वालियर की राजमाता विजयाराजे सिंधिया और नयी दिल्ली स्थिति जर्मन दूतावास के बीच समाहित पूर्वी जर्मनी के दूतावास की इमारत को लेकर एक विवाद चह रहा है। फिलहाल इस दूतावास पर एकीकृत जर्मनी ने अपना झंडा फहरा रखा है जबकि राजमाता इस बात पर कायम हैं कि पूर्वी जर्मनी दूतावास उनका क़िरायेदार था और अब दोनों जर्मन देशों के एक हो जाने के बाद वे यह भवन संगठित जर्मनी के दूतावास को देने के लिए कानूनी रूप से बाध्य नहीं है।

इस संबंध में राजमाता का यह भी तर्क है कि जर्मन दूतावास ने उन सभी घरों को अपने पास नहीं रखा है जहां पूर्वी जर्मनी के राजनयिक रहते थे। अकेले मालचा मार्ग पर ऐसे दस घर खाली पड़े हैं। तब जर्मन दूतावास दो न्याय मार्ग के पास रखने के लिए करार का हवाला कैसे दे सकता है।

राजनियक इलाके चाणक्यपुरी में न्याय मार्ग पर लगभग 4000 वर्ग गज में बने इस भवन की कीमत आजकल के भाव से 10-12 करोड़ रुपये के बीच आंकी जा रही है। यह भवन राजमाता को उनके पति ग्वालियर के पूर्व राजमाता को उनके पति ग्वालियर के पूर्व महाराजा की मृत्यु के बाद विरासत में मिला था। उन्होंने इसे 1970 में सिर्फ 3000 रुपये प्रति महीने के किराये पर दे दिया था। तब से हर तीन साल बाद यह किराया बढ़ाया जाता रहा। पूर्वी जर्मनी के पश्चिमी जर्मनी में विलय के समय तक यह किराया बढ़कर 40 हजार रुपये प्रतिमाह तक हो गया था और इस हिसाब से 1991 तक तत्कालीन पूर्वी जर्मनी दूतावास ने यह किराया पेशगी दे दिया था। आज यह बिल्डिंग किराये पर उठायी जाये तो ढ़ाई लाख रुपये प्रति माह तक किराया मिला सकता है।

इस भवन के साथ लगे तीन नंबर न्याय मार्ग पर पूर्व महाराजा कर्णसिंह रहते हैं। इस कारण इस इलाके के अधिकांश लोग इसे उन्हीं की जायदाद मानते हैं। यह भी सुना जाता है कि पूर्व केन्द्रीय मंत्री माधवराव सिंधिया ने पिछले वर्ष कर्णसिंह के बेटे विक्रमादित्य सिंह से अपनी बेटी चित्रांगदा के विवाह के अवसर पर यह भवन उपहार में देने के लिए अपनी मां को मनाने की कोशिश की थी।

जर्मन दूतावास का कहना है कि दुनिया भर में पूर्वी जर्मनी की तमाम जमीन जायदाद लेनदारी-देनदारी के, अब नये एकीकृत जर्मनी देश के अधिकार क्षेत्र में आ गई है। इसलिए यह भवन उसे ही किराये पर मिलना चाहिए। यह आज के भाव पर किराया बढ़ाने को भी तैयार है। किराये पर लेने के बाद वह यहां एक जर्मन स्कूल चलाना चाहता है।

उधर राजमाता को उनके वकीलों ने सलाह दी है कि तत्कालीन पूर्वी जर्मनी से उनका जो करार था उसमें यह शर्त नहीं थी कि कल अगर यह राष्ट्र किसी और राष्ट्र के साथ मिल जाए तो यह करार वैध रहेगा। हालांकि यह शर्त जरूर थी कि अगर कभी राजमाता इसे बेचना या ढहाना चाहेंगी तो उसे खरीदने के लिए पहला हक पूर्वी जर्मनी दूतावास को होगा। इस संबंध में 1983 में राजमाता तैयार भी हो गयी थीं। उस समय सौदा दो करोड़ में तय हुआ था पर कुछ तकनीकी कारणों से तब वित्त और विदेश मंत्रालय ने इस सौदे को अपनी मंजूरी नहीं दी।

राजघराने की एक अन्य महत्वपूर्ण सदस्या वसुंधरा राजे ने फिलहाल इस विवाद पर कोई टिप्पणी नहीं की है, हालांकि वह सदैव राजमाता के पक्ष में ही रही है।

राजमाता के निकटवर्ती सूत्रों का कहना है कि वे ये भवन 12 करोड़ में बेचने के लिए तैयार हैं। इस संबंध में उनकी नये जर्मन राजदूत से मुलाकात भी हुई थी। पर बात बनी नहीं। जर्मन दूतावास किराया बढ़ाकर इसे अपने पास रखना चाहता है।

इन दिनों इस भवन में तत्कालीन पूर्वी जर्मनी के दो राजनयिक रह गये हैं। वे भी 31 जनवरी 1991 को वापिस अपने देश चले जाएंगे। नये जर्मनी राष्ट्र ने तत्कालीन पूर्वी जर्मनी के तमाम जर्मन और भारतीय कर्मचारियों को एक-एक महीने की तनख्वाह और प्रोविडेंड फंड के

एक–एक लाख रुपये देकर छुट्टी कर दी है। उसने अन्य देशों में भी पूर्व जर्मन राजनयिकों को इसी तरह सेवामुक्त कर दिया है।

यहां काम करने वालों ने बताया कि जर्मन दूतावास के अधिकारी कुछ ठेकेदारों के साथ यहां आते रहते हैं और स्कूल के लिए नाप लेकर चर्चा करते हैं। उधर राजमाता के कारिंदे भी अपने ठेकेदारों के साथ आकर बहुमंजिले फ्लैट बनाने की संभावनाओं पर विचार करते रहते हैं।

61

इराक द्वारा करोड़ों का ठेका रद्द

खाड़ी युद्ध विराम का नतीजा

इस 30 जून को भारत के लाख मानने के बावजूद इराक ने 180 करोड़ रुपये का प्रतिष्ठित रेलवे ठेका वक्त से 35 महीने पहले समाप्त कर दिया, रेलवे के इतिहास में इससे बड़ा विदेशी ठेका अब तक हासिल नहीं हुआ था।

हालांकि इराक ने ठेके को समाप्त करने के लिए कोई कारण नहीं दिया है पर समझा जाता है कि ईरान ने 10 साल तक चले युद्ध के बाद सद्दाम हुसैन महसूस करते हैं कि अब ऐसे काम इराकियों को खुद करने चाहिए।

इस ठेके के तहत भारत के 1600 तकनीशियन बगदाद-अल-कासिम अकाशत रेलवे लाइन का परिचालन और रखरखाव कर रहे थे, यह ठेका रेलवे की सलाहकार कंपनी राइटस को दिया गया था। इराक ने भारत में नयी सरकार के आते ही ठेका खत्म करने की धमकी देना शुरू कर दिया था। उस धमकी की गंभीरता को देखते हुए रेलवे मंत्रालय ने विदेश मंत्रालय से भी आग्रह किया था कि वह सद्दाम हुसैन सरकार पर कूटनीतिक दबाव डाले।

विदेशमंत्री इंद्रकुमार गुजराल बगदाद में इराकी राष्ट्रपति तथा विदेश मंत्री से मिले थे, पर वे माने नहीं, उन्होंने ठेका खत्म करने की हालत में भारत को 260 लाख डालर का मुआवजा देने से भी मना कर दिया, उन्होंने कहा कि मुआवजा इराकी दीनार में ले लो, 10 साल के युद्ध के बाद दीनार की कीमत दस प्रतिशत से भी कम रह गयी है।

मूल ठेके में शर्त यह थी कि 70 प्रतिशत भुगतान अमेरिकी डालर में और बाकि इराकी दीनार में होगा, बाद में इराक ने शर्त में यह बदलाव

कर दिया कि डालर के बदले तेल ले लो, पता चला कि अब तक आधा भुगतान भी नहीं हुआ है।

जब इराक के परिवहन मंत्री यहां आये थे तब उम्मीद थी कि रेल मंत्री जार्ज फर्नांडीस इस मुद्दे को उठाएंगे पर तब जार्ज कश्मीर के भी प्रभारी मंत्री थे, अतः उन्हें लगा कि ठेके के भुगतान की बात की तो कहीं इराकी कश्मीर के मुद्दे पर बिदक न जायें–अतः उन्होंने बात ही नहीं की।

रेलवे अकेला नहीं है जिस पर इराकी नकेल कसी गयी हो, भारत के कम से कम 11 प्राइवेट ठेकेदार ऐसे हैं जिनका कुल 800 करोड़ रुपया इराक पर बकाया है पर वहां भी सरकार पिछले पांच सालों से युद्ध का बहाना लगाकर बात टालती रही है। अब युद्ध खत्म हो जाने के बाद भी उम्मीद नहीं है।

मजे की बात यह है कि इतना पैसा बट्टे खाते में डालने के बाद भी भारतीय ठेकेदार इराक के नये सद्दाम हुसैन रिंग रेलवे बिछाने के ठेके को हासिल करने के लिए उतावले हैं, इसकी कीमत 2000 करोड़ रुपये आंकी गयी है।

62
रमेश सिप्पी

एक बार फिर हर हफ्ते दो बार लोग नौ बजे से पहले अपने घर लौटने लगे हैं। हिन्दुस्तान में ही नहीं, पाकिस्तान में भी। गैर-सामाजिकता फिर आम हो गयी है। लोग एक-दूसरे के यहां जाते भी हैं, तो टेलीफोन खुलवा कर उससे चिपकना चाहते हैं। लगता है, इतिहास ही नहीं, सोप ओपेरा भी अपने को दोहराता है। अगर इस देश में सोप ओपेरा के जनक मनोहर श्याम जोशी के शब्दों में कहें, तो सोप ओपेरा ही अपने को दोहराता है।

हम लोग यहां हर मंगल और शनि को रात नौ बजे दिखाये जाने वाले टीवी सीरियल 'बुनियाद' की बात कर रहे हैं, जिसे मनोहर श्याम जोशी लिख रहे हैं और रमेश सिप्पी डायरेक्ट कर रहे हैं। पूर्व सूचना और प्रसारण सचिव एस. एस. गिल के संरक्षण में 156 प्रकरण तक चले 'हमलोग' की अभूतपूर्व लोकप्रियता के बाद दूरदर्शन के महानिर्देशक हरीश खन्ना ने उसी लेखक के सामने एक पंजाबी परिवार की तीन पीढ़ियों की कहानी का विचार रखा। नतीजा है 'बुनियाद'।

कहानी 1915-16 के करीब शुरू होती है और 1986-87 में खत्म होती है। शुरूआत लाहौर में और अंत दिल्ली में। इस सदी में, और खासकर उत्तर भारत में, पाकिस्तान से आये पंजाबी परिवारों के संघर्ष और सफलता-असफलता की कहानी किसी भी इतिहास का महत्वपूर्ण दस्तावेज हो सकती है। राजनीतिक स्तर पर आजादी के लिए जद्दोजहद और आजादी के बाद नये सिरे से बसने की कहानी, सांस्कृतिक और सामाजिक स्तर पर अपनी जड़ों से बिछुड़ने और नये परिवेश में स्थापित होने की कहानी, आर्थिक स्तर पर पूरी तरह मटियामेट होने के बाद फिर से मालामाल होने की कहानी और इस सबके चलते जीवन मूल्यों के बनने-बिगड़ने और बदलने की कहानी का नाम 'बुनियाद' है।

आप अंदाजा लगा सकते हैं, कितना माल होगा 'बुनियाद' के पिटारे में? जो मांगेंगे, वही मिलेगा' के अंदाज में हर किसी के लिए कुछ न कुछ है। यही कारण है कि डाकुओं पर लिख कर नाम कमाने वाले पत्रकार कल्याण मुखर्जी से लेकर भारतीय कम्युनिष्ट पार्टी की युवा ट्रेड यूनियन लीडर अमरजीत कौर तक, सब बेसब्री से हर मंगल और शनि को 'बुनियाद' का इंतजार करते हैं और किसी दोस्त या मियां–बीबी की वजह से 'बुनियाद' मिस हो जाये, तो गहरा अफसोस करते हैं। पाकिस्तान से हाल ही में लौटे दोस्तों ने बताया कि 'बुनियाद' की शाम लाहौर की सड़कें खाली हो जाती हैं।

आखिर क्योंकर हुआ ऐसे? आखिर 'बुनियाद' में ऐसा क्या है, जो दूसरे टीवी प्रोग्रामों में नहीं है? आप सब जानते ही हैं कि इन दिनों सत्यजीत राय, श्याम बेनेगल, यश चौपड़ा और खुद सिप्पी बैनर टेलीविजन पर पिल पड़े हैं। कम मेहनत, निश्चित कमाई, हर हफ्ते लाखों दर्शकों की गारंटी, फिर भी लोग बात करते हैं 'हम लोग', 'खानदान', 'ये जो है जिंदगी', 'करमचंद' और अब 'बुनियाद' की। वे कौन से कारण हैं, जो एक टीवी सीरियल को सफल या असफल बनाते हैं? पैसा कमाने को तो जिसका भी सीरियल पास हो जाता है, बन जाता है और दिखाया जाता है, वह कमा ही लेता है। पर जिक्र होता है एकाध का, जिसके लिए लोग इंतजार करते हैं, बहस करते हैं, चिट्ठी लिखते हैं और अपनी यादों में संजो कर रखते हैं।

इस रहस्य को समझने के लिए कुछ बुनियादी बातों को समझना जरूरी है। पहली बात तो यह कि टेलीविजन सिनेमा नहीं है, रंगमंच नहीं है, लिखा हुआ साहित्य नहीं है, कला भी नहीं है बस टेलीविजन है। अच्छा है या बुरा, जैसा भी है, टेलीविजन है। औसतन 20–21 इंच का परदा घर के ड्राइंगरूम में या बेडरूम में लगा हुआ। जहां आप वे सब काम करते हुए, जो इन कमरों में किये जाते हैं, टेलीविजन देखते हैं। यही उम्मीद करना कि हर हफ्ते अपने काम–धाम छोड़कर कोई 28 सीरियलों के लिए वक्त निकालेगा और ऊपर से फिल्म, नाटक, चित्रहार, खबर और अगर कोई विशिष्ट रुचि हो, तो उसके कार्यक्रम देखेगा, तो आप हथेली पर सरसों उगाने की कोशिश कर रहे हैं। इसलिए यह जरूरी है कि

प्रोग्राम में वह कशिश हो, जो अधिकांश दर्शकों को कम से कम साढ़े तेईस मिनटों के लिए सब कुछ छोड़ने पर मजबूर कर दे।

सिनेमा और रंगमंच की बात और है, जिसमें आप तैयार होकर, मन बना कर पैसे खर्च कर के पहुंचते हैं। सीट तलाश करते हैं, अंधेरे में बैठते हैं और तीन घंटे तक साथ के दर्शकों की सहूलियत का ख्याल करते हुए चुप बैठ कर परदे को देखते हैं। टेलीविजन पर तो हाथ सने हुए गृहिणी रसोई में से झांकती है, दो मिनट देखती है, अच्छा लगा, तो आंच मंदी कर हाथ धो कर आ बैठती है, नहीं तो मुंह बना कर लौट जाती है और फिर आटा गूंथने लगती है, घर का मालिक या तो घर में होता नहीं, होता है, तो दोस्तों के साथ शराब पी रहा होता है, या फिर सुबह का अखबार या कोई रिसाल ले कर बैठा होता है। टेलीविजन चलने पर दो-चार मिनट निगाह उठा कर देख लेता है। अच्छा लगता है, तो बैठा रहता है, नहीं तो साथ के कमरे में चला जाता है। बच्चे या तो होम वर्क कर रहे होते हैं, या खेल रहे होते हैं। उन्हें प्रोग्राम से पहले के इश्तहार तो बहुत अच्छे लगते हैं, पर प्रोग्राम से वे अक्सर बोर हो जाते हैं। उन प्रोग्रामों से भी, जिन्हें बालोपयोग कह कर प्रचारित और प्रसारित किया जाता है।

परिवार में इन तीनों अंगों को अपनी दिनचर्या से हटा कर टेलीविजन के सामने बिठाने के लिए इनके मनोविज्ञान की गहरी समझ का होना बहुत जरूरी है। जिस लेखक और निर्देशक के पास वह समझ होती है उसका प्रोग्राम जब निकलता है, बाकियों का 'कृष्णावतार', 'अजूबे', और 'देखो मगर प्यार से' की राह निकल जाता है।

इस समझ को हासिल कर पाना इतना मुश्किल नहीं है। हम यहां उसकी पाक-विधि तो दे सकते हैं, लेकिन फिर भी यह जरूरी नहीं कि हर आदमी अखबार या मैगजीन में से मूंग की दाल का हलवा बनाने की विधि पढ़ कर बढ़िया हलवा बना ही ले। यह इतना आसान होता, तो हर 100 में से 95 फिल्में पिटती नहीं। क्योंकि हर फिल्म बनाने वाला हिट-फार्मूला सामने रख कर ही फिल्म बनाना शुरू करता है।

फिर भी सफल टीवी सीरियल की पाक-विधि यहां प्रस्तुत है। आप देखेंगे कि अब तक के कामयाब पांच-छह सीरियलों में इसी विधि का इस्तेमाल हुआ।

1. ऊंची आवाज में फैमिली ड्रामा, 2. अलग–अलग किस्म के ऐसे चरित्र, जिन्हें देखते ही पहचाना जा सके और जिनसे फौरन प्यार हो जाये, 3. ऐसी मुसीबतजदा स्थितियां जो आपकी और हमारी जिंदगी में रोज घटती हों और जिनको सुलझाने में हम अपनी राय देने को तत्पर हो जायें, 4. एक ही परिवार के विभिन्न सदस्यों पात्रों के बीच गहरा तनाव, जो सुलझाये सुलझे और बात बनाये न बने, 5. कुछ खास जुमले, कुछ खास अदाएं और कुछ खास आदतें, जो जबान और सिर पर चढ़ जायें, 6. हर प्रकरण का अंत अब क्या, या अब कौन पर, और हर अगले प्रकरण की शुरूआत अरे ये कौन, हम तो कुछ और सोच रहे थे, 7. कुछ ऐसे सपने जो हम सब लेते हैं, जो कभी–कभार ही पूरे होते हैं, कुछ ऐसी कुंठाएं, जो हम सबको सालती रहती हैं और जो कभी–कभार ही खत्म हो पाती हैं। कुछ ऐसे फैसले, जो हम चाह कर भी नहीं ले पाते, लेकिन परदे पर हमारा हीरो ले लेता है। कुछ ऐसी दुर्घटनाएं, जिनके घटने का डर हमेशा हमारे मन पर बना रहता है, 8. ऐसे चरित्रों का गठन, जो हमारे मन में इतना रच–बस जायें कि हम उनकी एक अदा, या एक झलक देखते ही परदे पर या सड़क पर पहचान लें, वगैरह–वगैरह। यह सूची भी सोप ओपेरा के सूत की तरह, जितनी चाहो, उतनी काटी जा सकती है, कहने का मकसद यह है कि इस ताने–बाने को लेकर कितने ही सोप ओपेराओं की संरचना की जा सकती है। आप यह मानेंगे कि 'हम लोग', 'खानदान' और बुनियाद' जैसे सीरियलों में प्रायः इनमें से अधिकांश तत्व मिलते हैं।

हिन्दुस्तान से काफी पहले, दुनिया में पहली बार एग्रस निक्सन अमेरिका और मिगल साबीडो (मैक्सिको) ने इस तकनीक का अपने–अपने मुद्रों के संदर्भ में काफी सफक इस्तेमाल किया है। निक्सन ने तो दोपहर को प्रसारित होने वाले अपने सोप ओपेरा का इस्तेमाल अपनी महिला दर्शकों को गर्भपात जैसे प्रश्नों और छाती के कैंसर जैसी बीमारियों से अवगत कराने के लिए किया और सरकार तथा जनता से भूरि–भूरि प्रशंसा लूटी। इसी प्रकार हबीब तनवीर की तरह साबीडो ने मैक्सिको में वहां लोक कलाओं और खासकर लोक रंगमंच का इस्तेमाल अपने टेलीविजन सोप ओपेरा में सामाजिक महत्व के प्रश्नों को उठाने में किया। वास्तव में 'हमलोग' की परिकल्पना साबीडो की शैली से प्रेरणा ले कर ही की गयी।

अब प्रश्न यह पैदा होता है कि भारत में सभी सीरियल बनाने वाली इस गारंटीशुदा फार्मूले का इस्तेमाल क्यों नही कर पा रहे हैं। अधिकांश नाकामयाब लोग, जिनमें सत्यजित राय और श्याम बेनेगल भी शामिल हैं, टेलीविजन पर वही तर्क इस्तेमाल कर रहे हैं, जो वे बंबईया सिनेमा के मुकाबले अच्छी फिल्में बनाते समय करते हैं। पर यहां मजे की बात यह है कि बंबईया फिल्में बनाने वाले भी टेलीविजन के फार्मूले को न समझ पाने के कारण फेल हो रहे हैं। अगर टेलीविजन के सोप ओपेरा को किसी फिल्म श्रेणी के करीब रखा जा सकता है, तो वह मद्रासी फिल्म है, जो न बंबई में फेल होती है, न झुमरीतलैया में।

एक सबसे बड़ी गलती, जो टेलीविजन पर सीरियल बनाने वाले कर रहे हैं, वह है, हर हफ्ते नयी कहानी पर आधारित प्रोग्राम दिखाना। टेलीविजन की दृष्टि से उससे बड़ी भूल हो ही नहीं सकती। कहानी भले ही भारतीय वांगमय से ली गयी हो, या विश्व साहित्य से, है तो एक कहानी ही। एक बार नयी कहानी ले कर वे नये सिरे से मेहनत करते हैं और पूरा प्रभाव भी नहीं डाल पाते। इससे न टेलीविजन का भला हो रहा है, न साहित्य का। अमेरिका टेलीविजन के इतिहास में अब तक केवल एक कहानी सीरियल दिखाया गया है। उसे भी 'बेस्ट ऑफ अमेरिका' नाम दिया गया था। अच्छा साहित्य टेलीविजन के परदे पर अवश्य उतारा जाना चाहिए। लेकिन कहानी को आधार बनाकर नहीं, बल्कि अच्छे उपन्यासों को लेकर। अमेरिकी टेलीविजन की टक्कर में ब्रिटिश टेलीविजन ने और खासकर बी. बी. सी. ने अपने श्रेष्ठ साहित्य को आधार बनाकर महान कार्यक्रमों की रचना की है।

बात 'बुनियाद' से शुरू हुई थी, उसी से खत्म होनी चाहिए। बंबई के अहंवादी, अहंकारवादी और साहित्यिक मक्कारी से भरे आलोचक टेलीविजन की ओर सोप ओपेरा कि कितनी ही बुराई छाप लें, लेकिन 'हमलोग' की तरह 'बुनियाद' चल निकला है और चलेगा। क्योंकि इसे, जिन दर्शकों को ध्यान में रखते हुए लिखा गया है, उन्होंने स्वीकार कर लिया है।

ये आलोचक न तो टीवी को अच्छी तरह समझते हैं, न दर्शकों के मन को। पहले यह सोप ओपेरा को बकवास कहते हैं, जब जनता उसे स्वीकार कर लेती है, तो उसे नकल कहने लगते हैं, घिसे-पिटे की संज्ञा

देने लगते हैं, बोरिंग, ऊबाऊ और नीरस करार दे देते हैं। काश किसी ने इनकी आलोचनाओं का संकलन एक साथ पढ़ा होता, तो पता चलता कि कितनी बोरिंग, दकियानूसी, पिटी-पिटायी और आत्मरति से भरी होती है, इनकी आलोचनाएं और जनता उन्हें हफ्ते में दो बार फेल कर देती है, फिर भी इन्हें शर्म नहीं आती। शायद रोटी या शाम की स्कॉच के लालच में ये लोग अपने बेशर्म कुकर्म में जीवनपर्यंत लगे ही रहते हैं।

63

महानिदेशक की नियुक्ति को लेकर गहराता विवाद

आकाशवाणी के चार गुटों में आपसी मारकाट

आकाशवाणी, जिसके साथ एक जमाने में भगवतीचरण वर्मा, इलाचंद्र जोशी, हरिवंशराय बच्चन, सुमित्रानंदन पंत, बी. आर. बेंद्रे, प्रेमेंद्र मित्र, उपेंद्रनाथ अश्क, सागर निजामी, जगदीशचंद्र माथुर और सी. बालकृष्णन राव जैसे साहित्यकारों और प्रखर बुद्धिजीवियों का नाम जोड़ा जाता है। आज एक बार फिर शीर्षविहीन होकर किसी ऐसे महानिर्देशक के इंतजार में है जो उसकी तेजी से गिरती साख और विश्वसनीयता को पुनः प्रतिष्ठित कर सके। इस हफ्ते अमृतराव शिंदे के रिटायर हो जाने के बाद एक बार फिर यह प्रश्न उपस्थित है कि किस प्रकार का मुखिया आकाशवाणी को कुशल प्रशासन और सुसंस्कृत संचार दृष्टि प्रदान कर सकता है। फिलहाल मामले को टालने के लिए शास्त्री भवन में बैठे आकाओं ने मुख्य इंजीनियर सल्वा प्रभु भाटीकर को कार्यवाहक महानिदेशक के पद पर बिठा दिया है।

आकाशवाणी के बीस हजार अधिकारियों और कर्मचारियों की भांति भाटीकर को भी इस आकस्मिक फैसले से खासा आश्चर्य हुआ। उन्होंने पद ग्रहण करते ही *दिनमान टाइम्स* से बातचीत में कहा ''ऐसा नही कि मैं सिर्फ मशीनों और कलपुर्जो का आदमी हूं। मेरे पिता मराठी के जाने माने शास्त्रीय गायक हैं और मैंने पूणे के फिल्म संस्थान में महत्वपूर्ण पदों पर कार्य करते हुए सृजनात्मक योगदान दिया है। और आकाशवाणी के भविष्य के बारे में मेरे पास एक निश्चित कल्पना और स्पष्ट कार्यक्रम है कि कैसे इसे भारतीय संस्कृति के सशक्त जनसंचार माध्यम के रूप में विकसित किया जा सकता है।''

भाटीकर की तदर्थ नियुक्ति को लेकर भी आकाशवाणी के शीर्ष अधिकारियों में काफी रोष है कि एक इंजीनियर को आकाशवाणी के महानिदेशक पद पर कैसे बिठाया जा सकता है। वैसे यह पहला अवसर नहीं है जबकि इस पद पर किसी इंजीनियर की नियुक्ति हुई हो। इनसे पहले एस. एस. वर्मा भी इंजीनिरिंग काडर से ही महानिदेशक के पद पर पहुंचे थे। लेकिन उन्हें लोग इंजीनियर से ज्यादा कलाविद मानते थे।

प्रश्नकलात्मक अभिरूचि का नहीं है। यह समकालीन राजनीतिज्ञों और अफसरों के दिवालियेपन का सबूत है कि आज देश के सर्वोच्य संस्थानों को चलाने के लिए उनके पास व्यक्ति तलाश करने का कोई निश्चित मानदंड नहीं है। सब कुछ तदर्थ आधार पर चलाया जाता है।

हर संस्थान में कुंठित और जले–भुने अफसरों के इतने गुट होते हैं कि वे अपने में से किसी एक आदमी को शीर्ष पद पर नहीं जाने देना चाहते। उसके जाने से पहले या कुर्सी पर बैठने के बाद इतने तरीकों और इतने अधिक कोनों से उसकी टांग खींची जाती है कि या तो वह वहां पहुंच ही नहीं पाता और यदि पहुंच भी जाता है तो काम नहीं कर पाता। उसके सामने कुछ नया करने की बजाय किसी न किसी तरीके से अपने कार्यकाल की अवधि पूरी करने का प्रश्न पैदा हो जाता है। इस हफ्ते रिटायर हुए अमृतराव शिंदे का तीन–साढ़े वर्ष का कार्यकाल इसका जीता–जागता उदाहरण है। अंदरूनी लोगों का कहना है। कि पहले तो उन्होंने सुरेश माथुर को सुप्रीम कोर्ट तक घसीटकर यह कुर्सी प्राप्त की और फिर इस कुर्सी के अस्तित्व की रक्षा के लिए अपने चारों ओर छुटभैये सरकारी दरबारियों का ऐसा जमघट लगा लिया जिसने उन्हें कुर्सी बचाने के सब गुर तो दिखा दिये लेकिन अपने का संस्थान के विकास और इस माध्यम के उत्थान के लिए कैसे प्रयोग किया जाये। यह कतई नहीं जानने दिया।

आकाशवाणी में इस समय चार वर्ग आपस में लड़–मर रहे हैं। ये हैं इंजीनियर, प्रोग्राम अधिकारी, प्रोडक्शन स्टाफ और केन्द्रिय सूचना सेवा से आये हुए लोग। अपने अस्तित्व के प्रारंभ काल से लेकर कुछ वर्षों पूर्व तक आकाशवाणी में सृजनात्मक काम करने वाले लोगों को ठेके पर रखने का रिवाज था। ठेके की इस परम्परा के तहत उन्हें न तो पेंशन जैसी सुविधाएं मिलती थीं और न ही तरक्की के समान अवसर। इन सृजनशील

लोगों को ज्ञानपीठ पुरस्कार तो मिल जाते थें, लेकिन पेंशन जैसी सुविधा नहीं। बहरहाल, दशकों के लंबें संघर्ष के बाद पिछले वर्ष भारतीय प्रसारण और प्रोग्राम सेवा की सिद्धांतत: स्थापना हो गयी, जिसमें दशकों के अन्याय को समाप्त करने का संकल्प किया गया पर सरकारी लालफीताशाही की वजह से इस सेवा कार्यान्वयन अभी तक अटका हुआ है। कई पीढ़ियों और दिलोदिमाग की आहुति देने के बाद आकाशवाणी के गलियारों में फना हो चुकी हैं। लेकिन अभी तक इस संबप्रा में अंतिम हस्ताक्षर होने बाकी है।

ऐसा नहीं है कि आकाशवाणी के भीतर या बाहर प्रतिभाओं की कमी हो और ऐसे लोग न मिल सकें जो इस संस्थान को इसकी स्थापना के लक्ष्यों के अनुरूप न चला सकें। लेकिन सरकार और खासकर नौकरशाही में ऐसी संस्थाओं के प्रति आपराधिक उदासीनता व्याप्त है। और जब से नौकरशाही में द्विज समझे जाने वाली आई. ए. एस. सेवा के अधिकारियों को हर महत्व का स्थान हथियाने की चाट पड़ी है, तब से वह किसी भी संस्थान को उसके लिए प्रतिष्ठित और विकसित अनुभवी व्यक्तियों को आगे नहीं आने देना चाहती। सूचना और प्रसारण मंत्रालय के वरिष्ठ अधिकारियों का ऐसा शिंकजा कसा हुआ है कि वे सभी साहित्यिक प्रतिभाओं को हेय दृष्टि से देखते है।

आज जबकि दुनिया भर में प्रादुर्भाव के बावजूद रेडियों ने और वह भी विकसित देशों में एक अलग पहचान और साख बनायी है, भारत में इसे सिर्फ फिल्मी गाने और सरकारी प्रचार करने का जरिया माना जाता है। सरकार इस संस्थान पर योजनागत और उसके अलावा रोजमर्रा के प्रोग्रामों पर साढ़े चार सौ करोड़ रुपया सालाना खर्च करने के बावजूद इस संस्थाना को इसका समुचित महत्व और वांछित स्थान दिला पाने में पूरी तरह से असमर्थ रही है। यह आकाशवाणी का दुर्भाग्य ही है कि इसके द्वारा तैयार लोगों से चलाया जा रहा दूरदर्शन तो देखते ही देखते तथाकथित कुलीन और विशिष्ट समाज की आंखों का तारा बना हुआ है और ये पैतृक संस्थान उनकी आंखों की किरकिरी। आज जबकि सरकार के पास एक और अवसर आया है कि वह अपनी पिछली गलतियों को ठीक करते हुए इस संस्थान को इसके योग्य एक मुखिया प्रदान करे। लेकिन लगता है यह अवसर भी कटु विवादों को जन्म के सिवा कुछ नहीं कर पाएगा।

64

हिन्दी कैसे जुड़े सूचना प्रौद्योगिकी से, इस पर होगी गहन चर्चा

चलो सूरीनाम, हिन्द ने बुलाया है

सूरीनाम में दुनिया भर के हिन्दी-प्रेमी सातवीं बार जमा हो रहें है। उद्देश्य है नई शताब्दि में हिन्दी विश्व के सामने आ रही चुनौतियों पर चर्चा करना। भारत से लगभग 70 लोगों को सरकारी प्रतिनिधि मंडल और 300 लोगों का गैर-सरकारी दस्ता इसमें भाग ले रहा है। सूरीनाम दक्षिण अमेरिका के उत्तरी छोर पर सवा चार लाख की आबादी वाला एक लघु भारत है जहां एक-तिहाई से ज्यादा लोग पी. आई. ओ. यानि भारतीय मूल के हैं। ये लोग डेढ़ सौ साल पहले गन्ने की खेती करने भेजे गए थे। ये आज भी भोजपुरी बोलते हैं और भारत का नाम सुनकर आंखें नम कर लेते हैं। यह एक वजह है कि सातवां विश्व हिन्दी सम्मेलन सूरीनाम में हो रहा है। सूरीनाम मूलत: प्रेनिश भाषी लैटिन-अमेरिका के उन चार कैरेबियाई देशों में से एक है जहां भारतीय मूल के लोग सर्वाधिक है और वहां सत्ता और समाज में उनकी निर्णायक भागीदारी है।

सातवें सम्मेलन की पूर्व संध्या पर यह प्रश्न उठना स्वाभाविक है कि इन सम्मेलनों से हिन्दी का क्या भला हुआ। वाचिक परंपरा के हास्य कवि अशोक चक्रधर कहते हैं कि इससे हिन्दी अंतर्राष्ट्रीय मैप पर रेखांकित होती है। लंदन सम्मेलन में तत्कालीन विदेश मंत्री ने भारत के संबंधों के संदर्भ में हिन्दी के महत्व को स्वीकार किया था। उनकी राय में सूरीनाम सम्मेलन जब हिन्दी पर चर्चा करेगा तो हिन्दी की सर्वमान्य वर्तनी, कम्प्यूटर के फोंट, की-बोर्ड और ई-मेल में जरूर दरपेश होगा और इन्हें सुलझाने की दिशा में कदम उठाएगा। भाषा की सबसे बड़ी पहचान

किताबें होती हैं। उल्लेखनीय है कि आज दुनिया भर में 80 करोड़ हिन्दी बोलते है और समझते हैं लेकिन हिन्दी सम्मेलन अमेरिका और यूरोप के उन देशों में नहीं होते जहां लोग हिन्दी जानते हैं, बोलते हैं और पढ़ना चाहते हैं। वरिष्ठ पत्रकार वेद प्रताप वैदिक का दर्द है कि विश्व में हिन्दी को महिमा मंडित करने से पहले हमें अपने गिरेबान में झांककर देखना चाहिए कि हमारी राजभाषा हिन्दी का क्या हुआ?

विदेश मंत्रालय के उप सचिव (हिन्दी) सुनील श्रीवास्तव ने आउटलुक साप्ताहिक से कहा कि इस सम्मेलन में कई मुद्दों पर चर्चा होगी। सूचना प्रौद्योगिकी के इस युग में हिन्दी को कैसे इसमें ढाला जाए इस पर गहन विचार-विमर्श होना जरूरी है। सम्मेलन में प्रवासी भारतवंशी और विश्व हिन्दी के समझ चुनौतियों, हिन्दी की बोलियों में नया सृजन, हिन्दी और प्रारण, हिन्दी और पत्रकारिता, अर्थव्यवस्था में हिन्दी की भूमिका, हिन्दी और शिक्षण व्यवस्था, भारतेतर देशों में हिन्दी का समकालीन रचनात्मक परिदृश्य, हिन्दी में अनुवार और संदर्भ साहित्य, भविष्य की हिन्दी और हिन्दी का भविष्य जैसे मुद्दों पर चर्चा होगी।

तैयारियों के बारे में वह कहते हैं कि सूरीनाम की राजधानी पारामारिबों के लगभग सभी होटलों में ठहरने की व्यवस्था हो चुकी है। इसमें करीब 500 लोगों के पहुंचने की संभावना है। सूरीनाम के राष्ट्रपति रोनाल्डो रोनाल्डप्रवनीशिया सातवें हिन्दी सम्मेलन का उद्घाटन कर रहे हैं। सूरीनाम के भारतवासियों द्वारा राजधानी पारामारिबो में एक विशेष आयोजन किया जा रहा है यह आयोजन पूर्वजों के सम्मान में किया गया है। भारतीय गिरमिटिया मजदूरों के सूरीनाम आगमन के 130 साल पूरे हो रहे हैं इन्हीं पूर्वजों के सम्मान में यहां 'माई-बाप' प्रतिमा का अनावरण किया जा रहा है। मजदूर वेश में महिला और एक पुरुष की यह प्रतिमा प्रतीक है उन भारतीय मजदूरों की जिन्होंने अपने खून-पसीने से यहां सफेद सोने (गन्ने और चीनी) का उत्पादन किया और यहीं रह गए। प्रतिमा का अनावरण विदेश राज्यमंत्री दिगविजय सिंह कर रहें है। इसके अलावा वह एक सड़क का भी उद्घाटन करेंगे जिसका नाम रखा गया है 'हिन्दी लॉन'।

वैसे, इस सम्मेलन में कई साहित्यकार शामिल हो रहे हैं। जो बड़े नाम शामिल किए गए है उनमें विद्यानिवास मिश्र, निर्मल वर्मा, केदारनाथ सिंह, अशोक वाजपेयी, वेद प्रताप वैदिक, कन्हैया लाल नंदन, पदमा

सचदेव, प्रीलाल शुक्ल, प्रभाष जोशी, नरेन्द्र कोहली, असगर वजाहत, सोम ठाकुर, नीरज, कुंवर बेचैन, अशोकचक्रधर, हिनांशु जोशी, कमलेश्वर, प्रभा ठाकुर, कमल किशोर गोयनका, गंगा प्रसाद विमलचित्रा मुद्गल, मृदुला सिन्हा, मृदुला गर्ग के नाम शामिल है। इसके अलावा नारायण कुमार, बालेश्वर अग्रवाल, गंगा प्रसाद विमल, तरूण विजय, विजय कुमार मल्होत्रा, श्री भगवान सिंह, जसदेव सिंह, अनुराग चतुर्वेदी, हरिवंश, दयाकृष्ण, रामदरश मिश्र सहित राज्यों के प्रतिनिधिमंडल में भगवत रावत, कमला प्रसाद, राजेश जोशी, कुमार विमल, रामवचन राय, शैलेंद्र नाथ श्रीवास्तव, सियाराम तिवारी, राधाकृष्ण सिंह, ऊषा किरण खान, दिनेश्वर प्रसाद, अशोक प्रियदर्शी, विजय मोहन सिंह, श्योराज सिंह बेचैन, नानक चंद, सूर्य प्रकाश दीक्षित, विजयदान देथा और यादवेंद्र शर्मा 'चंद्र' के नाम शामिल है। इसके अलावा लोक सभा और राज्य सभा के संसद सदस्य भी इस सम्मेलन में हिस्सा ले रहे हैं।

65

मुख्य पत्रों को ओझल करते परिशिष्ट

हिन्दी प्रचारपत्रों में दो महत्वपूर्ण परिवर्तन हुए हैं। एक देश और राज्यों की राज्यधानी से निकलने वाले तथाकथित राष्ट्रीय और राज्यस्रीय अखबार जिलों तक पहुंचने लगे हैं और दूसरे समाचारों पर केन्द्रित रहने वाले नीरस पत्र उपयोगी और मनोंरजक सामग्री की भरमार लगाने लगे हैं।

हालांकि पत्रकारिता के शास्त्रोय उद्देश्यों में समाचार यानि जानकारी के अलावा मनोरंजन और उपयोगिता हमेशा रेखांकित की जाती रही है लेकिन उस पर कभी अधिक जोर नहीं दिया गया। यह काम पहले केवल कुछ अखबारों ने शनिवारीय परिशिष्टों के माध्यम से शुरू किया। अब तो लगभग सभी समाचारपत्र हर रोज ऐसे परिशिष्ट छापने लगे हैं शुरू में यह काम बड़े पैमाने पर अंग्रेजी अखबारों ने किया लकिन आज हिन्दी अखबार कई मायनों में उनसे आगे निकल गए हैं।

उपयोगिता और मनोंरजन की कसौटी पर पूरी तरह खरे उतरने वाले ये परिशिष्ट युवा पीढ़ी की शिक्षा तथा नौकरी पेशे के बारे में खोजपूर्ण जानकारी से लेकन फिल्म, खान-पान, महिलाओं के सौंदर्य प्रसाधन, खरीद फरोख्त तक की सहाल देने लगे हैं। जाहिर है पाठक इन सब जानकारियों को अपनी रोजमर्रा की जिंदगी में इस्तेमाल करने के लायक पाते हैं। वे उनकी कतरने काट कर रखते हैं और अधिक जानकारी हासिल करने के लिए सवाल लिखकर भेजते हैं। और इस प्रकार अखबार से सीधा रिश्ता कायम करते हैं।

कुछ आलोचकों का मानना है कि हिन्दी अखबार अंग्रेजी पत्रों की नकल कर रहे हैं। और उनका प्रभाव सीधा देखा जा सकता है। यह सही नहीं है। उदाहरण के लिए राष्ट्रीय सहारा का साप्ताहिक आयोजन 'हस्तक्षेप'

कई वर्षों से देश और समाज से जुड़े सरोकारों पर एक गंभीर प्रयास है। इसमें आतंकवाद से लेकर क्रिकेट विवादों पर विस्तृत सामग्री और विभिन्न दृष्टिकोण प्रस्तुत किए जाते हैं। यह आयोजन इतना लोकप्रिय है कि पाठक इसके पिछले पृष्ठों को भी संजों कर रखते हैं। लेकिन हस्तक्षेप अपने आप में एक अपवाद है। अन्यथा बाकि परिशिष्टों का ढर्रा एक समान है। इसमें सबसे ज्यादा जोर हिन्दी फिल्मों पर दिया जाता है। बाकि फिल्मों से ज्यादा तारिकाओं पर। उनके सौंदर्य और शरीर सौष्टव का पाठकों को रिझााने के लिए भरपूर प्रयोग किया जाता है। हिन्दी फिल्मों का 'शोषण' लगभग सभी जनंसचार माध्यमों ने किया है। कई दशक पहले जब आकाशवाणी ने विविध भारती नामक रेडियो चैनल शुरू किया था तो उसका मुख्य आधार हिन्दी फिल्मी गाने ही थे। वास्तव में इसकी शुरूआत रेडियो सीलोन पर अमीन सयानी की स्वर्णिम आवाज में प्रस्तुत बिनाका गीतमाला की लोकप्रियता से हुई थी।

बाद में जब दूरदर्शन का प्रसारण शुरू हुआ तो उसने भी एक साप्ताहिक हिन्दी फिल्म और चित्रहार नामक फिल्म गीतों के कार्यक्रम का ही सहारा लिया था। आज भी विभिन्न टीवी चैनल सीधे फिल्मों पर आधारित कार्यक्रम या उनसे प्रेरित धारावाहिकों की बैसाखी पर ही अपने कार्यक्रम पेश करते हैं। अतः हिन्दी समाचारपत्रों के परिशिष्टों में फिल्मी मसाले को बोलबाला कोई खास आश्चर्य का विषय नहीं होना चाहिए। सच पूछा जाए तो हिन्दी फिल्मों और उनके सितारों से संबंधित समाचार धीरे–धीरे सरक कर अब प्रथम पृष्ठ पर पहुंच चुके हैं। खैर, यह एक अन्य बहस का विषय हो सकता है।

फिल्मों के अलावा जिस विषय के परिशिष्ट ने आयोजकों का ध्यान अपनी ओर खींचा है वह है युवाओं का भविष्य। हमारे यहां डेढ़ शताब्दी से चली आ रही शिक्षा व्यवस्था चंद क्षेत्रों को छोड़कर अनिश्चित भविष्य के अंधकार में भटकते युवा ही तैयार कर रही है। ये चंद क्षेत्र है इंजीनियरिंग, डाक्टरी और आई.ए.एस. इत्यादि। पहले दो पेशेवर क्षेत्रों में एक सुनिश्चित पढ़ाई के बाद नौकरी की संभावना कमोबेश बनी ही रहती है। आई.ए.एस. एक कठिन डगर है लेकिन जो लोग इस पर चल कर अपनी मंजिल पा लेते हैं वह अपने को धन्य मानते हैं। इसी से मिलते जुलते अन्य क्षेत्र है बैंक, प्रबंधन और कालेज–स्कूल अध्यापन। लेकिन

इन सब क्षेत्रों में शायद कुल युवा वर्ग का एक प्रतिशत भी नहीं जा पाता। फिर ये परिशिष्ट अपने युवा पाठकों को इन विषयों के अध्ययन और परीक्षा तथा इंटरव्यू की तैयारी के लिए प्रशिक्षण का मार्ग सुझाते हैं।

इन घिसी-पिटी लकीरों के अलावा हाल ही के बरसों में अनेक नए रास्ते खुले हैं। उदाहरण के लिए मीडिया, होटल प्रबंधन, सौंदर्य प्रसाधन आंतरिक तथा बाह्य साज सज्जा, कंपनियों को आर्थिक मामलों में सलाह तथा व्यवस्थापन, विदेशी भाषाओं की प्रशिक्षण इत्यादि। हिन्दी पत्रों के परिशिष्ट हर अंक में एक खास क्षेत्र पर विस्तृत जानकारी देने का प्रयास करते हैं और बाकी अंक में जुड़े हुए अन्य विषयों पर प्रश्नोत्तर के माध्यम से या विशेषज्ञा की मदद लेकर शंकाओं का समाधान कराते हैं। जाहिर है ये सब प्रयास युवा पाठकों के लिए काफी लाभप्रद सिद्ध होते हैं।

कुछ अंग्रेजी पत्रों और नौकरी से जुड़े हुए लोगों का विस्तार करके स्कूलों और कालेजों में दाखिले और उसकी तैयारी पर अलग से परिशिष्ट निकालने शुरू किए हैं। इन परिशिष्टों से समाचार पत्रों का विज्ञापनों के माध्यम से अतिरिक्त आय होती है और नए पाठक वर्ग भी जुड़ते हैं। अंग्रेजी अखबार जमीन जायदाद खरीदने-बेचने, नई और पुरानी कारों के बारे में उपयोगी जानकारी और व्यवसाय तथा मनोरंजन के लिए देश-विदेश की यात्रा और 36 प्रकार के व्यंजनों पर भी परिष्टि निकालते हैं।

66
कांग्रेस में अभी विचार शेष नहीं हुआ है

आमधारणा है कि कांग्रेस में सोच का युग समाप्त हो गया है। अब पार्टी के पास कोई सिद्धांत नहीं बचा है। एक जमाना था जब हिन्दी के जाने-माने कवि और बाद में कांग्रेस के थिंक टैंक में शामिल होने वाले श्रीकांत वर्मा ने एक काव्यात्मक नारा गढ़ा था इंदिरा गांधी व्यक्ति नहीं सिद्धांत है। इससे पहले आपात स्थिति के दौरान तत्कालीन कांग्रेस देवकांत वर्मा इंदिरा को इंडिया अर्थात उनकी नेता ही भारत है कह चुके थे। शायद उन्ही में किसी एक दिन कांग्रेस में विचार के लुप्त होने की प्रक्रिया शुरू हो गयी थी। इंदिरा गांधी और राजीव गांधी के जमाने में विचार के स्थान पर नारों को और फार्मूलों को अधिक महत्व दिया गया। मसलन बैंकों का राष्ट्रीकरण किया गया। ये बैंक आज तक उस झटके से नहीं उभर पाए है। यदि इन बैंकों का स्वस्थ मुकाबला करने दिया गया होता तो आज ये उदारीकरण के जमाने में आये विदेशी बैंकों के मुकाबले खड़े नजर आये होते। कहने को तो कांग्रेस ने भूतपूर्व राजा-महाराजाओं के प्रिविपर्स समाप्त कर दिये लेकिन आज तक सभी दल उन्हीं राजाओं और राजकुमारियों के प्रभाव क्षेत्रों पर चुनाव की रोटियां सेंकने के लिए बाध्य हैं। इंदिरा गांधी ने गरीबी हटाओ के नारे पर कई चुनाव लड़े। गरीबी तो नहीं हटी लेकिन उनका नाम और उनका काम धीरे-धीरे वक्त की धूल में धुंधला होता गया।

कुछ इसी प्रकार के नारे राजीव गांधी ने भी दिये। इससे पहले वे इस देश को इक्कसवीं शताब्दी में ले जाते स्वयं अपनी गलत विदेश नीति के कारण काल के गाल में समा गये। इस देश को आधुनिक बनाने का सपना भी केवल नारा बनकर रह गया। वास्तव में नेहरू, इंदिरा और राजीव ने हर पांच साल के बाद अपने जनाधार को पुख्ता करने के लिए इस देश को एक नया नारा दिया। हालत इतनी खराब हो गयी कि उसके

पास नारे ही न बचे। उदाहरण के लिए 1998 के चुनावों में राजीव गांधी की बजाय उन्हीं की पार्टी से निकलकर उनके दुश्मन बने विश्वनाथ प्रताप सिंह ने भ्रष्टाचार मिटाने का नारा देकर सत्ता हासिल की। ठीक दो वर्ष बाद राजीव की आकस्मिक मृत्यु के बाद कांग्रेस फिर सोच, विचार और सिद्धांतविहीन होकर सहानुभूति वोट के सहारे आधे-पौने बहुमत के करीब पहुंची। पिछले पांच वर्षों में एक बार भी कांग्रेस ने किसी सिद्धांत को मुखर रूप से उजागर नहीं किया। और आज कांग्रेस एक बार फिर किसी विचार की बजाय गांधी परिवार के एक और व्यक्ति को मुखौटा बनाकर चुनाव के मैदान में उतरी है। लेकिन क्या भी 100 से अधिक साल पुरानी पार्टी के विचार समाप्त हो सकती है?

कांग्रेस के भूतपूर्व महासचिव, राज्य सभा के भूतपूर्व वरिष्ठ सांसद और संविधान तथा संसदीय व्यवस्था के जाने-जाने विशेषज्ञ देवेन्द्र द्विवेदी ने कांग्रेस कवर करने वाले वरिष्ठ पत्रकारों को अपने घर दोपहर के खाने पर बुलवाया। यह कोई प्रेस कान्फ्रेस नहीं थी और न ही वे कोई औपचारिक घोषणा करने वाले थे। उन्होंने भोजन से पहले लगभग एक घंटे तक कांग्रेस नामक विचार पर अखबार वालों से बातचीत की। जिसका सार यह था कि कांग्रेस अभी भी एक निश्चित अवधारणा के रूप में इस देश के कण-कण में जीवित है। वह अवधारणा धर्म निरपेक्षता, सामाजिक बराबरी और संसदीय व्यवस्था में विश्वास रखने वाली एक पार्टी के रूप में अभी भी जीवित है।

यह चर्चा आम हैं कि कांग्रेस ने डेढ़ वर्ष तक जनता दल के नेतृत्व में गठित दो बहुदलीय सरकारों को बाहर से समर्थन क्यों दिया? और फिर दो प्रधानमंत्रियों को उनके पद से क्यों हटाया 1996 के चुनावों के बाद कांग्रेस इस स्थिति में नहीं थी कि वह सरकार बना पाती। उसके पास केवल 130 सांसद थे। लेकिन सरकार तो भारतीय जनता पार्टी 163 सीटें भी लेकर नहीं बना पायी। अटल बिहारी वाजपेयी ने 13 दिनों तक अपनी ओजपूर्ण वाणी में हरचन्द कोशिश की कि कुछ क्षेत्रीय दल संयुक्त मोर्चे को छोड़कर उनके साथ आ मिलें ऐसा नहीं हुआ। क्योंकि भाजपा को तब भी एक ऐसी पार्टी के रूप में जाना जाता था जो मूलतः हिन्दुओं के हितों के लिए अपनी राजनीति करती रही है। इसी हिन्दुत्व के नाम पर भाजपा ने 1984 में 2 सीटों से बढ़ाकर अपनी संख्या को 163 तक पहुंचा दिया था। हालांकि भाजपा सबसे पार्टी के रूप में उभरी थी लेकिन जितनी सीटें

उसने प्राप्त की थीं वह केवल वहीं तक सीमित थी अर्थात देश का बाकी हिस्सा यानि शेष 379 सीटों को प्रतिनिधित्व करने वाले सांसद उसे अछूत मानते थे। इसके विपरीत उससे 33 सीटें कम प्राप्त करने वाली कांग्रेस अपनी तमाम बुराईयों के बावजूद अन्य दलों द्वारा कमोवेश स्वीकार्य थी। लेकिन वामपंथी दलों की जिद के कारण न केवल कांग्रेस के प्रति विरोध कम हो गया। यह सिलसिला संयुक्त मोर्चे की दोनों सरकारों की पूरी अवधि के दौरान चलता रहा। विडम्बना देखिए कि कांग्रेस के बलबूते पर शासन करने वाला संयुक्त मोर्चा अपने कुछ घटकों की ब्लैकमेलिंग के कारण आत्महत्या करने पर विवश हुआ। मुलायम सिंह यादव से लेकर चिदम्बरम तक यह मानते हैं कि कांग्रेस में एक विचार के रूप में कोई दोष नहीं है। मतभेद कुछ नेताओं से हो सकते हैं। लेकिन वामंपथी दल जो कि भाजपा की भांति राजनैतिक फलक के दूसरे छोर पर अलग–थलग पड़े रहे हैं। किसी भी सूरत में कांग्रेस के साथ कोई तालमेल नहीं करना चाहते। उनकी स्थिति भी कमोवेश भाजपा जैसी ही है। बंगाल और त्रिपुरा को छोड़कर भारत से साम्यवाद लगभग समाप्त हो चुका है। लेकिन एक विचार के रूप में वह अभी भी जीवित है। इसी विचार की लाठी के सहारे कम्युनिष्ट इस देश की राजनीति में अपना हिस्सा बंटाते रहे हैं। उनमें से एक सी. पी. आई ज्यादा लचीली है उसने वास्तविकता को महसूस किया और संयुक्त मोर्चे की सरकार में शामिल होना माना लेकिन कांग्रेस विरोध उसका भी कम नहीं हुआ। कांग्रेस ने यह सोचकर संयुक्त मोर्चे का साथ दिया था कि वह कुछ वर्षों तक भाजपा को न केवल सत्ता से बल्कि राजनीति की मुख्य धारना से अलग रख सकेगा। लेकिन संयुक्त मोर्चे ने इसका अर्थ यह लगाया कि कांग्रेस ने अपने विचार के साथ आत्महत्या कर ली है। कांग्रेस की स्थिति भले ही सोचनीय रही हो लेकिन उसका विचार अभी जिंदा है। वह शेष नहीं हुआ है। आज भी कांग्रेस एक विचार के रूप में गांव–गांव तक फैली हुई है। यह सही है कि उसकी पार्टी का ढांचा अब चरमरा गया है। और उसका कार्यकर्ता केवल चुनावों के समय ही सक्रिय होता है। लेकिन इसके भी ऐतिहासिक कारण है। नेहरू गांधी परिवार को हमेशा यह भरोसा रहा था कि वह अपने करिश्में के बलबूते पर और किसी न किसी नारे का सहारा लेकर चुनावों की वैतरिणी को पार कर ही जाएंगे। 1977 और 1989 को छोड़कर उन्होंने वैसा कर भी दिखाया। लेकिन 1991 में जब नेहरू गांधी परिवार के दायरे से बाहर एक नेता पी. वी. नरसिम्ह राव को सरकार...

67
हेमवती नंदन बहुगुणा राजनीति के नटवरलाल

हेमवती नंदन बहुगुणा एक व्यक्ति की नहीं, सिद्धान्त का नाम है, यह वह सिद्धान्त है, जो पिछले 40 बरसों से भारतीय राजनीति पर धूमकेतु की तरह छाया है। माना जाता है कि धूमकेतु की निष्पत्ति विनाश में होती है। यही कारण है कि बहुगुणा की जिस पर भी कृपा हुई, वह पानी मांगने के भी लायक नहीं रहा।

जर्नादन ठाकुर ने अपनी किताब **आल दि जनता मैन** में बहुगुणा की जीवन यात्रा को 1 मई, 1977 के पड़ाव तक समेटा है। हम यहां आगे की कथा कहेंगे।

बहुगुणा इस समय एक राष्ट्रीय पार्टी लोकदल (ब) के अध्यक्ष हैं। इस पार्टी की हरियाणा में सरकार है। यह पहला मौका है, जब वे इतनी ताकतवर पार्टी के मुखिया बने हैं। अंदर के लोगों ने हमें बताया कि उन्होंने यह पद पाने के लिए हरियाणा के नेता चौधरी देवीलाल को चुनाव लड़ने के लिए 50 लाख रुपये दिये थे।

चुनाव जीतते ही देवीलाल ने कहा न केवल कोई लोकदल (अ) यानि अजीत सिंह और न कोई (ब)–यानि बहुगुणा। केवल एक लोकदल है और वह है देवीलाल का लोकदल। चुनाव से पहले बहुगुणा ने चौधरी चरणसिंह की मृत्यु शैया के सिरहाने लोकदल को तोड़ने में अहम भूमिका निभायी थी। इस काम में उन्हें उत्तर प्रदेश के मुलायम सिंह यादव और बिहार के कर्पूरी ठाकुर का भरपूर सहयोग मिला। ये सब नेता चरणसिंह के अमेरिका से लौटा कम्प्यूटर इंजीनियर बेटे अजीत सिंह को नेता मानने के लिए नहीं थे। खासतौर से बहुगुणा।

जबकि देवीलाल को न बहुगुणा की जरूरत है, न उनके पैसे की उन्होंने भारतीय 'राजनीति के नटवरलाल' को धता बता दिया है। बहुगुणा को इस पर तनिक भी दुख नहीं हुआ। हालांकि लोकनाथ जोशी आदि उनके चाटुकारों को गहरा धक्का लगा। पर स्थितप्रज्ञ बहुगुणा मुस्करा भर दिये।

बहुगुणा जानते है कि अब लोकदल (ब) या (द) जो भी है उसमें उनकी कोई जरूरत नहीं है। उन तक शरद यादव आदि की ये टिप्पणियां बिना किसी लागलपेट के पहुंचती रहती हैं कि चलो क्या बुरा है, कुछ पैसा तो दे रहा है। वर्ना बार–बार देवीलाल से मांगना पड़ता।

बहुगुणा यह भी जानते है कि अब उत्तर प्रदेश में भी उनकी उपयोगिता खत्म हो गयी है। अव्वल तो वहां चुनाव जल्दी होने वाले नहीं है। होंगे भी तो उनके यानी लोकदल (ब) या (द) के मुकाबले लोकदल (अ) यानि अजीत सिंह का जोर ज्यादा है। पश्चिमी उत्तर प्रदेश का किसान अभी भी चरणसिंह के नाम की कसम खाता है। फिर यह क्या गारंटी है कि देवीलाल की तर्ज पर मुलायम सिंह यादव भी यह नहीं कहने लगेंगे कि लोकदल अ, ब, द कुछ नहीं सिर्फ म है। सब बात छोड़िए इसका सवाल तो तब पैदा होता है जबकि वीरबहादुर सिंह की कुर्सी तनिक भी खिसके। अभी तो यह रणबांकुर राजीव गांधी के पानीपत उत्तर प्रदेश में अकेला ही ठाकुरों और ब्राह्मणों दोनों को ताल ठोककर चुनौती दे रहा है।

इस परिप्रेक्ष्य में बहुगुणा जी क्षेत्रीय राजनीति से विमुख हो तो क्यों न। अतः उन्होंने एक बार फिर दिल्ली पर चढ़ाई करने का फैसला किया है। पिछले दिनों उन्होंने अरुण नेहरू को अपने घर 46/23 लोदी कालोनी, नयी दिल्ली (यह घर उन्हें भारत को स्वतंत्रता संग्राम में अपने बलिदानों के एवज में दिया गया है। यह बात दीगर है कि बहुगुणा) ने अपनी सारी लड़ाईयां हिन्दुस्तान के आजाद होने के बाद लड़ी हैं) बुलाकर लिटाया (आजकल नेहरू जी अक्सर लेटर की ही बात करते हैं) और खुद उनके पैताने बैठ गये। सिरहाने उनके 'दामाद' (ऐसा बहुगुणा सरेआम घोषित करते हैं) आरिफ मोहम्मद खान बैठ गये। महाभारत की पूर्वसंध्या का यह पूर्वाभ्यास 29 अगस्त सन् 1987 को प्रातः सात बजे हुआ। चार घंटे तक तीनों ने विपक्षी मानसून की अनुपस्थिति में आये वी. पी. सिंह रूपी काले बादलों पर जमकर चर्चा की।

चार घंटे बाद जब बहुगुणा अरुण नेहरू और आरिफ को कार तक छोड़ने आये तो उनके चेहरे पर विश्वविजयी मुस्कान थी। नजदीकी लोग जानते है कि अरुण नेहरू विश्वनाथ को न नेता मानते है और न कभी बनने देंगे। इस खेल में उन्हें बहुगुणा से बेहतर मोहरा और कौन मिल सकता है। बहुगुणा भी हरियाणा और पश्चिमी उत्तर प्रदेश की राजनीति करते करते थक गये हैं। उन्हें भी बरेली से बनारस तक वी.पी. की जय जयकार सुहा नहीं रही।

खैर, इस मुकालात के 24 घंटे के भीतर बहुगुणा ने जयपुर में एक आम सभा में कहा कि उत्तर प्रदेश में बहुत से डाकू मारे गये थे। उनमें से अधिकांश डाकू नहीं थे (वैसे भी बहुगुणा के लिए डाकू और साधू में भेद करना कठिन काम है) चौधरी चरणसिंह ने भी मांग की थी कि जो डाकू न होते भी डाकू की गति को प्राप्त हुए उनकी जांच होनी चाहिए।

इतिहास गवाह कि सबसे ज्यादा डाकू वी. पी. सिंह की सरकार ने मारे थे। यानि वी. पी. सिंह के कामों की जांच होनी चाहिए। और किसी ऐसे वैसे से नहीं, सुप्रीम कोर्ट में बैठे हुए जज से।

वी. पी. सिंह के साथ पार्टी निकाला प्राप्त किसी भी नेता ने इस बयान के खिलाफ आवाज नहीं उठायी।

दूसरा काम जो बहुगुणा ने किया वह था कांग्रेस पार्टी में दोबारा भर्ती के लिए अर्जी देने का। अर्जी लेकर गये उनके पुराने विश्वासपात्र कल्पनाथ राय के मजमून कुछ इस प्रकार थे कि 'हे तात (श्री राजीव गांधी) जब-जब आपके परिवार पर संकट आया, तब-तब यह तुच्छ सेवक आपके काम आया। सन् 69 में सिंडिकेट के खिलाफ। सन् 73 में उत्तर प्रदेश में और सन् 80 में चरणसिंह के खिलाफ। आज आपको मेरी फिर जरूरत है। आप ऐसा नहीं समझते। पर मैं जानता हूं। यू. पी. में वी. पी. को सिर्फ मैं ही ध्वस्त कर सकता हूं। आपका स्वयंसेवक-हेमवतीनंदन।

राजीव की स्वर्गीय माता जी ने और स्वर्गीय भैया संजय ने बहुगुणा को बहुरूपों में इस्तेमाल किया। राजीव भी उसी मिट्टी में ढले हैं। कोई आश्चर्य नहीं कि आप देखें कि बहुगुणा फिर कांग्रेसी क्षितिज पर अवतरित हों और राजपरिवार के काम आयें।

बहुगुणा की यह नियति रही है कि या तो उनका इस्तेमाल हुआ है या उन्होंने लोगों का इस्तेमाल किया है। उन्हें पार्टी बनाने और तोड़ने और फिर बनाने का शौक है।

बुधाड़ी गांव में उनकी पूर्व पत्नी। उत्तर प्रदेश के एम. एल. ए. डा. शिवानंद नौटियाल, भूतपूर्व विधायक राजेन्द्र त्रिपाठी, सांसद राजमंगल पांडेय, पूर्व सांसद हरिकेश बहादुर, पूर्व राज्यसभा सदस्य जी.सी. भट्टाचार्य, रामाधार पांडेय, जगजीवन राम... इस सूची को एक किताब तक फैलाया जा सकता है। ये वे लोग हैं या थे जिन्हें बहुगुणा ने इस्तेमाल किया और धोखा दिया।

कांग्रेस, सी. एफ. डी., जनता पार्टी, डी.एस.एफ. डी.सी.पी., लोकदल, डी.एम.के.पी. और लोकदल (ब) वे पार्टियां हैं, जिन्हें इन्होंने छोड़ा, अपनाया, फिर छोड़ा।

एक सूची इनके खास शौक और व्यक्तिगत जीवन से भी निकाली जा सकती है पर उसका इनकी राजनीति से कोई लेना देना नहीं है और शायद इनकी जाती कमजोरी है, लिहाजा उसे हम छोड़ रहे हैं।

68
रिलायंस की प्रेरणास्रोत
धीरूभाई के बाद कोकिला बेन रहेंगी

आखिरकार धीरूभाई समय से पहले चले गए, मगर जितना जीए बहुत कुछ करके गए, जिसकी गूंज सदियों तक गूंजती रहेगी, प्रेरणा देती रहेगी। उनके जाने से पूरे देश में शोक लहर सी दौड़ गई। एक सामान्य मजदूर से लेकर उच्चपदासीन व्यक्ति सभी उनके लिए चिंतित थे, सभी को उनसे हमदर्दी थी, लगाव था, यह लगाव उनके बड़े उद्योगपति होने के नाते नहीं था। गुजरात के गरीब शिक्षक परिवार में जन्मे, पढ़ाई अधूरी छोड़ने को मजबूर हुए धीरूभाई ने जिस तरह एक पेट्रोल के पंप पर लोगों की गाड़ियों में तेल डालने से लेकर 65 हजार करोड़ के औद्योगिक साम्राज्य रिलायंस को खड़ा करने तक का सफर किया वह भले ही परिकथा सी लगती हो लेकिन उन्होंने यह सच कर दिखाया, उनकी कड़ी मेहनत व दूरदृष्टि का ही परिणाम था कि धीरूभाई सबसे अधिक वेतन (8.85 करोड़) पाने वाले मुख्य अधिशासी थे। लेकिन इस सफलता में उन्होंने कई आम लोगों को भी साझीदार बनाया, उन्होंने केवल सपने ही नहीं दिखाए उन्हें पूरा करने का रास्ता तय भी किया। मात्र 15 हजार रु. में शुरू किया गया। ड्राई फ्रूट्स मसालों के निर्यात का उनका व्यापार जब गति पकड़ने लगा तो धीरूभाई की निगाहें देश में ही पॉलिस्टर धागे के निर्माण की ओर गई और देखते ही देखते विमल शूटिंग-शर्टिंग पूरे देश में छा गई। आम शेयर निवेशकों का विश्वास जीत उन्होंने विद्युत उत्पादन, स्वास्थ्य, पैट्रोकेमिकल्स, सूचना आदि क्षेत्रों में प्रवेश किया और खासी प्रगति की, उन्होंने तो तरक्की की ही उनके साथ लाखों निवेशक भी लखापति बने। उन्होंने व्यापार जगत की सारी मिथ्याओं को तोड़ कर उबड़-खाबर रास्ते को चीरती तीव्रगति से चलने वाली नदी की तरह

अपना रास्ता खुद किया और एक सागर की तरह धीरूभाई के साम्राज्य में कई लोग समाहित होते चले गए। आज के हर नौजवान को, जो सर्वसाधन सम्पन्न होने के बावजूद आगे बढ़ने में रुकावट महसूस करता है, धीरूभाई से प्रेरणा लेनी चाहिए।

मुझे कोकिला बेन से मिलने का अब तक केवल एकमात्र अवसर प्राप्त हुआ है। सन् 1990 में अम्बानी व्यापार समूह का मीडिया सम्पर्क देखने वाले टोनी जसुदासन ने दिल्ली के अनेक अखबारवालों को अनिल अम्बानी की टीना मुनीम से शादी के मौके पर निमंत्रित किया था। मैं उन दिनों **टाइम्स ऑफ इंडिया** के साप्ताहिक पत्र **दिनमान टाइम्स** में काम करता था। और जहाज भर के जिन पत्रकारों को ले जाया गया था उनमें मैं भी शामिल था। हमें कफ फरेड के एक पांच सितारा होटल में ठहराया गया और बारात चलने से कुछ देर पहले दूल्हे के घर घुड़चढ़ी के मौके पर अम्बानी परिवार के साथ काफी समय गुजारने का मौका मिला था। उस समय भी अम्बानी परिवार का रुतबा बुलन्दी पर था। धीरूभाई तो दूल्हे के पिता होने के नाते आकर्षण का केन्द्र थे ही, उनकी पत्नी कोकिला बेन वास्तव में पूरे समारोह को नियंत्रित कर रही थी। उनकी व्यस्तता देखते ही बनती थी लेकिन चेहरे पर तनाव या परेशानी का कोई निशान नहीं था। हर क्षण उनसे लोग आकर मिल रहे थे। वे सब को उचित निर्देश दे रही थीं। हजारों की भीड़ रही होगी। केवल बम्बई शहर ही नहीं देश का हर महत्वपूर्ण व्यक्ति उस जश्न में शमिल था और चाहता था कि धीरूभाई न सही कोकिला बेन की उन पर निगाह पड़े।

उस दिन के बाद से जब कभी मैं अम्बानी परिवार के बारे मैं अखबारों में कोई समाचार पढ़ता तो मेरे ज़हन में कोकिला बेन की तस्वीर उमड़ आती थी। सूत्रों के अनुसार अम्बानी परिवार को एक सूत्र में पिरोए रखने का पूरा श्रेय इस लगभग अर्द्धशिक्षित धीरूभाई को नजदीक से जानने वाले लोग इस बात से वाकिफ होंगे कि वे हर बड़ा फैसला गुजराती में लिया करते थे चाहे सामने वाले को गुजराती आती हो या नहीं। अपनी भाषा के प्रति यह जुड़ाव सफलता के तमाम सोपानों को पार करने के बावजूद बरकरार था और इसके मूल में था उनका अपनी पत्नी कोकिला बेन से सान्निध्य।

अपने गांव और बम्बई की जिस चाल में धीरूभाई और कोकिला बेन ने अपने जीवन का प्रारंभिक हिस्सा गुजारा था। वहां के लोग उनकी

मीठी गुजराती और खट्टे-मीठे भोजन के आज भी कायल है। कोकिला बेन की रसोई एक सार्वजनिक मध्यवर्ग के साथ गुजारा वह आज उन सबकी एक धरोहर है। यही एक कारण है कि जिस समय धीरूभाई मुम्बई के बीच कैंडी अस्पताल में जीवन और मृत्यु के बीच झूल रहे थे उस समय उनके गांव और उस चाल के लोग उनकी सांसों को लम्बा करने के लिए ईश्वर से प्रार्थना कर रहे थे। कोकिला बेन का जो स्नेह और प्यार उन्हें मिला था, वे उसका प्रतिफल देना चाहते थे।

कोकिला बेन का एक गुण है अपने परिवार के बजट को संभाल कर रखना। हालांकि अम्बानी व्यापार समूह ने जो 65 हजार करोड़ रुपये का विशाल साम्राज्य खड़ा किया उसमें धीरूभाई की दूरदर्शिता का पूर्ण समावेश था लेकिन बूंद-बूंद करके जिस तरह सागर को भरा जा सकता है यह उन्होंने अपनी पत्नी की मितव्ययता से ही सीखा था। अम्बानी का एक आर्थिक जीवन दर्शन था कि अव्वल तो कर्ज लो मत और अगर लेना पड़े तो मियाद चुकता होने से पहले अदा कर दो। कहते हैं कि यह भी उन्हें अपनी पत्नी के संसर्ग से ही प्राप्त हुआ था।

यद्यपि अनेक पंडितों ने इस बात की आंशका व्यक्त की है कि शायद अम्बानी परिवार के दो बेटे अनिल और मुकेश भी ज्यादा दिन साथ न रह सकें लेकिन इस परिवार को करीब से जानने वाले इस आशंका को निर्मूल घोषित करते हैं। उनका कहना है कम से कम कोकिला बेन के जीवनकाल में ऐसा संभव नहीं होगा क्योंकि दोनों बेटे अपनी मां को बेहद चाहते हैं और वे उन्हें हमेशा अपने पिता की तथा दोनों के आपसी नैकट्य की याद दिलाती रहेंगी। वैसे भी धीरूभाई ने अपने जीवनकाल में वक्त रहते दायित्वों और पूंजियों का जो बंटवारा किया था, वह अकाट्य है और दोनों भाई इस बात को जानते हैं कि जब तक वे साथ हैं तभी तक एक-दूसरे के पूरक हैं। जिस दिन उनके इस गठबंधन में फांस पड़ गई उस दिन शायद यह पूरा वैभव ताश के पत्तों की तरह बिखर जाएगा।

कोकिला बेन खासी धार्मिक महिला हैं। जब बेहोश धीरूभाई को उनकी मर्सीडिज कार मुम्बई के ट्रैफिक को चीरती हुई बीच कैंडी अस्पताल ले जा रही थी उस समय कोकिला बेन सिर पकड़ कर धराशायी होने की बजाय स्वामी नारायण सम्प्रदाय के मुखिया और अम्बानी परिवार के अध्यात्मिक गुरु प्रमुख स्वामी महाराज द्वारा महामृत्युंजय का जाप

करवाने में जुट गई थीं। जाप के बीच में एक बार स्वामीजी अपने शिष्य धीरूभाई का अंग स्पर्श करने आई.सी.यू. गए थे क्योंकि 16 वर्षों में दूसरी बार धीरूभाई को यह मस्तिष्क आघात पहुंचा था। डॉक्टरों ने काफी पहले इस बात की चेतावनी दे दी थी कि यदि उन्हें फिर ऐसा दौरा पड़ा तो शायद उन्हें बचाया न जा सके, इसके बावजूद कोकिला बेन धर्म और ईश्वर के प्रति अपनी आस्था पर अडिग थीं और सावित्री की भांति अपने सत्यवान को बचाने के लिए हर चन्द कोशिश कर रही थीं।

लेकिन एक बार जब दोनों बेटे यह खबर लेकर घर पहुंचे कि अब केवल उनके जाप पर भी भरोसा है तो एक क्षण के लिए तो उनकी आस्था डगमगाई फिर भी तब से लेकर अंतिम संस्कार तक उन्होंने आस नहीं छोड़ी। ऐसी घनघोर आशावादिता पूरे अम्बानी व्यवसाय के दर्शन का आधार भूत अंग थी और कोकिला बेन उस परम्परा की सबसे महत्वपूर्ण कड़ी थीं। आज जबकि भारत का निजी क्षेत्र आपसी पारिवारिक कलह तथा भाई-भाई और बहू-बहू के बीच की कटु प्रतिस्पर्धा का एक दुःखद प्रतीक नजर आता है वैसे में कोकिला बेन एक आदर्श सास और मां की भूमिका निभाने को कटिबद्ध हैं। उनमें मातृत्व और परिवार को एकजुट रखने के भारतीय मानस के तमाम गुण मौजूद हैं। उन्होंने जिस प्रकार अपने पति के जीवनकाल में एक मजबूत शिला का किरदार निभाया, उसी तरह वे उनकी विरासत की रक्षा के लिए अपने बच्चों को साथ रखने हेतु आधार तथा सम्बल दोनों का ज्वलंत उदाहरण सिद्ध होंगी।

69
कहानी दो कॉफी हाउसों की

हाल ही के अपने संक्षिप्त लखनऊ प्रवास के दौरान एक दिन हजरतगंज पर स्थित पुराने कॉफी हाउस पर निगाह पड़ी न जाने कितनी सारी कहानियां और संस्मरणों में मैंने इस कॉफी हाउस का जिक्र सुना और पढ़ा था बरबस मेरे पांव उसकी ओर मुड़ गए और अपने गेस्ट हाउस से भरपूर चाय नाश्ता करने के बावजूद मैंने एक ऐसी मेज तलाशी जहां से बाहर सड़क का नजारा दिखाई देता था और एक ब्लैक कॉफी आर्डर कर दी। एक दो मेजों पर कुछ बुजुर्ग बैठे थे और दूर अंधेरे में एक दूसरी मेज पर एक जवान जोड़ा गुटर-गूं में था। कॉफी आई और मैंने बड़े इत्मीनान से उसे सिप करना शुरु किया निगाह चारों ओर दीवारों और दरवाजों पर गई

अगर माहौल में कॉफी की खुशबू नहीं होती तो वह जगह मुझे एक हिन्दी फिल्मों के पुराने गोदाम जैसी दिखाई देती। जहां थोड़ी देर बाद खलनायक नायक की मां बहन को बांध कर लाने वाला होता। मैंने बेटर को बुलाया और पूछा, क्या बात है आजकल लोग यहां नहीं आते। उसने कहा साहब, अब कॉफी पीने वालों की तादाद कम होती जा रही है कभी कभार भूले भटके कोई आ जाता है तो हम उसे कॉफी पिला देते हैं वरना दिन मक्खियां मारते गुजर जाता है।

मुझे दिल्ली की कॉफी हाउस की याद आयी जहां मैंने कॉलेज के जमाने में ब्लैक कॉफी पीना सीखा था। पहले दिन हर घूंट के बाद मैं प्याले में एक और चम्मच चीनी डालता रहा और कड़वे जुशांदे की तरह पीने की कोशिश करता रहा। मुझे समझ में नहीं आ रहा था कि क्यों कर लोग जहर को इतना काफी पीता है और यह पढ़े लिखे होने की निशानी है। एक बात और थी। मैं अपनी प्रेमिका को यह कह चुका था कि मैं सिर्फ ब्लैक कॉफी पीता हूं। मुझे डर था कि एक ना एक दिन मेरा झूठ पकड़ा

जाएगा। लिहाजा मैं ऐसा मौका आने से पहले ब्लैक कॉफी पीने की आदत डाल लेना चाहता था।

मैंने कई अनुभवी दोस्तों से पूछा तो उन्होंने बताया कि ब्लैक कॉफी में चीनी नहीं डाली जाती। मैं और डर गया। जब आधा कप चीनी के साथ नहीं पी जा रही थी तो बिना चीनी के हलक से नीचे उतरेगी ही नहीं। एक बुद्धिजीवी कहलाने की इच्छा दूसरी तरफ प्रेमिका पर रौब गालिब करने का एहसास। मरता क्या न करता। मैंने डेढ़ महीने की मशक्कत के बाद बिना चीनी की ब्लैक काफी पीना सीख लिया। और जो लोग इसके आदी नहीं थे वे मुझसे बेहद प्रभावित दिखाई देने लगे थे। यह कॉफी हाउस संस्कृति से मेरा पहला परिचय था।

उन दिनों शहरों में आज की तरह डोमिनो पिजा, नरूला और मेकडोनाल्ड जैसे फास्ट फूड के रेस्तरां नहीं होते थे। कॉफी हाउस में मिलने वाला डोसा और कॉफी ही फास्ट फूड की श्रेणी में आता था। अध्यापक और छात्र कभी एक ही मेज पर और कभी अलग-अलग मेजों पर बैठकर घंटों मार्क्स, साहित्य और राजनीति पर चर्चा करते थे। कुछ लोग तब कॉफी हाउस खुलने से पहले ही दरवाजे पर आकर खड़े हो जाते थे। कोई बातें करता थकता नहीं था। उन दिनों शराब का भी इतना चलन नहीं था। कॉफी और ब्लैक कॉफी इन्हीं दो में बुद्धिजीवी समाज बंटा हुआ था। भाजपा या किसी अन्य दक्षिणपंथी राजनैतिक सोच का फैशन नहीं आया था। जो सोचते थे उन्हें वामपंथी कहा जाता था। जो नौकरी की फिक्र करते थे उन्हें प्रतिक्रियावादी।

कॉफी हाउस के कुछ नियम थे। जो पहले से बैठा होता था वह नए आने वाले को कॉफी ऑफर करता था। जब नया पुराना हो जाता था तो वह अगले नए को कॉफी ऑफर करता था। यह क्रम चलता रहता था। जिसके पास पैसे नहीं होते थे वह आते ही घोषणा कर देता था कि आज कॉफी किसी और को पिलानी पड़ेगी। यदि किसी के पास पैसे कम होते थे तो वेटर से कह दिया जाता था कि कल पैसे ले लेना। सब कुछ इतना व्यवस्थित था कि कभी कोई गड़बड़ी नहीं होती थी। लंच से पहले डोसा खाना बदतमीजी माना जाता था।

चमचमाते सफेद कपड़ों और हरी या लाल पगड़ी में अक्सर दक्षिण भारतीय वेटर अपनी टूटी फूटी हिन्दी में पहले सलाम बजाते थे फिर

ऑर्डर लेते थे। सब लोग वेटरों को नाम से जानते थे वेटर कभी किसी साहब का नाम नहीं लेता था। एक मैनेजर हुआ करता था जिसका काम सिर्फ रुपये पैसे का हिसाब किताब रखना होता था। बैठने के एक आध मिनट के भीतर वेटर एक थाली में ठंडे पानी के गिलास लेकर ऑर्डर लेने पहुंच जाता था। अगले पांच मिनट में कॉफी आ जाती थी। कॉफी घंटों चलती थी। वेटर कभी पैसे नहीं मांगता था। जब तक कि उससे बिल न मांगा जाये।

कॉफी हाउस में लाभ व हानि के हिसाब से नहीं नियमित ग्राहकों को बात करने के लिए स्थान मुहैया करना ज्यादा बड़ा कर्त्तव्य माना जाता था। वेटर किसी बातचीत में दिलचस्पी नहीं लेते थे। लेकिन वे जानते थे कि जरुर कोई बहुत अहम मसले पर बात हो रही है। वे पास आकर खड़े हो जाते थे और जब तक उनकी तरफ देखा न जाए वे कभी मुंह नहीं खोलते थे। हां पहली बार आने वाले का बड़े जोर शोर से परिचय और स्वागत होता था लोगों की मेजें बंधी हुई थीं। आजकल के तरह मेजें बदलने का रिवाज शुरू नहीं हुआ था मेज पर अतिरिक्त मेहमान आने पर फौरन खाली कुर्सी लगा दी जाती थी। मैं कॉलेज के जमाने में युनिवर्सिटी के पास और बाद में टेन्टों वाले कॉफी हाउस में लगभग बीस बरस तक बिना नागा आंधी-तूफान की परवाह किए हर रोज जाता था। जिस दिन नहीं जा पाता था उस दिन जीवन बड़ा खाली खाली लगता था लोग अगले दिन पूछते थे क्या हुआ। तबीयत तो ठीक है।

एक दिन पता लगा कि टेन्टों वाले कॉफी हाउस के स्थान पर एक एयरकंडीशन्ड बाजार बनेगा जिसे आजकल पालिका बाजार कहते हैं। कॉफी हाउस को सौ गज की दूरी पर रिवोली सिनेमा के बराबर में पहली मंजिल पर मोहन सिंह प्लेस में स्थानांतरित कर दिया गया लेकिन जमीन पर बिछी कुर्सियां और टेंटों के नीचे बैठने पर अपना ही सुख था। किसी को भी मोहन सिंह प्लेस रास नहीं आया। धीरे-धीरे वह वीरान हो गया।

आज वहां रेस के घोड़ों पर पैसे लगाने वाले बैठते हैं। इधर दिल्ली सरकार ने कॉफी होम के नाम से कई कॉफी हाउस खोले है लेकिन अब वह बात नहीं। वह स्थिति है जो हजरत गंज के कॉफी हाउस की है।

कॉफी हाउस सोच की संस्कृति का हिस्सा था। लगता है सोच के साथ कॉफी हाउस भी असमय काल के गाल में ग्रसित हो गया।

'अगर लड़ाई होगी तो कांग्रेस से होगी, डा. शर्मा से नहीं'

जी.जी. स्वेल–

राष्ट्रपति पद के उम्मीदवार प्रोफेसर जी. जी. स्वेल से ओम गुप्ता के तेरह सवाल

साक्षात्कार के समय साक्षात्कार स्थल पर पैनी नजर रखने का क्या लाभ हासिल होता है, यह साक्षात्कार इसका अच्छा उत्तर है। जब प्रो. जी. जी. स्वेल को भाजपा ने राष्ट्रपति पद का उम्मीदवार घोषित किया था उसमें पूर्व वे कभी भी चर्चा में नहीं रहे थे। प्रो. स्वेल के लिए यह एक बड़ी घटना थी। इसका एहसास भी उन्होंने इससे संबंधित खबर को दीवार पर चिपका कर दे दिया था। साक्षात्कार स्थल पर पैनी नजर रखने के कारण जहां प्रो. स्वेल द्वारा उम्मीदवारों को बड़ी घटना मानने का पता चला, वहीं उनकी मेज पर रखे कुछ महत्वपूर्ण हस्तियों के टेलिफोन नंबरों पर निगाह पड़ते ही बिना पूछे ही उन्होंने बता दिया कि इस पद के लिए वे आम सहमति बनाने में भी प्रयासरत है।

इस साक्षात्कार की खास बात साक्षात्कार के पूर्व की गई तैयारी है। प्रो. स्वेल उत्तर-पूर्व के रहने वाले थे, वे बर्मा में भारत के राजदूत भी रह चुके थे। इसलिए साक्षात्कार के दौरान उनसे राष्ट्रपति चुनाव, उनकी स्थिति, विपक्षी उम्मीदवार के प्रति उनकी राय तथा तत्कालीन राजनीतिक स्थिति पर तो चर्चा हुई हो। इसके अलावा उत्तर-पूर्व की समस्या और उसके कारण के साथ ही भारत-बर्मा के संबंधों पर भी बातचीत की गई।

अखबार में सुबह यह खबर पढ़ते ही कि भारतीय जनता पार्टी ने प्रोफेसर जी. जी. स्वेल को राष्ट्रपति पद के लिए अपना उम्मीदवार चुना

है, मैंने उन्हें फौरन फोन किया। फोन उन्होंने खुद उठाया। इंटरव्यू के लिए समय मांगा तो कहा, फौरन चले आइए। वहां पहुंचने पर उन्होंने खुद दरवाजा खोला। घर में न ज्यादा सामान था न ही लोग। लगता था, वर्षों से यहां का जीवन गहरे जल की तरह शांत था। इस खबर ने इनके जीवन में कंकड़ का काम किया। उस खबर को बड़े करीने से काट कर दीवार पर चिपका दिया गया था। मेज पर जो तीन टेलीफोन नम्बर लिखे थे, वे क्रमशः इस प्रकार थे-प्रधानमंत्री के निजी सचिव राम दामोदरन, भूतपूर्व प्रधानमंत्री वी.पी. सिंह और भाजपा अध्यक्ष डा. मुरली मनोहर जोशी। टेलीफोन नम्बरों के आगे मिलने का समय लिखा हुआ था।

मेरी निगाह अचानक ही उस कागज पर भी पड़ी। मुझे वह कागज पढ़ते देख कर प्रोफेसर स्वेल मुस्करा उठे। मेरे पूछे बिना बोले, 'मैं उत्तर-पूर्व भारत के एक छोटे से राज्य का रहने वाला हूं। मुझे इतना बड़ा दायित्व सौंपने की बात उठी है। मैं चाहता हूं कि यह फैसला आम सहमति से हो जाए। इसीलिए मैं सभी पक्षों से बात करना चाहता हूं। मैं किसी भी राष्ट्रीय पार्टी का सदस्य नहीं हूं। आज देश के सामने जो समस्याएं हैं उन्हें मिल बैठकर आम सहमति से ही सुलझाया जा सकता है।

हमारे बैठते ही उनकी बेटी नीबू-पानी ले आई। मैंने उन्हें बधाई दी तो वह लजा गई। पूरा माहौल देखकर लगता था कि इस घर को इतनी बड़ी खबर की उम्मीद नही थीं । उन्हें समझ में नहीं आ रहा था कि इस खबर का क्या करें। कुछ ऐसी ही ऊहापोह में निम्नलिखित बातचीत हुई।

प्रश्न—आपका डा. शकर दयाल शर्मा से मुकाबला प्रतीकात्मक है, सैद्धांतिक है या फिर कुछ और?

उत्तर—इस मुकाबले के माध्यम से भारत की राजनीति को एक बार फिर मौंका मिला है कि वह राष्ट्रीय मुद्दों पर अपने भेदभाव भुलाकर मतम से समाधान खोज सके। राष्ट्रपति तथा उपराष्ट्रपति के पद दलगत राजनीति से ऊपर होने चाहिए। राष्ट्रपति पार्टी का नहीं देश का होता है। मेरा डा. शर्मा से कोई मतभेद नहीं है। मैं उनकी इज्जत करता हूं। यह मुकाबला व्यक्तिगत तो कतई नहीं है, लेकिन कांग्रेस ने जिस तरीके से अनुसूचित जातियों और जनजातियों वाले मुद्दे को टाला है, वह दुःखद है। अगर यह लड़ाई होगी तो कांग्रेस से होगी। डा. शर्मा से नहीं।

प्रश्न–आप डा. शर्मा को कांग्रेस की अच्छाइयों और बुराइयों का किस हद तक प्रतीक मानते हैं?

उत्तर–डा. शर्मा मेरे विपक्षी उम्मीदवार हैं। मैं उनके विरूद्ध कुछ भी नहीं कहना चाहूंगा। मैं जिन पार्टियों के समर्थन से ये चुनाव लड़ रहा हूं उनके आपसी मतभेदों के बारे में भी चुप ही रहना पसंद करूंगा। मेरा उनसे कोई सरोकार नहीं है। मैं तो उस मिलन बिंदु का प्रतीक हूं जिसके तहत ये विषमधर्मी पार्टियां मेरी उम्मीदवारी के प्रश्न पर सहमत हुई हैं।

प्रश्न–डा. शर्मा का नाम पिछले कई महीनों से हवा में है, आपके नाम की घोषणा ऐन वक्त पर हुई। क्या इससे आपको नुकसान नहीं होगा?

उत्तर–राष्ट्रपति जैसे चुनाव में उम्मीदवारी का घोषणा के समय से कोई अंतर नहीं पड़ता। यहां निर्वाचन क्षेत्र में गली–गली, मोहल्ले–मोहल्ले जाकर चुनाव प्रचार नहीं करना होता। मेरे सारे मतदाता स्वयं निर्वाचित प्रतिनिधि हैं।

मेरा सार्वजनिक जीवन एक खुली किताब है। मेरे नाम की घोषणा दस दिन पहले हुई या बाद में इससे क्या अंतर पड़ता है। अब मेरे लिए समर्थन जुटाना मेरे नाक का प्रस्ताव करने वाले दलों का दायित्व है। मुझे पूरा विश्वास है कि वे इसमें कोई कसर नहीं उठा रखेंगे।

प्रश्न–इस चुनाव में मुख्य मुद्दे क्या है?

उत्तर–देश की वर्तमान स्थिति। देश की एकता। देश का भविष्य। राष्ट्र के सामने अवसर आया है कि एक होकर इस देश को बचाएं और आगे ले जाएं। आज आम सहमति के अलावा राष्ट्रीय समस्याओं से जूझने का कोई और विकल्प नहीं है। मेरे नाम पर समर्थन मांगने के लिए लालकृष्ण आडवाणी जैसे नेता ने अपने प्रतिपक्षी ज्योति बसु को फोन किया। क्या एक शुभ संकेत नहीं है? एक सुखद वातावरण की शुरूआत नहीं है? काश! कांग्रेस ने इस भावना का आदर किया होता। जिस तरह जनता दल और भाजपा ने अपने पूर्वाग्रहों को ताक पर रख दिया अगर सभी ऐसा कर पाते तो कितना अच्छा रहता।

प्रश्न–आप अपने को इस पद के लिए क्यों कर योग्य मानते हैं?

उत्तर–मुझे समझ नहीं आता कि कांग्रेस को मेरे नाम पर क्या आपत्ति है। मैं उत्तर–पूर्व का हूं, लेकिन लगता है, कांग्रेस अभी तक उत्तर

और दक्षिण से बाहर नहीं निकल पायी है। आज पूरा उत्तर-पूर्व भारत अपने को अलग-थलग महसूस करता है। इसी कारण वह नाराज भी है। इसी ने वहां राजद्रोह को जन्म दिया है। धरती का वह टुकड़ा खनिजों से परिपूर्ण है। उसे राष्ट्रीय जीवन की मुख्य धारा में शामिल करना चाहिए। वहां से राष्ट्रपति चुनकर उनके घावों पर मरहम लगाया जा सकता है।

फिर में अल्पसंख्यक हूं। एक ईसाई हूं। कांग्रेस अल्पसंख्यकों के नाम पर वोट बटोरती रही है। अब मौका आया है तो वह सकुचा रही है।

रही बात योग्यता की, अब मैं अपने मुंह से क्या कहूं। लोकसभा हो या नार्वे का दूतावास हो या मेघालय हो या बर्मा। मेरा काम सबके सामने है।

प्रश्न–सुना है कि आप इस संबंध में प्रधानमंत्री से मिले थे। उन्होंने क्या कहा?

उत्तर–मैंने उनसे अपील की थी। इस ऐतिहासिक अवसर को हाथ से न जाने दें। मेंने उनसे कहा, आपका निर्वाचन क्षेत्र कांग्रेस नहीं ये देश है। उसने आपको प्रधानमंत्री चुना है। आपको पार्टी से ऊपर उठकर सोचना चाहिए। इससे कांग्रेस की नहीं आपकी साख भी बढ़ेगी। वे चुपचाप मेरी बात सुनते रहे फिर बोले, मैं विचार करूंगा। मुझे उनका रवैया नकारात्मक नहीं लगा।

प्रश्न–यह मुलाकात आपकी पहल पर हुई थी या प्रधानमंत्री ने संदेशा भिजवाया था?

उत्तर–कुछ दोस्तों ने तय की थी। मुझे फोन आया था।

प्रश्न–आप तो एक जमाने में कांग्रेस पार्टी में थे?

उत्तर–एक जमाने में नहीं सिर्फ एक बार। लेकिन कांग्रेस मुझे नकेल डालकर चलाना चाहती थी। वह मुझे स्वीकार नहीं था। मैं 1984 में कांग्रेस के टिकट पर लोकसभा में चुना गया था। 1987 में मैंने उसे छोड़ दिया। 1984 में ही मुझे कनाडा में उच्चायुक्त बनाकर भेजा जाना था। लेकिन ब्लूस्टार के कारण काफी कुछ बदल गया।

प्रश्न–आपके विचार से उत्तर-पूर्वी राज्य इतने नाराज क्यों हैं?

उत्तर–मुझे लगता है कि उन्हें भारत का हिस्सा नहीं माना जाता है। कोई उनसे बात नहीं करता। कोई उन्हें समझता नहीं है। रोटी के टुकड़े

की तरह कुछ मदद दे दी जाती है और वोट बटोर लिए जाते हैं। आंदोलनों के दबाव में नए राज्य जैसे कि नागालैंड और अरूणाचल बना दिए गए लेकिन परिस्थिति नहीं बदली। राष्ट्रीय नेताओं को उस क्षेत्र की न जानकारी है न समझ है।

प्रश्न–क्या आपके राष्ट्रपति बनने से ये सब समस्याएं सुलझ जाएंगी।

उत्तर–यह उन लोगों को मान्यता देने जैसा होगा। उन्हें लगेगा कि उनका अपना कोई आदमी दिल्ली में है, पहचाना गया है। वहां का आदमी राष्ट्रपति बनेगा तो उनका मनोबल भी बढ़ेगा। इससे एक नई प्रक्रिया शुरू होगी।

प्रश्न–दिल्ली में दो सरकारें, गैर कांग्रेसी रही हैं। उनका रवैया भी तो उत्तर-पूर्व के बारे में कांग्रेस जैसा ही था?

उत्तर–वे सरकार बहुत कम अर्से के लिए थीं। फिर वे अपने झगड़ों में भी इतनी उलझी रहीं कि उन्हें वक्त भी नहीं मिला। चलिए अब उनकी तरफ से शुरूआत तो हुई।

प्रश्न–एक प्रश्न आपके बर्मा प्रवास के बारे में। भारत और बर्मा के सबंध मधुर नहीं है, ऐसा क्यों? क्या इनके बारे में कुछ नहीं किया जा सकता? आप तो वहां राजदूत रहे हैं। आपका इस मामले में क्या मूल्यांकन है?

उत्तर–दोनों देशों के बीच संबंध 1962 से खराब ही होते गए। जब मैं वहां था तो मैंने कई किस्म की पहल की। बर्मा से और अधिक सामान भी वहां निर्यात होने लगा। एक महान बर्मी जनरल महा बंदूलस की हस्तलिखित पांडुलिपि कलकत्ता के संग्रहालय में रखी हुई थी। बरमी बहुत अरसे से उसे वापस मंगवाना चाह रहे थे। यह जनरल बरमी जनता का नायक माना जाता है। खासकर जनरल नेबिन के समर्थक उसके प्रति बड़ी श्रद्धा रखते हैं। वह 1926 में फौज लेकर असम आया था और अंग्रेजों के विरूद्ध जमकर लड़ा था। यह पांडुलिपि ताड़ के पत्तों पर लिखी गयी थी। मैंने इसे विक्टोरिया मेमोरियल संग्रहालय कलकत्ता से वापस भिजवाया।

बर्मा में 60 लाख भारत मूल के लोग रहते हैं। उनमें अधिकांश वहां के नागरिक नहीं है। इन्हें बिहार से गन्ना उगाने के लिए और चीनी मिलों में काम करने के लिए ले जाया गया था। वहां शोटका जैसे अनेक गांव हैं जिन्हें देखकर लगता है कि वे भारत के हिस्से हैं। मैंने इन लोगों की सांस्कृतिक भूख को मिटाने के लिए इनमें गीता और महाभारत की प्रतियां बंटवायीं। ये लोग एक ईसाई राजदूत को हिंदू पुराणों में इतनी दिलचस्पी लेते देख गदगद हो उठे थे।

बर्मा की अपनी दिक्कतें हैं। वहां की सरकारों का रवैया अपनी जनता और भारत मूल के लोगों के साथ बहुत अच्छा नहीं कहा जा सकता। लेकिन यह उनका अपना मामला है। फिर भी हमें कोशिश करते रहना होगा।

71

लालू ने केंद्र से कहा हम तैयार हैं आओ युद्ध करें

लालू

'बुश को चौबीस घंटे लगे मैं तो जमीन पर दो ही घंटे में साफ कर दूंगा'

यह साक्षात्कार उस दौरान लिया गया जब केन्द्र की जनता दल सरकार में तत्कालीन प्रधानमंत्री वी.पी. सिंह तथा चंद्रशेखर के दो धड़े बन गए। केंद्र में बने दो धड़ों की प्रणव बिहार की राजनीति पर भी पड़ा वहां पार्टी के प्रदेश अध्यक्ष रामसुंदर दास चंद्रशेखर खेमे से मिल कर लालू यादव को मुख्यमंत्री पद से हटाने की मुहिम में लगे थे। लेकिन श्री प्रसाद ने अपने राजनैतिक कौशल से इस संकट से निजात पा लिया। प्रस्तुत साक्षात्कार में भी लालू प्रसाद यादव से इस संकट से बाहर निकलने के उनके राजनीतिक कौशल पर तो बात हुई ही, लेकिन इस संबंध में अंदर जाने क्या खिचड़ी पकी उसका भी विस्तृत वर्णन दिया गया है। साक्षात्कार बताता है कि राजनैतिक स्थिति ने पैनी नजर रखना किसी विषय से संबधिंत राजनीतिक स्थिति की व्याख्या करना मुश्किल है।

बिहार के मुख्यमंत्री लालू प्रसाद यादव के लिए इस बार की होली बेहिसाब अबीर और लिए आयी है, उन्होंने होली की पूर्वसंध्या को दिल्ली आकर अपने तमाम दोस्तों और दुश्मनों को इतनी डुबकियां दी और इतने किस्म के छींटे फैंके कि किसी की शक्ल पहचान में नहीं आ रही है।

वापस पटना रवाना होने से पहले जब उन्होंने *दिनमान टाइम्स* से मुलाकात की तो वे लुंगी कसे, आलथी-पालथी मारे विश्वविजयी मुस्कान

धारण किये हुए थे, पर चेहरे पर कड़ी मेहनत से उपजे स्वेद बिंदु भी झिलमिला रहे थे।'

प्रश्न–पूरा होने से पहले ही बोले-'अरे कुछ झगड़ा था ही नहीं, रामसुंदर दास तो बड़े सज्जन आदमी हैं, मेरा उनसे कैसा मतभेद, पता नहीं आप लोग क्या-क्या छाप देते हैं, आइए लिख दीजिए कि बिहार जनता दल में कोई संकट नहीं है, अगर किसी दुश्मन ने आंख भी उठायी तो सब मिलकर निकाल लेंगे, आपस में कितना ही लड़ते रहें पर बाहरी शत्रु के सामने सब एक हो जाते हैं,

स्मरणीय है कि उनके और बिहार जनता दल के अध्यक्ष रामसुंदर दास के बीच पार्टी हाईकमान के दरबार में तीखी नोंक-झोंक हुई थी, उसका हवाला दिये जाने पर मुख्यमंत्री बोले:

'किस घर में भाइयों में कहा सुनी नहीं होती, सबका काम करने का अपना तरीका होता है, वैसे दास जी तो भले आदमी हैं, लेकिन उनके चारों ओर फैले दरबारी लाल और बनवारी लाल उन्हें गुमराह किये रहते हैं, ये लोग अपने अपने स्वार्थ से प्रेरित उन्हे बरगलाने की कोशिश करते रहते हैं, आमने सामने बात हुई तो सब बातें साफ हो गयीं, रामसुंदर दास जी का अब हृदय परिवर्तन हो गया है।'

प्रश्न–तो अब आप असंतुष्टों का क्या करेंगे?

उत्तर–"कैसे असंतुष्ट? अरे सब हमारे साथ हैं। वैसे सबको मंत्री तो बनाया नहीं जा सकता। अब सौ लोगों का मंत्रिमंडल होगा क्या?

पिछले दिनों में दिल्ली दरबार भी लालू की कुर्सी हिलाने की कोशिश करता रहा है। इस बारे में उन्होंने कहा:

"हम तो तैयार बैठे हैं, प्रतीक्षा में हैं आओ युद्ध करो, जब चाहे जमीनी लड़ाई शुरू करवा लें, बुश को तो फिर भी 24 घंटे लगे, मैं तो दो घंटे में साफ कर दूंगा।"

प्रश्न–चंद्रशेखर को आपसे क्या नराजगी है?

उत्तर–'अरे उन्हें कहां नाराजगी है, ये तो कांग्रेस खार खाये बैठी हैं, प्रधानमंत्री उन्हीं के दवाब में हैं, पर मेरे से पहले कांग्रेस उन्हें ही खा जायेगी।'

प्रश्न–पर उन्होंने आपका भाषण पढ़ने पर राज्यपाल सलीम को तो बर्खास्त किया?

उत्तर–'लगता है अब इस देश में न राष्ट्रपति की जरूरत रह गयी है और न राज्यपाल की। दोनों पद बेकार हो गये हैं, बिल्कुल प्रभावहीन, वरना आप ही बताइए क्या राज्यपाल एक संघीय ढांचे में केंद्र-राज्य संबंधों के बुनियादी मुद्दों पर अपनी राय जाहिर नहीं कर सकता। बिहार में राज्यपाल ने क्या कहा था। यही कहा था ना कि बिना राज्यपाल की सिफारिश के तमिलनाडु की सरकार नहीं गिरायी जानी चाहिए थी। क्या हम लोग आये दिन सद्दाम को भला-बुरा नहीं कहते।'

प्रश्न– अपने पद से हटने के बाद राज्यपाल सलीम ने भाषण दिये हैं वे दर्शाते हैं कि वे राजनीतिक तौर पर आपके साथ हैं?

उत्तर– 'वे संविधान के साथ हैं, राष्ट्र के साथ हैं।'

प्रश्न– सुना है आप गुजरात के मुख्य सचिव एच. के खान को अपने यहां राज्यपाल बनाये जाने का विरोध कर रहे हैं?

उत्तर– क्यों न करें, अरे अब क्या एक अफसर को महामहिम कहना होगा, हमने तो चंद्रशेखर जी से कह दिया कि हमसे यह नहीं होगा।

प्रश्न– तो क्या अब बिहार राज्यपाल के बिना चलेगा?

उत्तर– 'जब केन्द्र को ही राज्यपाल नहीं चाहिए तब हम क्या करें, हमने तो कहा कि सरकारिया आयोग के कहे अनुसार तीन नाम भेज दो हम छांट लेंगे, पर दिल्ली को फुर्सत ही नहीं है, वे तो अपनी कुर्सी बचाने में लगी हैं।

लालू हटाओ अभियान के दिल्ली ड्रामा में इस बार कई नए लक्षण दिखे हैं, इन तीखे लक्षणों के अध्ययन से पटना-दिल्ली की अगली राजनीति का पता चलता है।

मंगलवार को जनता दल की राजनीतिक मामलों की समिति ने मुख्यमंत्री लालू यादव तथा प्रदेश जनता दल अध्यक्ष रामसुंदर दास को अप्रत्याशित सम्मन भेजा, बोम्मई, वी.पी. सिंह, रामविलास पासवान, जार्ज फर्नांडीज, अजीत सिंह, बीजू पटनायक सरीखे बड़े नेताओं के सामने दोनों प्रतिद्वंदियों की पेशी हुई।

रामसुंदर दास ने वहां पार्टी अध्यक्ष से पूछा कि मैंने तो अपनी सारी बातें कल ही बता दी थीं, तब फिर यहां बुलाया क्यों? दरअसल इस पेशी के पीछे दिल्ली स्थित लालू विरोधी कुछ बड़े नेताओं का हाथ था, दास ने बोम्मई से मिलकर उन्हें बिहार की विस्फोटक स्थिति की जानकारी देकर नेतृत्व परिवर्तित की बात की थी।

जब रामसुंदर दास ने पटना से लालू मंत्रिमंडल के तीस मंत्रियों का इस्तीफा अपने पास इकट्ठा होने का दावा किया था तो लालू विरोधी नेता अजीत सिंह तुरंत पटना जा धमके, वहां अजीत सिंह ने दास को टटोला, अजीत ने दास को चेताया कि दिल्ली के लालू एवं वी. पी. विरोधी खेमे में उन्हें समझौतावादी सौदेबाती की उपमा मिली हुई है, यह माना जा रहा है कि वे दबाव बनाकर बिहार जद तथा केंद्रीय जद के पदों के सौदे के लिए दिल्ली जा रहे हैं।

वहीं अजीत सिंह ने लालू विरोधी युवा विधायकों ने वादा किया कि वे पटना से दिल्ली तक कहीं अभिभावक दास जी को "अकेला" नहीं छोडेंगे। हुआ भी यही। दास जी के साथ हर जगह युवा उत्प्रेरक टोली लगी रही। इधर अजीत जार्ज आदि ने मिलकर बोम्मई के यहां लालू-दास को बुलवा कर आमने-सामने भिड़वा दिया। फिर एक बीच के बड़े नेता ने यह समाचार प्रेस को लीक कर दिया।

पहली बार दिल्ली स्थित वी. पी. विरोधी नेताओं ने लालू विरोधी अभियान में भाग लिया, इन्हीं नेताओं ने दास की नई लड़ाकू स्थिति बना दी। यह लालू विरोधी अभियान के नोट करने योग्य नए लक्षण हैं, यानी लालू विरोधी अभियान वी. पी. विरोधी अभियान का एक हिस्सा है।

लेकिन प.ए.सी. के बैठक में जातिवाद, कुप्रशासन, जान पर खतरे आदि आरोप-प्रत्यारोप के दौरान अचानक बुजुंग दास उस समय थोड़ा रक्षात्मक हो गए तब लालू यादव ने प्रत्याक्रमण किया। लालू यादव ने नेताओं की भरी सभा में खुली चुनौती दी कि वे मुख्यमंत्री पद पर दुबारा विश्वास का मत लेने को तैयार हैं बशर्ते दास भी पार्टी अध्यक्ष पद पर फिर से चुनाव लड़े।

लालू यादव ने इस प्रकार पार्टी में अपने बहुमत को दिखा दिया। इससे अजीत जार्ज की लालू को फिर से विश्वास का मत लेने के लिए

बाध्य करने की रणनीति उनके मन में ही रह गई, पी.ए.सी. में इस पर बात नहीं हो सकी।

केंद्रीय नेतृत्व ने दास जी से मंत्रियों का त्यागपत्र मांगा यह हस्ताक्षरित सूची बोम्मई को नहीं। पार्टी आलाकमान ने ताजा आकलन किया तो पाया कि पार्टी के 117 विधायकों में लालू यादव के साथ अस्सी से ऊपर विधायक हैं।

इधर लालू से नाराज केंद्रीय नेताओं ने रामविलास पासवान को वैकल्पिक नेता के रूप में पेश करना चाहा, लेकिन इधर वी. पी. के एक नम्बर के चहेते बने रामविलास पासवान ने यह पेशकश यह कह कर ठुकरा दी कि वे हाथी पर चढ़कर बैठने के बाद घोड़े पर नहीं बैठेंगे, आलाकमान को मंजूर किसी विकल्प का अभाव तीसरा नोट करने लायक लक्ष्य है।

वी. पी. सिंह ने लालू–दास भिंडत के दौरान मौन ही रखा। लेकिन पी.ए.सी. बैठक तक दास को अलग से मिलने का वक्त नहीं देकर अपनी मनःस्थिति जाहिर कर दी, इधर लालू ने वी. पी. से मिलकर कहा कि कुछ नेताओं को दल से बाहर करना दल के स्वास्थ्य के लिए जरूरी है। लालू का इशारा दिल्ली तथा पटना दोनों जगहों के नेताओं के लिए था, यह नोट करने लायक चौथा नया लक्षण है, बिहार में आठ विधायकों को दल से निकलवा कर अब लालू खेमा दो बिहारी नेताओं को वनवास दिलाने के फेर में है।

यह रपट लिखे जाने तक रामसुंदर दास तथा वी. पी. विरोधी केंद्रीय खेमा लालू यादव से विश्वास का मत लेना चाहता है, अजीत जार्ज ने बोम्मई के सम्मुख यह तर्क रखा है कि जब वी. पी. सिंह तथा रामकृष्ण हेगड़े बार–बार विश्वास का मत ले सकते हैं तो लालू यादव क्यों नहीं? बोम्मई को पता है कि वे कोई कांग्रेसी आलाकमान तो है नहीं, फिर केंद्रीय राजनीति में लालू यादव की विशिष्ट स्थिति भी वे जानते हैं।

वैसे बोम्मई के मन में कुछ बातें चुभी हुई हैं, ऊपरी तौर पर राजनीतिक मामलों की समिति ने दोनों नेताओं को सुलह कर लेने को कहा हैं, कुछ पंचनुमा लोग समझौता फार्मूला बनाने में लगे हैं, लेकिन पटना में

दास के निवास के लालू विरोधी अभियान के अधिकृत मुख्यालय में बदल जाने की पृष्ठभूमि बन गई है।

पी.ए.सी. ने पार्टी के पुरी महाधिवेशन के बाद पहला बड़ा सार्वजनिक कार्यक्रम पटना में करने का निर्णय किया है, जे.पी. के बिहार आंदोलान के शुरूआती दिन जनता दल पटना में 'लोकतंत्र बचाओं' रैली करेगा। इसमें सभी बड़े नेता भाग लेंगे। इसमें पार्टी नेतृत्व में एकता प्रदर्शित करने का भाव रहेगा।

72

'मैं प्रधानमंत्री बनने के दबाव में नहीं जी रहा हूं'

अर्जुन सिंह–

अर्जुन सिंह से ओम गुप्ता की बातचीत

इस साक्षात्कार को पत्रकारिता और राजनीतिक कुशलता के बीच उत्कृष्ट व दिलचस्प मुठभेड़ कह सकते हैं। वर्ष 1991 में प्रधानमंत्री पी.वी. नरसिंह राव और कांग्रेस के वरिष्ठ नेता अर्जुन सिंह के बीच वर्चस्व की लड़ाई चल रही थी। अयोध्या विवाद को निपटाने के लिए श्री राव भाजपा को काफी महत्व दे रहे थे, जिनका श्री सिंह पार्टी के अंदर विरोध कर रहे थे। श्री सिंह भाजपा को महत्व देने के विरोधी थे और माना जाता था कि वे प्रधानमंत्री बनने की महत्वकांक्षा भी पाले हुए थे। इसलिए साक्षत्मका को अयोध्या विवाद और उनके प्रधानमंत्री बनने की इच्छा पर ही केंद्रित किया गया। लेकिन श्री सिंह ने भाजपा को महत्व नहीं देने पर तो जोर दिया। लेकिन श्री राव कुशल राजनीतिज्ञ की तरह संधि टिप्पणी करने से पूरी तरह बचते रहे। साक्षात्कार में यह देखा जा सकता है कि राजनीतिज्ञ के मन की बात उगलवाने के क्या-क्या तरीके हो सकते हैं और राजनीतिज्ञ इस दांव पेंच से कैसे बाहर निकल जाते हैं।

वैसे तो अर्जुन सिंह एक दशक से भी ज्यादा से केन्द्र की राजनीति में महत्वपूर्ण भूमिका अदा करते रहे हैं लेकिन राजीव गांधी के निधन के बाद और पी.वी. नरसिंह राव के पार्टी और देश की बागडोर संभालने के बाद से वे राष्ट्रीय राजनैतिक रंगमंच के मध्य क्षेत्र से एक दिन के लिए भी नहीं हटे। प्रधानमंत्री ने औपचारिक तौर पर अपने मंत्रिमंडल में किसी को दो नंबर का स्थान तो नहीं दिया है लेकिन राजनैतिक वरीयता की दृष्टि

से यह सभी मानते हैं कि अर्जुन सिंह उनके बाद सबसे महत्त्वपूर्ण मंत्री है।

हालांकि उनके पास जो मंत्रालय है वह राजनैतिक या आर्थिक दृष्टि से अपेक्षाकृत कम वजन का है और जिस प्रकार उन्होंने मध्य प्रदेश में अपने प्रतिनिधि दिग्विजय सिंह को राज्य कांग्रेस का अध्यक्ष पद जितवाया और अकेले अपने बलबूते पर कांग्रेस कार्यसमिति में सर्वाधिक मत प्राप्त करके चुनाव जीता उसने उनकी लोकप्रियता और पार्टी में स्थिति को अंतिम तौर पर स्थापित कर दिया।

प्रधानमंत्री द्वारा सभी दलों को साथ लेकर चलने की नीति में अर्जुन सिंह ने भाजपा पर पूरी तरह विश्वास न करने और इस पार्टी के विरूद्ध लगभग अकेले ही जो राष्ट्रव्यापी अभियान छेड़ रखा है उसने उन्हें एक अलग पहचान प्रदान की है। इसके चलते अर्जुन सिंह कांग्रेस के बाहर भी अपने लिए एक प्रभाव क्षेत्र बनाने में सफल हुए हैं। अपनी अस्वस्थता के कारण काफी समय तक सक्रिय राजनीति से अलग रहने के बावजूद लगता है कि अब वे शिखर के काफी करीब है। राजनीति में निश्चित और अंतिम रूप से तो कुछ नहीं कहा जा सकता कुछ भी नामुमकिन नहीं है। प्रधानमंत्री द्वारा जिस तरीके से अयोध्या का मसला हल करने की कोशिश की गयी उसे लेकर अर्जुन सिंह ने एक आत्मालोचक की भूमिका अदा की। इन्हीं सब संदर्भों में उन्होंने *स्वतंत्र भारत* को एक लंबा इंटरव्यू दिया जिसके मुख्य अंश यहां प्रस्तुत हैं।

प्रश्न—इधर अखबारों के संपादकियों, विश्लेक्षणों और यहां तक कि कार्टूनों से यह ध्वनि निकल रही है कि प्रधानमंत्री तो राष्ट्रीय सहमति के पक्ष में है लेकिन आप किसी भी सूरत में भाजपा से कोई सरोकार नहीं रखना चाहते। क्या यह आपके दृष्टिकोण का सही परिचायक है या आप इस संबंध में कुछ और कहना चाहेंगे?

उत्तर—यह सब जानबूझ कर फैलाया गया भ्रम है। मैं भी राष्ट्रीय सहमति का ही पक्षधर हूं। मैं यही चाहता हूं कि जो भी कार्यक्रम बने उनसे देश की एकता और अखंडता को ही बढ़ावा मिले। मैं सिर्फ इस बात के प्रति आगाह करना चाहता हूं कि हम जो भी कदम उठाएं उनमें सिर्फ यह सावधानी अवश्य बरती जाए कि हम पिछले कुछ अवसरों की भांति धोखा न खा जाएं।

प्रश्न–आप किस हद तक भाजपा के साथ मिलकर काम करने के लिए तैयार हैं? क्या आप इस संबंध में कोई विभाजन रेखा खींचना चाहेंगे कि यहीं तक तो सहयोग मुमकिन है लेकिन इसके आगे नहीं?

उत्तर–आप ऐसी कोई काल्पनिक रेखा नहीं खींच सकते जो लोगों के दिलों को बांट सके। मैं तो कह सकता हूं कि इस महान देश का जो व्यापक फलक है। सांस्कृतिक विरासत है, उसे क्षति पंहुचाने वाला कोई कार्य न हो। सत्ता की अंधी महत्वाकांक्षा के चलते हमारा राजनैतिक, और सामाजिक तानाबाना चटक कर टूट न जाए। हमारे बहुजन समाज में विभिन्न धर्म, संप्रदाय, विश्वास और आस्थाएं, सहअस्तित्व के सिद्धांत पर हजारों सालों से जीवित हैं। उनमें ऐसी कोई राजनीति नहीं होनी चाहिए जो इस नाजुक तालमेल को भंग कर दे। यह तभी संभव है जब हमारी राजनीति सहिष्णुता और सद्भाव पर आधारित हो।

प्रश्न–आपकी पार्टी का एक बहुत बड़ा हिस्सा और यहां तक कि स्वयं प्रधानमंत्री भी मंदिर बनाए जाने के विरूद्ध नहीं है क्या यह इस पार्टी के सामने समर्पण नहीं है?

उत्तर–नहीं, मैं तो ऐसा नहीं सोचता। हम भी मंदिर बनाने के पक्ष में हैं। यह हमारे चुनाव घोषणा पत्र में भी शामिल था लेकिन यह बिना शर्त नहीं हैं। कांग्रेस पार्टी मंदिर बनना ही है तो उस पर बातचीत के जरिए सभी लोगों को विश्वास में लेकर फैसला होना चाहिए और अगर बातचीत से कोई सहमति बने तो तर्क यह कहता है कि अदालत का फैसला सब पर मान्य हो। अगर भाजपा इस पर सहमत न हो तो बताइए हम इस पार्टी के बारे में और क्या कह सकते हैं।

प्रश्न–प्रधानमंत्री ने अयोध्या मसले पर संतों से बातचीत के बाद जो वक्तव्य दिया था, क्या आप जो कह रहे हैं उसके प्रतिकूल था?

उत्तर–नहीं, बिल्कुल नहीं। उन्होंने तो उस प्रक्रिया को स्पष्ट किया जिसने दोनों पक्षों की संतुष्टि के आधार पर इस समस्या का हल खोजा जा सकता है। उन्होंने साफ कहा कि बातचीत असफल हो जाए तो अदालत विकल्प है। सवाल यह है कि क्या भाजपा और उसके सहयोगी संगठन इस बारे में वादा करने को तैयार है।

प्रश्न—आपका अनुभव क्या कहता है क्या यह संभव है और जैसा कि प्रधानमंत्री ने आशा प्रकट की है, इस समस्या का हल निकल आएगा?

उत्तर—मेरी आशा ही नहीं कामना है कि ऐसा हो।

प्रश्न—आपका मन क्या कहता है ऐसा होगा?

उत्तर—मैं किसी भी स्थिति को शुरूआत में रद्द नहीं करना चाहता और न ही इस पर कोई लांछन लगाना चाहता हूं। पिछला अनुभव बहुत अच्छा नहीं रहा। जब शिलान्यास हुआ था तब लिखित आश्वासन दिया गया था कि अब कोई निर्माण कार्य नहीं होगा। लेकिन एक हफ्ते के अंदर उन्होंने निर्माण की तैयारी शुरू कर दी। आडवाणी जी के रथ यात्रा जिसे मैंने एक अर्द्धद्रवता के अग्निरथ की संज्ञा दी थी, इसीलिए निकाली गयी। वह पिछले वादे के बिल्कुल खिलाफ थी। हमारा अनुभव यही कहता है कि इन्होंने बार-बार वादे तोड़े हैं। फिर भी मैं दिल से चाहता हूं कि प्रधानमंत्री के प्रयास सफल हों।

प्रश्न—प्रधानमंत्री के साथ जो समझौता हुआ है, क्या वह आपकी उन शंकाओं को समाप्त करता है जो आपने मंत्रिमंडल की राजनैतिक समिति और कांग्रेस संसदीय दल की बैठक में उठाई थीं?

उत्तर—संतों ने निर्माण कार्य रोक दिया और बातचीत के जरिए समस्या को सुलझाना मान लिया। प्रधानमंत्री ने इस प्रक्रिया को स्पष्ट भी कर दिया। अब इस प्रक्रिया को सफल बनाने के लिए यह जरूरी है कि विश्व हिन्दू परिषद अपनी मंदिर निर्माण योजना को सार्वजनिक करे। यह तो नहीं हो सकता कि बिना किसी योजना के निर्माण कार्य शुरू हो गया है। उस योजना को जानने का देश का पूरा हक है क्योंकि यह आशंका है मेरी नहीं औरों की कि अंततः मंदिर का ढांचा मस्जिद को अपने में समाहित कर लेगा। मैं यह नहीं कह रहा हूं कि ऐसा ही होगा लेकिन अब जब कि ऐसी शंकाएं घर करने लगीं हैं तो उनके निराकरण के लिए देश को विश्वास में लिया जाना नितांत आवश्यक है।

प्रश्न—भाजपा के कुछ लोगों को यह मानना है कि बातचीत में या फिर अदालत में फैसला उन्हीं के हक में होगा। वरना वे उसे स्वीकार नहीं करेंगे।

उत्तर–अब आप ही बताइए कि क्या यह कोई ईमानदार तरीका है, किसी समस्या को सुलझाने का। इसलिए मैं कहता हूं कि भाजपा पर किसी तरीके से विश्वास नहीं किया जा सकता। मैं कोई फैसला नहीं सुना रहा हूं। आलोचना भी नहीं कर रहा हूं केवल चेतावनी दे रहा हूं। यह सबके लिए है।

प्रश्न–क्या कभी-कभी आपको लगता है कि राजीव जी आज जीवित होते और उन्हें यह समस्या सुलझानी पड़ती तो वह वर्तमान प्रधानमंत्री के मुकाबले आपसे ज्यादा सहमत होते?

उत्तर–मैं एक बात स्पष्ट कर देना चाहता हूं मेरे और वर्तमान प्रधानमंत्री के बीच इस समस्या के संदर्भ में प्रक्रिया और परिप्रेक्ष्य की दृष्टि से कोई अंतर नहीं है। इस तथ्य को देखते हुए कि प्रधानमंत्री ने इस समस्या को सुलझाने के लिए शांतिपूर्ण बातचीत का रास्ता अपनाया है का यह अर्थ नहीं लिया जाना चाहिए कि उन्होंने भाजपा को कुछ भी करने की छूट दे दी है। और अब भाजपा को सारी राजनैतिक और संवैधानिक तथा कानूनी मान्याताओं को ताक पर रखकर कोई भी खिलवाड़ करने की स्वतंत्रता मिल गयी है।

प्रश्न–आपके विचारों से कुछ लोग यह अर्थ लगाते हैं कि आप यह सब प्रधानमंत्री पद की दौड़ में बने रहने के लिए कर रहे हैं?

उत्तर–यह सोचना कि मैं जो कुछ भी करता हूं वह सिर्फ इसलिए कि मैं प्रधानमंत्री बनने का इंतजार कर रहा हूं। अपने आप में हास्यापद है। मैं जानता हूं कि यह इंतजार करने की प्रक्रिया मनुष्य को अंततः पराजित ही करती है। मेरे विचार से यह विचार ही असंगत है। यह महज संयोग है कि मैं आज आपके साथ बैठकर बात कर रहा हूं अन्यथा पिछले तीन वर्षों में कई बार ऐसे क्षण आए कि मुझे अगले क्षण का पता नहीं था। यह तो ईश्वर की कृपा है कि मैं हूं इसलिए अव तो मेरा पूरा जीवन इस देश के सामने जो भारी चुनौतियां हैं उनका सामना करने में योगदान देने के लिए समर्पित है।

प्रश्न–लेकिन यदि आप राष्ट्रीय महत्व के प्रश्नों पर अपनी भिन्न राय देते हैं तो उसमें क्या हर्ज है?

उत्तर–उसका यह अर्थ तो नहीं लिया जाना चाहिए कि मैं वह सब प्रधानमंत्री की दौड़ में बने रहने के लिए कर रहा हूं।

प्रश्न–यह तो आप मानेंगे कि अब राजनीति में असहमति के बावजूद खुली हवा में सांस लेना संभव है। अतः ऐसी हालत में यदि आप एक अन्य दृष्टिकोण प्रस्तुत करते हैं जिससे आपकी पहचान बनी रहती है और किसी भावी अवसर पर आपको दायित्व देने की बात उठती है तो उस पर आपको क्या ऐतराज हो सकता हैं?

उत्तर–लेकिन मेरा और प्रधानमंत्री का दृष्टिकोण भिन्न है ही नहीं और यह बात मैं उनसे अपने समीकरणों के आधार पर ही कह रहा हूं और जहां तक किसी भावी अवसर की बात है यह मेरी इच्छा, प्रार्थना और कामना है कि वैसा अवसर कभी न आए।

73

'या तो हमारी सरकार बने वर्ना राष्ट्रपति शासन लागू हो'

अजीत सिंह–

पटना में अजीत सिंह से ओम गुप्ता की बातचीत

यह साक्षात्कार उस समय लिया गया, जिस समय केंद्र की वी. पी. सिंह सरकार के पतन का दौर शुरू हो गया था। पार्टी से 20 सांसद बाहर हो गए थे और इसके परिणामस्वरूप जनता दल शासित राज्यों में भी सरकार बनाने और गिराने का दौर शुरू हो चुका था। अजीत सिंह लालू सरकार को गिराने में जुटे थे। साक्षात्कार तात्कालिक राजनीतिक स्थिति पर तो दो टूक सवाल किए ही गए हैं, साथ ही राजनीतिक दलों में, विचारधारा समाप्त होती जा रही से संबंधित प्रश्न भी प्रमुखता से हैं।

अजीत सिंह एक हवाई जहाज भरकर पटना फतह को निकले थे। उनका संकल्प था किसी भी कीमत पर लालू सरकार को हटाना। भले ही इसके बदले वहां राष्ट्रपति शासन लागू हो।

जबसे दिल्ली में बीस सांसद वी. पी. सिंह के जनता दल को छोड़कर उनके नेतृत्व में आकर बैठे हैं तबसे संसद के भीतर और बाहर चरण सिंह के इस अमरीका पटल कम्प्यूटर इंजीनियर पुत्र के हौसले आसमान को छू रहे हैं। अजीत सिंह को जो फायदा हुआ है उसमें कितने वी. पी. सिंह के अदूदर्शी नेतृत्व का परिणाम है और कितना कांग्रेस द्वारा जनता दल में फूट डालने के कथित प्रयासों का यह एक अनन्त बहस का विषय है। फिलहाल तो अजीत सिंह ने जनता दल को अंतिम युद्ध की चुनौती दे रखी है।

अजीत सिंह का यह युद्ध वर्तमान लोकसभा या फिर कहिए तो पिछले आम चुनाव के पहले से चल रहा है। उन पर बार-बार कांग्रेस की मुहर पर बैठने का आरोप भी लगाया जाता है। लेकिन खासतौर से जाट राजनीति की पकड़ रखने वालों का दावा है कि अजीत सिंह केवल अपनी राजनीति कर रहे हैं। वह राजनीति जो उन्हें अपने पिता चरण सिंह ने किसानों और मजदूरों के लिए जीवन भर लड़ने के बाद विरासत में मिला। कुछ राजनीतिक पंडित उसे धनी किसानों और सामंतवाद से प्रेरित राजनीति की संज्ञा भी देते हैं। अगर यह सही भी है तो इसका भरपूर फायदा आधुनिक शिक्षा प्राप्त अजीत सिंह ने उठाया है।

अजीत सिंह की एक निगाह उत्तर प्रदेश के मुख्यमंत्री पद पर है तो दूसरी दिल्ली में सत्ता की भागीदारी पर। अगर वह लखनऊ की गद्दी को अपने पिता की विरासत मानते हैं तो दिल्ली को अपनी कमाई हुई पूंजी। प्रस्तुत है उनसे बातचीत के कुछ अंश:

प्रश्न–पिछले दिनों जनता दल में जो फूट पड़ी उसमें आपकी क्या भूमिका थी?

उत्तर–इसमें मेरी कोई भूमिका नहीं थी। यह वी.पी. सिंह के खिलाफ विद्रोह था। उनके काम करने के तरीके के विरूद्ध। इसमें 20 सांसद शामिल थे। 13 उ. प्र., 5 बिहार के, और दो उड़ीसा के, जाहिर है मामला सब जगह गड़बड़ था। यह सब 5 महीने से चल रहा था। पहले राम पूजन पटेल गए। फिर बाकी, लोग। यहां सवाल सिद्धांत का था। बीजू और वी. पी. सिंह में नहीं पटती। सच पूछो तो कोई नेता था ही नही। वी. पी. सिंह को जनता पार्टी और लोकदल की विरासत मिली थी जो उन्होंने तीन साल में मटियामेट कर दी।

प्रश्न–सवाल यह है कि यह सब इसी वक्त क्यों हुआ?

उत्तर–कभी न कभी तो होना ही था। राम सुन्दर दास ने पार्टी छोड़ी। उससे पहले उपेन्द्र वर्मा चले गए। मुझसे पूछा जाए तो यह सब बहुत पहले से चल रहा था।

प्रश्न–कुछ लोग कहते हैं कि यह सब पैसों की वजह से हुआ। क्या सांसद इधर से उधर पैसों की वजह से हुए?

उत्तर–यह सब हर बार कहा जाता है। जिस वक्त वी. पी. सिंह ने कांग्रेस छोड़ी उस समय उन्हें सी.आई.ए. एजेंट कहा गया। मैं पूछती हूं कि

कुछ लोगों ने पहले फैसला करके फिर इसे बदल दिया। क्या उन्होंने भी पैसा लिया।

प्रश्न–इसमें सुब्रहमण्यम स्वामी की क्या भूमिका थी?

उत्तर–कई लोगों ने कई किस्म की भूमिकायें अदा कीं। सच पूछा जाए तो हड्डी पड़ी हुई थी, जिस पर कई लोगों की निगाहें थीं। यह कुछ ऐसी ही बात थी जैसे कि वी. पी. सिंह ने बोफोर्स का फायदा उठाया। वी. पी. सिंह को जयप्रकाश नारायण और चरण सिंह के मेहनत का फल मिला। मुद्दा तैयार था। संगठन इन बड़े नेताओं का था। वी. पी. सिंह ने सही वक्त पर सही चोट की। उनके हाथ किसी और की धरोहर लग गई। पर उन्होंने क्या किया? उनकी पार्टी में न संसदीय बोर्ड है, न कोई आचार संहिता है और न ही सदस्य बनाने की कोई कोशिश हो रही है। अब भजमन बेहरा का मामला लीजिए। वह अनुसूचित जाति प्रतिनिधि है। बोम्मई उन्हें हटाकर राज्य सभा में आ गए। क्या यह सही हुआ।

प्रश्न–कुछ लोग कहते हैं यह सब प्रधानमंत्री ने करवाया?

उत्तर–हर आदमी इसे अपनी जीत मान रहा है। पता नहीं किसने क्या किया चन्द्रशेखर भी खुश हैं, आडवाणी को भी इसमें फायदा नजर आ रहा है। वाजपेयी भी मुदित है।

प्रश्न–जो कुछ हुआ क्या वह बहुदलीय प्रजातंत्र के लिए ठीक था? क्या इसमें हमारा प्रजातंत्र कमजोर नहीं होगा? पार्टी के अनुशासन का क्या होगा?

उत्तर–हर पार्टी टूट रही है। यहां तक कि मार्क्सवादी भी त्रिपुरा में परेशान है। सब तरफ ध्रुवीकरण का शोर है।

प्रश्न–जो लोग अपने नेता या उनकी नीतियों से परेशान हैं वे पार्टी छोड़ क्यों नहीं देते। उन्हें फिर चुनाव नहीं लड़ना चाहिए।

उत्तर–मैं तो तैयार हूं। पर क्या बाकी लोग तैयार हैं। मैं वी. पी. सिंह के खिलाफ बागपत से लड़ने को तैयार हूं। वे मेरे खिलाफ बागपत से लड़ेंगे। क्या हरि केवल सिंह देवरिया से फिर जीत सकते हैं। क्या जार्ज फर्नान्डीज ने 1971 में त्याग पत्र दिया था। किन सिद्धांतों की आप बता कर रहे हैं। क्या बीजू पटनायक मंडल आयोग की सिफारिशें लागू करने को तैयार हैं। कितने लोग लोकपाल के पक्ष में हैं।

प्रश्न–चुनाव आयोग असली जनता दल के बारे में आपके विरूद्ध फैंसला दे चुका है। तब आप किस बूते पर लड़ रहे हैं?

उत्तर–वह फैसला सिर्फ उत्तर प्रदेश विधान परिषद के उपचुनाव के संदर्भ में था। अंतिम फैसला आना बाकी है। मेरी राय पूछिए तो दल बदल विरोधी कानून पर पुनर्विचार होना चाहिए। पार्टी क्या है, किस हालत में दल छोड़ा जाना चाहिए, नेता या नीति से असहमत होते पर क्या विकल्प है इन सब पर विचार जरूरी है।

क्या इस संबंध से बिहार में अध्यक्ष ने झारखंड मुक्ति मोर्चा, भाजपा, सी.पी.आई. और आई.पी.एफ. की टूट को स्वीकार किया जिस तरीके से उत्तर पूर्वी राज्यों में अध्यक्ष ने अपनी सत्ता का दुरूपयोग किया। उसके बाद से विधायिका पर से विश्वास उठ गया है। अब न्यायपालिका, चुनाव आयोग और विधायिका के अधिकार क्षेत्रों पर फिर विचार की जरूरत है।

प्रश्न–अलग बैटने का क्या अर्थ है? क्या आपको रामधन की तरह अपनी ही पार्टी के सांसदों से जान-माल का खतरा है?

उत्तर--नहीं हालत इतनी खराब तो नहीं है। पर सवाल इससे बड़ा है। हमें महत्वपूर्ण विषयों पर बोलने का मौका नहीं दिया जाता। संसदियों कमेटियों में हमें प्रतिनिधित्व नहीं मिलता इसलिए जरूरी है कि हमें उस पार्टी और नेतृत्व के परे अलग पहचान मिले जिसे हम पर और हमें जिस पर यकीन नहीं रहा।

प्रश्न–आप बिहार क्यों आए हैं?

उत्तर–लालू की सरकार गिराने। विधायकों के मन से लालू का डर मिटाने। अपनी सरकार बनाने और अगर यह मुमकिन न हो तो राष्ट्रपति शासन लागू करवाने।

प्रश्न–आपकी न चन्द्रशेखर से पटी, न देवी लाल से और न वी. पी. सिंह से?

उत्तर–यह गलत है। मेरे ही कहने पर चन्द्रशेखर जनता दल में शामिल होने के लिए तैयार हुए थे। और माफ कीजिए राजनीति में किसकी किससे पटी है। क्या देवी लाल और वी. पी. सिंह और चन्द्रशेखर साथ हैं। राजनीति में कोई स्थाई मित्र या दुश्मन नहीं होता।

74

भारत में बाकी बचे यहूदी जब चाहें इसरायल आकर बस सकते हैं

इसरायली राजदूत–

इसरायली राजदूत इफराइम डोवेक से ओम गुप्ता की बातचीत

किसी भी देश में राजदूत से साक्षात्कार के पूर्व उस देश से अपने देश के राजनीतिक, सांस्कृतिक संबंधों की विस्तृत जानकारी आवश्यक है। इसके अलावा उक्त देश की वैश्विक स्तर पर महत्ता, वहां के राजनीतिक वातावरण इत्यादि के बारे में अच्छी जानकारी के बिना साक्षात्कार महज खानापूर्ति रह जाती है। प्रस्तुत साक्षात्कार में इन सारे तथ्यों का बारीकी से ध्यान रखा गया है। यही कारण है कि इसरायली राजदूत से जहां विश्व में यहूदियों की स्थिति, भारत-इसरायल संबंध, अरब देशों का इसरायल के प्रति इसके अलावा भारत में घटते यहुदियों की संख्या तथा अन्य देशों से यहुदियों के पलायन के कारणों को जानने की कोशिश की गई है।,

जबसे भारत और इसरायल के बीच दौत्य संबंध स्थापित हुए हैं तब से दोनों देशों के बीच आधी शताब्दी से ठंडे पड़े रिश्तों में एक नया उबाल आया है। इसरायल ने न केवल भारतीय व्यापारियों, लेखकों, पत्रकारों और सांसदों के लिए अपने दरवाजे खोल दिए हैं बल्कि भारतीय यथार्थ को समझने का ईमानदारी से प्रयास भी शुरू कर दिया है। फिलहाल वे रातों रात किसी करिश्में के इंतजार में हैं अभी तो उनका इरादा इंसानी रिश्तों को विकसित करने का है। इसरायल और भारत में आम आदमी के स्तर पर काफी भ्रांतियां हैं, मसलन आधे लोग इन्हें अरब मानते हैं और बाकी आधे आंतकवादी हैं तो इसरायल एशिया में लेकिन यहां का घर है। उनकी खुली दावत है कि दुनियाभर के फैले सवा करोड़ यहूदियों का धीरे-धीरे

पलायन जारी है। आजादी के समय भारत में 50 हजार यहूदी थे। अब वे घटकर 5 हजार रह गए हैं। भारतीय समाज में उनकी स्थिति आटे में नमक के बराबर भी नहीं है, लेकिन उन्हें यहां किसी प्रकार का खतरा भी नहीं है। इसरायल इसी सद्भावना को आगे बढ़ाना चाहता है।

इसरायल को भारत-अरब संबंधों की उपादेयता और अपरिहार्यता का भली-भांति अहसास है। यही कारण है कि उसने भारत की ओर दोस्ती का हाथ अरबों की कीमत पर नहीं अपितु उनके बावजूद बढ़ाया है और वह इस दोस्ती को परस्पर विरोधी नहीं बल्कि पूरक मानते हैं। भारत में इसरायल के पहले राजदूत इफराइम डोवेक ने *स्वतंत्र भारत* से पश्चिम एशिया, भारत-इसरायल व्यापार पर्यटन और यहूदियों के बारे में प्रश्नों के उत्तर दिये। उनके जवाब इस प्रकार हैं–

प्रश्न–आपके राजदूत बनने के बाद से भारत-इसरायल संबंध किस प्रकार विकसित हो रहे हैं?

उत्तर–यद्यपि कूटनीति संबंध अभी स्थापित हुए हैं लेकिन भारत और इसरायल के लोगों के बीच परस्पर सद्भाव दोनों देशों के स्वतंत्र होने के समय से ही रहा है। ऐसे तत्वों को बहुतायत है जो दोनों को जोड़ती है। हां अब इन भावों और तत्वों की खुलकर अभिव्यक्त करने के अवसर प्रदान हुए हैं। इसरायल ने भारत से कभी भी किसी किस्म का परहेज नहीं रखा। उलटे भारत के प्रति इसरायली में एक स्वाभाविक उत्सुकता और उत्कण्ठा रही है। इसरायल ने हमेशा इस बात को आदर दिया है कि भारत अपने क्षेत्र में बड़े भाई का सा दर्जा रखता है। हम भारत के पांच हजार वर्ष पुराने इतिहास को सम्मान और श्रद्धा की दृष्टि से देखते हैं, लेकिन अब हमने भूत की बजाए भविष्य की ओर ताकना शुरू किया है।

प्रश्न–क्या भारत-इसरायल संबंधों में भारत की अरबों से गहन और पुरानी ऐतिहासिक दोस्ती किसी प्रकार की अड़चन है?

उत्तर–कतई नहीं। उल्टे हमें विश्वास है कि अब भारत-अरब-इसरायल संबंधों में हमारी स्थिति और नजरिये को ज्यादा ध्यान से देख समझ सकेगा। अब हम लोगों के बीच बातचीत के रास्ते खुल गए हैं। हम लेन-देन के आधार पर ज्यादा सार्थक बातचीत कर सकते हैं। अब तक

भारत अरबों के दृष्टिकोण से ज्यादा करीब रहा है। हम विश्वास रखते हैं कि अब हम भी भारत को अपनी बात समझा पायेंगे।

प्रश्न–कभी-कभी लगता है कि पश्चिम एशिया विवाद में भारत की कोई भूमिका नहीं है, आप क्या इस धारणा से सहमत हैं?

उत्तर–क्यों नहीं। भारत से अरबों की दोस्ती पश्चिम एशिया विवाद को सुलझाने में सकारात्मक भूमिका अदा कर सकती है। भारत अपनी प्रकृति से काफी विनम्र और प्रच्छन्न रहा है। उसने कभी आगे बढ़कर टांग अड़ाने की कोशिश नहीं की, लेकिन भारत इस क्षेत्र में एक आर्थिक हैसियत रखता है और हमें पूरा विश्वास है कि अब आने वाले बहुध्रुवीय विश्व में भारत एक महत्वपूर्ण स्थान अर्जित करेगा।

प्रश्न–पिछले दिनों अयोध्या की घटनाओं के कारण भारत के पड़ोसी मुस्लिम राष्ट्रों और आपके पड़ोसी अरब राष्ट्रों में काफी भीषण प्रतिक्रिया हुई और कई भारत विरोधी हरकतें की गयीं। क्या आपको लगता है कि भारत के मित्र होने के नाते आप इस संबंध में कोई भूमिका निभा सकते हैं?

उत्तर--हमारी यह घोषित नीति रही है कि हम किसी देश के आंतरिक मामलों में बिल्कुल हस्तक्षेप नहीं करते। भारत की तरह इसरायल भी एक धर्मनिरपेक्ष राष्ट्र है, जिसमें विभिन्न धर्म, सम्प्रदायों और जातियों के लोग मिलजुल कर रहते हैं। उनके इसरायलियों के रिश्तेदार भारत में अभी भी बसे हुए हैं। हमारे यहां भी कई अल्पसंख्यक समुदाय हैं। हम भारत में अल्पसंख्यकों को लेकर होने वाली दिक्कतों से वाकिफ हैं। हमारा मानना है कि इन सब समस्याओं को देश के भीतर ही सुलझाया जा सकता है। इसके आधार पर निकलने वाली आवाज सुनी जानी चाहिए और सम्प्रदायों को मिलजुलकर रहने का तरीका सीखना चाहिए। हमारा अनुभव बताता है कि यह कोई खास मुश्किल काम नहीं है।

प्रश्न–कश्मीर भी भारत का आंतरिक हिस्सा है लेकिन पाकिस्तान उसे अंतर्राष्ट्रीय बनाने पर तुला हुआ है, इस संबंध में इसरायल की क्या स्थिति है?

उत्तर–इसरायल यह मानता है कि सभी विवादों को मेज पर बैठकर शांतिपूर्वक सुलझा लेना चाहिए। कश्मीर के मामले मे तो आप लोगों के

बीच शिमला समझौता हो ही चुका है। इसरायल उस समझौते का समर्थक है। इसरायल की घोषित स्थिति है कि भारत एक सार्वभौम अखण्ड राष्ट्र है और इसमें उत्पन्न तमाम विवादों के हल यहां सम्भव है और यहीं ढूंढे जाने चाहिए और इसमें किसी बाहरी राष्ट्र को हस्तक्षेप नहीं करना चाहिए।

प्रश्न—शायद आपको जानकारी होगी कि दिल्ली में यहूदियों की संख्या लगातार कम हो रही है। कभी-कभी तो कहा जाता है कि भारत दिल्ली में यहूदियों की कब्रें जीवित यहूदियों से ज्यादा है। बम्बई से भी यहूदियों का निरंतर पालायन जारी है। इनमें से अधिकतर लोग वाया अमरीका या सीधे इसरायल में जाकर बसते रहे हैं। क्या अब हम लोगों के बीच कूटनीतिक संबंध स्थापित होने के बाद इस ढर्रे में कुछ परिवर्तन आने की उम्मीद है?

उत्तर—जहां तक मैं जानता हूं यहूदी समुदाय भारत में पूरी तरह से घुला मिला हुआ है। भारत उन विरले देशों में से है जहां यहूदियों के विरूद्ध किसी प्रकार का बैर भाव नहीं है। फिर भी जब इसरायल राष्ट्र अस्तित्व में आया तब दुनिया भर के यहूदियों को लगा कि उनका सपना साकार हुआ। इतने सारे लोगों की भावनाओं को देखते हुए इसरायल ने दुनिया भर के यहूदियों को न्यौता दिया कि वे इसरायल में आकर बसें और इस राष्ट्र के निर्माण में अपना योगदान दें। यह अपील भारत के यहूदियों पर भी लागू होती थी। यहां मैं एक बात स्पष्ट कर दूं कि हमारा धर्म मजबह से ज्यादा एक स्वतंत्र राष्ट्र की परिकल्पना पर आधारित है। इसके लिए दो हजार वर्ष तक संघर्ष किया गया है। अत: भारत सहित दुनिया भर के यहूदी हमारे यहां आकर बसने लगे। यह सिलसिला आज तक जारी है। हम हर आने वाले यहूदी का बाहें फैलाकर स्वागत करते हैं। भारत से अब तक 50 हजार यहूदी वहां पहुंच चुके हैं। बाकी बचे 5 हजार वे जब चाहें हमारे यहां आ सकते हैं ताकि वह अपना जीवन नये सिरे से शुरू कर सकें।

लेकिन मैं यह भी जानता हूं कि यहां से जा चुके यहूदी भी इस देश और यहां रहने वाले अपने रिश्तेदारों से अभिन्न रिश्ता कायम किये रहते हैं। यह भारत की मिट्टी की खासियत है कि वह अपने बेटों को आसानी से न भुलाती है और न उसे भूलने देती है।

प्रश्न–अब आपकी भारत में क्या प्राथमिकताएं हैं?

उत्तर–हम मानवीय पहलू पर जोर देना चाहते हैं। लोगों ने सीधा रिश्ता कायम करना चाहते हैं उन्हें और बेहतर तरीके से जानना चाहते हैं उसकी संस्कृति, ज्ञान विज्ञान और टेक्नालाजी से साझेदारी करना चाहते हैं। दोनों देशों के व्यापार संयुक्त उपक्रम लगाने की संभावनाओं का पता लगा रहे हैं। हमने कई प्रकार के समझौतों पर दस्तखत किए हैं।

हम हर महीने सैकड़ों लोगों को वीजा दे रहे हैं लेकिन अभी भारत और इसरायल के बीच कोई सीधी विमान सेवा न होने के कारण बड़ी परेशानियां है लेकिन इसके बावजूद लोगों के उत्साह में और खासकर हमारे नवयुवकों में भारत के प्रति उत्सुकता में अचानक वृद्धि हुई है।

हमारे यहां से आने वाले पर्यटक पांच सितारा होटलों में नहीं ठहरते बल्कि वे छोटे मोटे गेस्ट हाउस की तलाश करते हैं ताकि वे आम लोगों के साथ घुल मिल सकें।

प्रश्न–क्या भारत में इसरायली और देशों के मुकाबले ज्यादा असुरक्षित महसूस करते हैं?

उत्तर–इसरायली दुनिया के किसी भी हिस्से में हो हमेशा खतरे का जीवन जीता है। उसकी जान हमेशा जोखिम में रहती है। इसलिए वह स्वभाव से सचेत और सजग रहने का आदी हो गया है। भारत में स्थिति न विशेष रूप से खराब है और न ही अच्छी है। किसी भी समय गिन लीजिए आपको भारत में चार हजार के करीब इसरायली मिल ही जाएंगे।

इसका कारण यह भी है कि भारत इसरायल के मुकाबले दस गुना ज्यादा सस्ता देश है और यहां घूमने फिरने के लिए बेशुमार विकल्प है। इसके विपरीत हमारा जीवन स्तर बिल्कुल यूरोपीय है। आपको वहां एक हफ्ता पर्यटक के रूप में गुजारना हो तो कम से कम 30 से 35 हजार रूबल चाहिए।

प्रश्न–फिलहाल भारत और इसरायल के बीच में द्विपक्षीय व्यापार की क्या स्थिति है?

उत्तर–कुल मिलाकर हम लोग बीस करोड़ डालर की खरीद–फरोख्त करते हैं। पिछले दो वर्षों में 49 प्रतिशत वृद्धि हुई है। भारत इसरायल से

फास्फेट खरीदता है और हीरों का व्यापार तो दो तरफा है। हम भारत में पथरीले इलाकों में गहरी खुदाई के संयंत्र लगाने के इच्छुक हैं।

प्रश्न–पश्चिम एशिया में शांति कब तक संभव है? क्या आपको लगता है कि यह मेरे आपके जीवनकाल में संभव हो पायेगी?

उत्तर–निश्चित रुप से। मुझे शांति की किरण बहुत निकट दिखाई देती है। सौदेबाजी हो जैसा कि इतने लम्बे विवाद में बिल्कुल स्वाभाविक है, लेकिन अंततः शांति और स्थायी समझौता निश्चित है।

प्रश्न–भारतीय जनता पार्टी इसरायल से संबंध सुधारने की कई दशकों से मांग करती रही है। क्या आप कांग्रेस के मुकाबले अपने को भाजपा के ज्यादा करीब पाते हैं?

उत्तर–आप मुझे अपने आंतरिक मामलों में घसीटने की कोशिश कर रहे हैं। जहां तक हमारा संबंध है हमारे दोस्त तो भाजपा और कांग्रेस क्या कम्युनिस्ट पार्टियों में भी मौजूद हैं और यह आज से नहीं इसरायल की स्थापना के समय से मौजूद रहे हैं। कूटनीतिक संबंध स्थापित होने से पहले भी भारत और इसरायल के कूटनीतिज्ञों ने कभी एक दूसरे के विरूद्ध न कभी कुछ कहा और न आलोचना की। यही स्थिति तुर्की और मिस्त्र जैसे राष्ट्रों के साथ रही है। अतः हम अब भारत में किसी एक पार्टी और गुट से दूसरे की तुलना नहीं करना चाहेंगे।

75

'चन्द्रशेखर को कांग्रेस से कुछ मिलने वाला नहीं'

रेणुका चौधरी–

रेणुका चौधरी से ओमगुप्ता की बातचीत

विपक्ष द्वारा तेलगु देशम की तत्कालीन राज्यसभा सांसद रेणुका चौधरी को राज्यसभा के उप सभापति पद का उम्मीदवार बनाने से पूर्व उनके और पार्टी अध्यक्ष एन टी रामाराव के बीच गहरे मतभेद होने तथा उनके कांग्रेस में शामिल हो जाने की अटकलें लगाई जा रही थी। श्रीमती चौधरी की एन टी आर के दामादों से खटपट होने की बात भी हो रही थी। इसलिए साक्षात्कार के समय उनसे चुनाव में उनकी स्थिति, सत्र संचालन के बारे में उनकी सोच से संबंधित सवाल तो किए ही गए, लेकिन इसके साथ ही एन टी आर तथा उनके दामादों से उनके संबंध, प्रधानमंत्री पी.वी. नरसिंह राव से उनकी हुई मुलाकात संबंधी प्रश्नों को भी वरीयता दी गई। किसी राजनीतिज्ञ से साक्षात्कार से पूर्व उसकी महत्ता एवं राजनीतिक स्थिति के साथ-साथ उनसे जुड़े विवादों की पर्याप्त जानकारी रखनी होती है। इस साक्षात्कार में इन तथ्यों का पूरा ध्यान रखा गया है।

रेणुका चौधरी अपनी पराजय में भी शहीद हो गयीं। उनके नाम पर जिस प्रकार विपक्षी दल एकत्र हुए और कांग्रेस को टक्कर दी वैसी स्थिति न राष्ट्रपति के चुनाव में देखने को मिल रही है और न ही उपराष्ट्रपति के चुनाव में उम्मीद है। यह तो पहले से ही तय था कि तेलगू देशम की यह धाकड़ सांसद उपसभापति की कुर्सी तक नहीं पहुंच पाए लेकिन वह जिस बहादुरी से लड़ी उसने एक बार तो नजमा हेपतुल्ला जैसी अनुभवी महिला को हिलाकर रख दिया। जब बोफोर्स और अयोध्या के मामले पर राज्यसभा की कार्यवाही बार-बार स्थगित हो रही थी उस समय रेणुका

और नजमा के बीच जो जबरदस्त वाक युद्ध हुआ अगर वह कहीं दूरदर्शन पर दिया जाता तो अमरीकी राष्ट्रपति पद के दावेदारों के बीच होने वाली टेलीविजन बहस को भी पीछे छोड़ देता।

रेणुका की राज्यसभा की सदस्यता अधर में थी। उनके दुश्मनों ने यहां तक उड़ा दिया था कि एन.टी.आर. से उनकी खटपट हो गयी है और वे कांग्रेस में शामिल होने वाली है। वे इस दौरान प्रधानमंत्री पी. वी. नरसिंह राव से मिली भी थी अंततः न तो वह कांग्रेस में शामिल हुई और न ही एन.टी.आर. ने उन्हें दुबारा सदस्यता से वंचित किया। शुक्रवार को हुए उपसभापति के चुनाव के ठीक आधा घंटे पहले उनसे उनके 18 बिल्गिंडन घीसिंग स्थित घर पर जो बातचीत हुई उसके कुछ अंश यहां प्रस्तुत है–

प्रश्न–आप ये चुनाव क्यों लड़ रही हैं?

उत्तर–क्यों न लडूं। हो सकता है मैं जीत ही जाऊं।

प्रश्न–पर गणित तो कहता है आप निश्चित रुप से हारेंगी।

उत्तर–अगर गुप्त मतदान हो तो ऐसा कभी नहीं होगा, मुझे पता चला है कि कांग्रेस के कई सदस्य अनुपस्थित रहेंगे।

प्रश्न–आपकी अपनी प्रतिद्वंद्वी नजमा हेपतुल्ला के बारे में क्या राय है?

उत्तर–मेरा उनसे कोई व्यक्तिगत दुराव नहीं है। पूरे विपक्ष ने मुझे खड़ा किया है और वे कांग्रेस की उम्मीदवार है।

प्रश्न–उन्होंने जिस तरीके से राज्यसभा का संचालन किया उसके बारे में आपकी क्या राय है?

उत्तर–जैसी परिस्थितियां थीं उन्होंने उसी के अनुरूप व्यवहार किया।

प्रश्न–आप अगर उपसभापति बन गई तो इस सदन की कार्यवाही चलाने में किसी प्रकार के संशोधन करना चाहेंगी?

उतर–मुझे लगता है कि कार्यवाही संबंधी नियमों में सुधार की काफी गुजाइंश है।

प्रश्न–क्या आपने चन्द्रशेखर से समर्थन मांगा है। यदि हां तो उन्होंने क्या कहा?

उत्तर–हां, मैं उनसे मिली थीं मैंने उनसे अपील की कि कांग्रेस का समर्थन न करें। कांग्रेस ने उनकी सरकार गिरा दी। उसके कारण उस वर्ष बजट पास नहीं हो सका। और बिना बजट के हम लोग चुनाव के लिए मैदान में गए थे। अगर आज वे इस बिना पर कांग्रेस का विरोध करें तो जनता में उनकी छवि निखर जाएगी। उन्होंने कहा मैं सोचूंगा पर वे विपक्ष से नाखुश थे क्योंकि उनसे मेरे बारे में पहले बात नहीं की गयी।

प्रश्न–आपको क्या लगता है चन्द्रशेखर कांग्रेस का समर्थन क्यों कर रहे हैं?

उत्तर–पता नहीं, उन्हें या उनके साथियों को कांग्रेस से कुछ मिलने वाला तो है नहीं? न अब और न फिर कभी। कांग्रेस में पहले से ही नेताओं की भीड़ है। वह तो महासागर है उसमें जो भी नेता जाता है वह विलीन हो जाता है। लेकिन शायद चन्द्रशेखर के साथ जो लोग हैं उन्हें इस बारे में कुछ उम्मीद है।

प्रश्न–आपको यह नहीं लगता कि आपका नाम थोडी देर से घोषित हुआ?

उत्तर–हां, इसका नुकसान मुझे जरूर हुआ अगर मुझे थोड़ा और समय मिल जाता तो शायद पासा पलट सकता था।

प्रश्न–सुना है कुछ महीने पहले आप कांग्रेस में जाने का मन बना रही थीं?

उत्तर–यह सब झूठ है, मैं प्रधानमंत्री से मिली जरूर थी लेकिन एक सांसद के नेता के रूप किसी प्रार्थी के रूप में नहीं।

प्रश्न–यह भी सुना है कि एन.टी.आर. ने आपको दुबारा राज्यसभा बनाने से इंकार किया था?

उत्तर–यह भी बिल्कुल गलत है। उनसे मेरे संबंध मधुर थे, और हैं।

प्रश्न–और उनके दामादों से, वे तो आप के कट्टर विरोधी हैं?

उत्तर–वे मेरे दामाद तो हैं नहीं। मैं उनकी परवाह क्यों करूं।

प्रश्न–और पी. उपेन्द्र सुना है आप एक बार उनके साथ गठबंधन करने की सोच रही हैं?

उत्तर–मेरा अपना दिमाग है मैं कोई स्कूल की बच्ची नहीं हूं।

76

मैं उन्मुक्त विहग हूं, मुझे पूरा आकाश चाहिए

आप राष्ट्रपति क्यों नहीं बने जो? ओम गुप्ता ने अटल जी से पूछा

श्री अटल बिहारी वाजपेयी जैसे दिग्गज नेता से साक्षात्कार का तरीका क्या हो, उनसे किस प्रकार की मन की बातें उगलवाने जाएं, यह साक्षात्कार इसका उत्कृष्ट नमूना है। श्री वाजपेयी के प्रधानमंत्री बनने से पूर्व के दो दशकों में राष्ट्रपति पद के चुनाव से पूर्व हर बार उनका नाम भी इस पद के अनायास ही पर्दे पर आ जाता था। 91 के दशक में शुरू हुई मंडल राजनीति के बाद इस पद के लिए भी अनुसूचित जाति/जनजाति के उम्मीदवारों को वरीयता देने की मांग होने लगी थी। लेकिन इस सबके बावजूद श्री वाजपेयी का नाम अपनी जगह विराजमान रहता था। साक्षात्कार में प्रश्नों की शालीनता, राष्ट्रपति पद के उम्मीदवारों की योग्यता के प्रति उनकी राय, मंडल राजनीति चुनाव प्रक्रिया के संबंध से उनकी राय तो ली ही गई। लेकिन उनकी राष्ट्रपति बनने की इच्छा से संबंधित सवाल अंत में पूछा गया। ऐसा इसलिए किया गया ताकि पूरा का पूरा साक्षात्कार एक ही मुद्दे पर केन्द्रित न हो जाए। अंत में सबसे महत्वपूर्ण सवाल पूछने का लाभ यह भी हुआ कि श्री वाजपेयी ने यह स्पष्ट इशारा किया कि राष्ट्रपति पद उनके लिए कैद की तरह है। खुद को उन्मुक्त विहग कहना यह साफ कह दिया कि उनकी दिलचस्पी राष्ट्रपति बनने में नहीं है।

जब देश का नया राष्ट्रपति चुनने की चर्चा हुई तो सबसे पहला नाम भारतीय जनता पार्टी के अटल बिहारी बाजपेयी का उछला था। फिर यह कहा गया कि भाजपा उन्हें उपराष्ट्रपति पद के लिए खड़ा करेगी। लेकिन

आज वे इस दौड़ में कहीं नहीं हैं। यह कहना तो मुश्किल है कि यदि वे इस पद के उम्मीदवार होते तो क्या होता? लेकिन आज की भारतीय राजनीति में उनसे ज्यादा सहज स्वीकार्य नेता कोई दूसरा नहीं है। उनके राजनैतिक विपक्षी तक उन्हें एक उदार राजनेता मानते हैं। जब वे विदेशमंत्री थे तो पाकिस्तान तक ने उनकी बात को ध्यान से सुना था। नीति से स्तर पर वह इसरायल के समर्थक हैं। लेकिन फिलिस्तीनियों से उनके उतने ही मधुर संबंध रहे। विशाल व्यक्तित्व और उतने ही उदार विचारों के कारण कभी-कभी वे अपनी पार्टी में अलग खड़े दिखाई देते हैं। पिछले दिनों राष्ट्रपति के भाषण पर धन्यवाद प्रस्ताव पर बहस के दौरान दिया गया उनका भाषण भारतीय संसद के महत्वपूर्ण दस्तावेजों के रुप में याद किया जाएगा।

भाजपा ने सहमति न होने की स्थिति में राष्ट्रपति पद के लिए अपना उम्मीदवार खड़ा करने की इच्छा जाहिर करके इस पूरे मुद्दे को एक नाटकीय मोड़ दे दिया। इस पर भाजपा की असली मंशा क्या और राष्ट्रपति के पद को लेकर समय-समय पर जो सवाल उठते रहे हैं उन पर विचार करने के लिए स्वतंत्र, भारत ने उनके दिल्ली निवास स्थान पर जो बातचीत की उसके अंश यहां प्रस्तुत हैं–

प्रश्न–वी. पी. सिंह द्वारा अनुसूचित जाति के राष्ट्रपति की मांग पर आपको क्या आपत्ति है?

उत्तर–यदि अनुसूचित जाति या जनजाति का कोई व्यक्ति राष्ट्रपति के सर्वोच्च पद पर बैठे तो हमें बड़ी प्रसन्नता होगी। किन्तु जिस ढंग से यह मुद्दा उठाया गया और जिस तरह से उस पर बल दिया गया उससे लगता है कि रूचि इन वर्गों के व्यक्ति को राष्ट्रपति या उपराष्ट्रपति बनाने में इतनी नहीं है जितनी कि इस बात में है कि राष्ट्रपति या उपराष्ट्रपति पद के लिए इन वर्गों की वकालत करके हमें उनका समर्थन और चुनाव में वोट मिलेगा। अच्छा काम भी अगर अच्छे ढंग से न किया जाए और उसके पीछे मंतव्य अच्छा न हो तो वह अच्छे परिणाम नहीं देता है। जब श्री विश्वनाथ प्रताप सिंह ने यह मामला अम्बेडकर जन्मशती समारोह में उठाया तो मैंने उसने उसके फौरन बाद में कहा था कि हम तो उन लोगों में से हैं जो जगजीवन राम को भारत का प्रधानमंत्री बनाना चाहते थे। राष्ट्रपति का पद तो एक अलंकार का पद है। एक संवैधानिक पद है।

उसके हाथ में सत्ता नहीं होती। हम तो जगजीवन राम का विरोध किया उनके ध्यान में यह बात नहीं आई कि अनुसूचित जाति के एक व्यक्ति या नेता का विरोध कर रहे हैं। तब पार्टियों के समीकरण ऐसे थे और उनका निष्कर्ष ऐसा था कि जगजीवन राम प्रतिपक्ष के हैं, भले ही ये योग्य हों लेकिन इस कारण प्रधानमंत्री नहीं हो सकते। आज उस पद की कसौटी बदल कैसे गयी?

प्रश्न—आप यह तो मानेंगे कि ऐसी मांग इतने जोरों से पहली बार उठी है यदि मौका मिले तो क्या भारतीय जनता पार्टी के पास अनुसूचित जाति का कोई उम्मीदवार है।

उत्तर—हां है, हम उस आदमी को चुनाव लड़ाने पर भी विचार कर रहे हैं। लेकिन ऐसे आदमी को चुनते समय कसौटी योग्यता की होगी जाति की नहीं। केवल जन्म के आधार पर नहीं योग्यता और पद संभालने की क्षमता के आधार फैसला किया जाएगा। विश्वनाथ जी किसी व्यक्ति का नाम आगे क्यों नहीं करते कि योग्यता के आधार अमुक व्यक्ति राष्ट्रपति बनने के यौग्य है और यह उसका अतिरिक्त गुण है कि वह अनुसूचित जाति का है, तब लोग शायद उसे फौरन स्वीकार कर लें।

प्रश्न—लेकिन ऐसा कोई व्यक्ति तो भाजपा भी सामने नहीं लायी है?

उत्तर—भाजपा ने तो यह मुद्दा ही नहीं उठाया। हमारी और उनकी भूमिका अलग है। हम ऐसे पदों के लिए जाति या धर्म के आधार पर निर्णय नहीं करते। लेकिन वे सोचते हैं। पर वे अपनी पार्टी को भी इस बात के लिए पूरी तरह मनवा नहीं सके। रामजेठमलानी जो राष्ट्रपति का चुनाव लड़ रहे हैं, उन्हीं की पार्टी से तो संबद्ध है।

प्रश्न—अनुसूचित जातियों की बात छोड़ भी दें तो क्या कारण है कि पचास प्रतिशत आबादी होने के बावजूद हम राष्ट्रपति के लिए एक भी महिला का नाम गंभीरता से नहीं उठा सके हैं?

उत्तर—1977 में जनता पार्टी की सरकार में एक नाम पर गंभीरता से विचार हुआ था। वे थीं श्रीमती रूक्मिणी देवी अरूण डेल।

प्रश्न—वह तो सिर्फ मोरारजी भाई की व्यक्तिगत पसंद थी उस पर बाकी लोगों की सहमति नहीं थी?

उत्तर–नहीं, विचार तो गंभीरता से हुआ था लेकिन क्योंकि संजीव रेड्डी इससे पहले हराए जा चुके थे, इसलिए उन्हें अधिक उपयुक्त पाया गया। बहरहाल विचार तो हुआ। लेकिन इसके बावजूद मैं यह मानता हूं कि इस पर विचार तो अवश्य होना चाहिए और होते रहना चाहिए।

प्रश्न–45 वर्षों में सिर्फ एक बार विचार होना कुछ अन्यायपूर्ण लगता है?

उत्तर–भई एक महिला इतने वर्षों तक प्रधानमंत्री रह चुकी है फिर पद तो एक है उसे इस प्रकार के अनुपात में कैसे ढाला जा सकता है।

प्रश्न–कल भाजपा ने अपना उम्मीदवार खड़ा करने की बात कही है मतदाताओं का गणित देखते हुए इस मांग का क्या औचित्य है क्या किसी सूरत में भाजपा को अपने उम्मीदवार के जीतने की संभावना दिखाई देती है?

उत्तर–प्रधानमंत्री बार-बार कहते हैं कि वे इन पदों के बारे में आम सहमति से निर्णय करना चाहते हैं। अगर कांग्रेस केवल अपने बलबूते पर दोनों पद नहीं जीत सकती तो उचित तो यही होगा कि वह विपक्ष के साथ दोनों पदों पर एक साथ बात करे और मिल जुलकर फैसला ले। प्रतिपक्ष डा. राजेन्द्र बाबू के जमाने से लेकर अब तक अपना उम्मीदवार खड़ा करता रहा है। हम भी तब से अपना उम्मीदवार खड़ा करते आ रहे हैं। जब हमारे जीतने की कोई उम्मीद नहीं थी। हम प्रतिपक्ष में हैं और अपना उम्मीदवार खड़ा करना चाहते हैं। ताकि लोगों को लगे कि और भी व्यक्ति हैं देश में।

प्रश्न–वैसे कोई ऐसी संभावना है कि लोकसभा के अध्यक्ष और उपाध्यक्ष के चुनाव की भांति इस बार भी भाजपा का कांग्रेस से कोई समझौता हो जाए और राष्ट्रपति पद के लिए समर्थन देकर उपराष्ट्रपति उनकी पार्टी का बन जाए?

उत्तर–अगर प्रतिपक्ष मिलकर इस बात के लिए जोर देगा कि दो में से एक पद किसी ऐसे व्यक्ति को जाना चाहिए जो प्रतिपक्ष से जुड़ा हो मुझे लगता है कि प्रधानमंत्री को यह बात स्वीकार कर लेनी चाहिए लेकिन अभी भी प्रतिपक्ष बंटा हुआ और सत्ता पक्ष इसका लाभ उठा रहा है। पर प्रतिपक्ष इकट्ठा हो सकता है और उपराष्ट्रपति के लिए कांग्रेस से बात कर सकता है।

प्रश्न–अगर गैर भाजपाई विपक्ष को हम एक मिनट के लिए छोड़ दें तो क्या कांग्रेस और भाजपा में एक-एक पद के लिए समझौता हो सकता है?

उत्तर–नहीं, मुझे नहीं लगता कि ऐसा कोई समझौता होगा। समझौता कुल मिलाकर सत्तापक्ष और विपक्ष में ही हो सकता है और विपक्ष में ऐसा कोई उम्मीदवार लाया जा सकता है जो किसी दल विशेष से संबंध न हो। मगर जिसके पक्ष में आम राय बन सके।

प्रश्न–भाजपा के पास अपनी पार्टी में राष्ट्रपति पद के लिए कितने विकल्प हैं?

उत्तर–हमारे यहां भी बड़े-बड़े दिग्गज हैं जो आवश्यकता पड़ने पर मैदान में उतर सकते हैं।

प्रश्न–कुछ लोग डा. शंकर दयाल शर्मा का विरोध इसलिए कर रहे हैं कि वे मध्य प्रदेश के हैं और कल इसी राज्य से कोई नेता मसलन अर्जुन सिंह प्रधानमंत्री पद के दावेदार हो सकते हैं, ऐसा हो भी जाए तो क्या दिक्कत है। दोनों पद एक ही राज्य के व्यक्तियों को क्यों नहीं मिल सकता?

उत्तर–मुझे या भाजपा को इस पर कोई आपत्ति नहीं है। अलग-अलग राज्यों के हों तो और अच्छा है न हों तो कोई बात नहीं अब यह क्या जरूरी है कि प्रधानमंत्री दक्षिण का है तो राष्ट्रपति उत्तर का ही हो और फिर अभी नए प्रधानमंत्री का प्रश्न ही कहां उत्पन्न होता।

प्रश्न–अटल जी, क्या आपको लगता है कि डा. राजेन्द्र बाबू से लेकर आज तक रहे राष्ट्रपतियों के कदों में गिरावट आई है या अब राष्ट्रपति बनने वालों में वह बात नहीं है?

उत्तर–उस जमाने की बात और थी तब हमारे नेता संघर्ष से गुजर कर सत्ता में आते थे अब ऐसा नहीं है। संघर्ष बड़े नेताओं को जन्म देता है और सामान्य काल में सामान्य नेता उत्पन्न होते हैं। वर्तमान स्थिति से हमें संतोष कर लेना नितांत स्वाभाविक है। युद्ध ने चर्चिल जैसा महान नेता पैदा किया लेकिन युद्ध के बाद ब्रिटेन ने एटली को प्रधानमंत्री चुना। तो कद में भले ही नेता छोटे हों लेकिन कर्म में, चरित्र में उन्हें ठीक होना चाहिए।

प्रश्न–और हाल ही के राष्ट्रपति इस कसौटी पर खरे उतरे हैं?

उत्तर–हां भाई खरे उतरे हैं अब हमने बना दिया तो .... (ठहाका लगाकर हंसते हैं।)

प्रश्न–वेंकटरमण जी की अन्य राष्ट्रपतियों के मुकाबले भूमिका कैसी रही है?

उत्तर–वेंकटरमण जी ने बहुत ही कठिन परिस्थितियों में अपना कार्यभार संभाला उस समय देश में राजनैतिक अस्थिरता थी। सभी दलों का विश्वास प्राप्त करने में उन्होंने सफलता पाई। निर्णयों में मतभेद हो सकता है लेकिन कुल मिलाकर उनका कार्यकाल बहुत ही महत्वपूर्ण रहा।

जिस बात का इतिहास उल्लेख करेगा और जिस बात को देश रेखांकित करेगा वह यह है कि वे स्वेच्छा से राष्ट्रपति का पद छोड़कर जा रहे हैं। अगर वे अपना मन बना लेते कि वे दुबारा राष्ट्रपति बनना चाहते हैं तो मुझे नहीं लगता कि कांग्रेस के भीतर या बाहर गंभीरता से कोई विचार करता। लेकिन स्वेच्छा से इस तरह छोड़कर जाना ... और वह भी राष्ट्रपति कार्यकाल पूरा होने पर। लेकिन श्री वेंकटरमण स्वयं में एक उदाहरण प्रस्तुत कर रहे हैं कि किस तरीके से सत्ता का त्याग किया जाता है। ऐसे जैसे गुजराती वानप्रस्थ करता है। गृहस्थी छोड़कर अपने एकांतवास में चला जाता है। इतिहास उनकी भूरी-भूरी प्रंशसा करेगा। मेरा उनके प्रति जो आदर है वह कई गुना बढ़ गया है।

प्रश्न–केन्द्र को गलत राह पर जाने से राष्ट्रपति रोक सकता है?

उत्तर–मुझे जहां तक जानकारी है वेंकटरमण यह काम करते रहे हैं। कुछ प्रश्नों पर उन्होंने सरकार को भी निर्देश दिए हैं। अब सरकार माने या न माने अलग बात है पर राष्ट्रपति को तो अपने दायित्व का निर्वाह करते रहना चाहिए। हाल ही में नागालैण्ड के राज्यपाल ने विधानसभा भंग करने से पूर्व राष्ट्रपति को सूचित भी नहीं किया। यह गलत था। उन्हें खबर देनी चाहिए थी। तब हमारा विरोध धीमा हो गया।

प्रश्न–अंतिम प्रश्न। वैसे आप को राष्ट्रपति बनने में कोई आपत्ति है?

उत्तर–मैं उन्मुक्त विहग हूं। मुझे पूरा आकाश चाहिए।

77

नेपाली भाषा के लिए हमारा संघर्ष सफल रहा

दिल कुमारी भंडारी–

दिल कुमारी भंडारी से ओम गुप्ता की बातचीत

भारत और नेपाल के बीच सांस्कृतिक स्तर पर कोई खास अंतर नहीं दिखता। भारत में रह रहे नेपाली भाषी ने देश के स्वतंत्रता आंदोंलन से लेकर देश के विकास में अपना अद्‌भुत योगदान दिया है। लेकिन नेपाली भाषा को भारतीय संविधान की आठवीं अनुसूची में शामिल करने में चार दशक से भी अधिक समय लग गया। इसके लिए दिल कुमारी भंडारी ने लंबा संघर्ष किया था। यह साक्षात्कार नेपाली भाषा को आठवीं अनुसूची में डालने के बाद लिया गया है। साक्षात्कार के लिए की गई गहरी तैयारी के कारण देश में भाषाई विवाद तथा भाषा की महत्ता से संबंधित अनेक तथ्य सामने आए हैं। वस्तुतः साक्षात्कार जिस विषय पर लिया जाता है, उसके संबंधित सारे पक्ष सामने आना चाहिए। तभी साक्षात्कार को सफल माना जाता है। इस साक्षात्कार में भी भाषाओं में संबंधित सारे तथ्य सामने आए हैं।

राव सरकार ने वायदा किया था कि मानसून अधिवेशन में नेपाली भाषा को संविधान की आठवीं सूची में शामिल किया जाएगा और यह विधेयक संसद में पारित कर दिया गया। इससे पूर्व इस आशय का आश्वासन स्वयं प्रधानमंत्री ने सिक्किम के मुख्यमंत्री नरबहादुर भंडारी को उस समय दिया था जब वह उनसे इस बारे में खासतौर पर मिलने के लिए गए थे। सिक्किम से लोकसभा की सांसद दिल कुमारी भंडारी के एक गैर सरकारी प्रस्ताव पर साढ़े पांच घंटे की बहस के बाद गृहमंत्री एस. बी

चहवान ने भी नेपाली भाषा को संविधान की 8वीं सूची में शामिल करने का आश्वासन सदन के भीतर दिया था।

इसी के साथ यह भारत में रह रहे एक करोड; नेपानी भाषी अल्पसंख्यकों द्वारा चलाए जा रहे चार दशक पुराने संघर्ष की जीत हुई। भारत नेपाल सीमा खुले होने के कारण यह कहना तो मुश्किल है कि उनमें से कितने नेपाली भारत के नागरिक हैं और कितने आजादी के बाद से यहां आकर रह गये हैं। लेकिन यह एक ऐतिहासिक तथ्य है कि नेपालियों ने भारत के स्वतंत्रता, संग्राम में महत्वपूर्ण योगदान किया था। इसके अलावा नेपाली भाषा में लिखे गए साहित्य ने भारत की संस्कृति को भी प्रचुर मात्रा में समृद्ध किया है। कम ही लोग यह जानते हैं कि इन दिनों लखनऊ में रहकर अपनी जिन्दगी का संध्याकाल गुजारने वाले राम सिंह ठकुरी ने गुरूदेव रविन्द्रनाथ टैगोर द्वारा रचित जनगणमन को अपने संगीत से संवारा था। इस हफ्ते जबकि हमने भारत छोड़ो आन्दोलन की स्वर्ण जयंती मनायी तो हम उन नेपाली वीरों को भूल गए जो अंग्रेजों की गोली खाकर शहीद हुए थे।

नेपाली भाषा के संवैधानिक दर्जा दिलवाने में भंडारी दंपति का महान योगदान रहा है। इस अवसर पर *स्वतंत्र भारत* ने श्रीमती भंडारी से जो बातचीत की उसके अंश यहां प्रस्तुत है:

प्रश्न–दिल कुमारी जी नेपाली भाषा को संवैधानिक दर्जा तो मिल गया। इससे नेपालियों को क्या लाभ होंगे?

उत्तर–हो सकता है कि इससे तुरंत कोई आर्थिक लाभ न मिले लेकिन हमने किसी लालच में यह संघर्ष नहीं किया है। हम तो इस देश के विभिन्न भागों में बसे हुए एक करोड़ से अधिक नेपालियों को उनकी पहचान दिलवाना चाहते थे। यद्यपि नेपाली यहां सैकड़ों वर्षों से रह रहे हैं। उनका राष्ट्रीय जीवन में खास योगदान रहा है फिर भी राजनीतिज्ञों और आम लोगों का एक बहुत बड़ा तबका उन्हें विदेशी मानता रहा है। यही कारण है कि दिल्ली में न जाने कितनी सरकारें आयीं और गयीं। लेकिन इस न्यायपूर्ण और उचित मांग को हमेशा टाला गया था। अब हमारी मातृ-भाषा को उसका वांछित सम्मान मिला।

प्रश्न–आपके विचार से इस मांग को मनवाने में इतना समय और संघर्ष क्यों करना पड़ा?

उत्तर–नेपाली भाषा और नेपालियों को लेकर गृहमंत्रालय के अधिकारियों और दिल्ली सरकारों में कई प्रकार की मिथ्या धारणाएं और भ्रांतियां रहीं हैं। मसलन इससे भारत नेपाल के परस्पर संबंध खराब हो जाते हैं। नेपाली मूलतः एक विदेशी भाषा है।

इन सब धारणाओं का सच्चाई और वास्तविकता से कोई लेना देना नहीं था। भारत का विदेश मंत्रालय कई बार यह स्पष्ट कर चूका था कि नेपाली भाषा को संवैधानिक दर्जा दिए जाने से कोई बुरा असर पड़ने वाला नहीं है। उल्टे इससे भारत नेपाल संबंध मजबूत ही होंगे, बृहत्तर नेपाल जैसा कोई आंदोलन कहीं था ही नहीं। ऐसी बात करके कुछ नेता नेपाली की निष्ठा पर शक कर रहे थे।

नेपाली भाषा का असली विकास भारत में बसे नेपालियों ने ही किया है। नेपाल में जो नेपाली भाषा बोली जाती है उसमें नेबारी नामक बोली का काफी समावेश है। इस लिहाज से शुद्ध नेपाली मूलतः भारत की भाषा है। यहीं पनपी और फली–फूली है। इसमें साहित्य रचा गया है। इस शताब्दी के शुरू से प्रयाग और कलकत्ता विश्व विद्यालयों में पढ़ाई जा रही है। यह अनेक राज्यों में एक विषय के रुप में भी स्वीकृत है।

साहित्य अकादमी भी इसे मान्यता दे चुकी है। वह हर वर्ष नेपाली भाषा में लिखे गए साहित्य को पुरस्कृत भी करती है। यह न केवल सिक्किम की राज्यभाषा है बल्कि त्रिपुरा, पश्चिमी बंगाल और हिमाचल प्रदेश इसे संवैधानिक दर्जा देने का प्रस्ताव पास कर चुके हैं। पश्चिमी बंगाल के दार्जिलिंग जिले के तीन पहाड़ी सबडिवीजन में तो यह सरकारी भाषा के रुप में मान्यता प्राप्त है। इसके आलावा असम और उत्तर प्रदेश के काफी बड़े इलाके में इसका प्रचलन है। ऐसी स्थिति में ऐसा कोई कारण तो नहीं था कि इसका मानने में इतना देर लगे। मेरे से पहले लगभग डेढ़ दर्जन बार अनेक दलों के सदस्य इसे संविधान की आठवीं सूची में शामिल करवाने के लिए गैर सरकारी बिल ला चुके थे लेकिन हर बार बहस के बाद उसे वापिस ले लिया गया।

प्रश्न–नेपाली को सांवैधानिक दर्जा प्राप्त हो गया है। अब ऐसी ही मांग अन्य भाषाओं के बारे में भी उठनी शुरू हो जाए तो?

उत्तर–अगर ऐसी मांग उठी है तो उसमें बुराई क्या है। भाषा न केवल अभिव्यक्ति का माध्यम है बल्कि यह व्यक्ति की पहचान भी है,

उसकी संस्कृति का प्रतीक है, उसकी सभ्यता का मानदंड है। यदि वह भाषा एक बड़े तबके द्वारा बोली जाती है, उसमें साहित्य रचा जाता है, उसका एक लिखित इतिहास है, एक धरोहर के रुप में संजोयी जाती है तो मुझे कोई कारण नजर नहीं आता कि सरकार ऐसी सभी भाषाओं को यह दर्जा क्यों नही प्रदान कर सकती है। आखिकार यह सूची बनायी ही इसलिए गयी थी जिससे कि भाषायी अल्पसंख्यकों को राष्ट्रीय मुख्यधारा से जुड़ने का अवसर प्राप्त हो सके।

प्रश्न–राजस्थानी और मैथिली भाषा को लेकर ऐसी ही मांग उठनी भी शुरू हो गयी है। भारत में आजादी के बाद राज्यों का पुर्नगठन भाषायी आधार पर ही हुआ था। क्या इससे राज्यों के विभाजित होने की मांग नहीं खड़ी हो जाएगी?

उत्तर–नेपाली भाषा, सिक्किम राज्य की भाषा है। इसी प्रकार कोंकणी तथा मणिपुरी भी एक-एक राज्य का प्रतिनिधित्व करती है। राजस्थानी राजस्थान में बोली जाती है। अतः मुझे ऐसा कोई खतरा नहीं दिखायी पड़ता। राज्यों के विभाजन की मांग के पीछे आर्थिक कारण होते हैं और विभाजन या पृथकतावाद भाषा के आधार पर राज्य का गठन होने के बावजूद शुरू हो सकता है। अतः इसके लिए सिर्फ भाषा को दोष देना ठीक नहीं है।

प्रश्न–नेपाली और गोरखाली के बीच क्या झगड़ा है?

उत्तर–कोई झगड़ा नहीं। मेरे ख्याल से पूरे देश में केवल दो व्यक्ति हैं जो नेपाली के स्थान पर गोरखाली की बात कह रहे हैं। एक है गोरखा नेशलन लिबरेशन फ्रंट के नेता सुभाष घीसिंग और दूसरे दार्जिलिंग से लोकसभा के सदस्य इंद्रजीत। ये दोनों गोरखाली की मांग उठाकर नेपालियों को गुमराह कर रहे हैं। यह एक ऐतिहासिक और प्रमाणिक तथ्य है कि गोरखाली कोई भाषा नहीं है। उसका कोई इतिहास नहीं है। उसमें कोई साहित्य नहीं रचा गया है।। उसकी कोई अपनी अलग लिपि नहीं है। वह किसी राज्य अकादमी या विश्वविद्यालय द्वारा मान्यता प्राप्त नहीं है। घीसिंग स्वयं इस मांग को उठाने से पहले अपने को नेपाली कहते रहे। नेपाली में लिखते रहे हैं। इसको संविधान में शामिल करने का समर्थन करते रहे हैं। जहां तक इंद्रजीत का ताल्लुक है वे न तो नेपाली हैं न

गोरखाली। वे इनमें से कोई भी भाषा भी नहीं बोलते। केवल अंग्रेजी भाषा का इस्तेमाल करते हैं।

गोरखा पश्चिम नेपाल के एक छोटे से इलाके का नाम है। वहां से काफी लोग ब्रिटिश सेना में शामिल हुए थे। अंग्रेज लोग उन्हें गोरखा और उनकी भाषा को गोरखाली कहने लगे थे। इनमें से अधिकांश लोग सेना से अवकाश ग्रहण करने के बाद नेपाल में जाकर बस जाते हैं। जो भारत में रहना पसंद करते हैं वे भी अधिकांशतः नेपाली नागरिक ही रहते हैं। अतः जहां तक भारत मूल के नेपाली और नेपाली भाषी भारतीय नागरिकों का ताल्लुक है, उनकी एक ही भाषा है और वह है नेपाली।

प्रश्न—घीसिंग और इन्द्रजीत का एक तर्क यह भी रहा है कि नेपाली शब्द एक विदेशी राज्य की याद दिलाता है। उसे भारतीय संविधान में कैसे दर्जा दिया जा सकता है?

उत्तर—इससे ज्यादा बेहूदा तर्क कोई और नहीं हो सकता। आज जो नेपाल है वह कभी भारत का हिस्सा रहा है। भारत में रहने वाले नेपाली भाषी नेपाल को नहीं भारत को अपनी मातृभूमि मानते हैं और इसकी संस्कृति से जुड़े हुए हैं। क्या स्विट्जरलैंड ने अपनी स्विस भाषा के अलावा जर्मन, फ्रेंच और इटेलियन को अपने यहां सरकारी भाषी नहीं माना है। क्या इससे इन भाषाओं को बोलने वाले लोग स्विटजरलैंड से ज्यादा इन भाषाओं को याद दिलाने वाले देशों के प्रति निष्ठावान कहे जाएंगे?

78

'कहां नारायण दत्त तिवारी और कहां मैं'

जितेन्द्र प्रसाद–

जितेन्द्र प्रसाद से ओम गुप्ता की बातचीत

तत्कालीन प्रधानमंत्री एवं कांग्रेस अध्यक्ष पी.वी. नरसिंह राव ने पार्टी के वरिष्ठ नेता जितेन्द्र प्रसाद को अपना राजनैतिक सचिव नियुक्त कर कांग्रेस की राजनीति में लगभग भूचाल ला दिया था। राव विरोधी नेता इसे पार्टी के संविधान के विपरीत बता रहे थे। और श्री प्रसादा पर पार्टी नेताओं की उपेक्षा करने के आरोप भी लग रहे थे। इस नियुक्ति पर विरोधी खेमें ने कई सवाल उठाए थे। उन पर प्रधानमंत्री पद के प्रबल दावेदार दिग्गज नेता नारायण दत्त तिवारी को राज्यसभा में नहीं आने देने का आरोप लगा था। इस साक्षात्कार में उनसे इन मुद्दों से जुड़े कई तीखे सवाल किए गए हैं लेकिन सवालों की भाषा और इसमें लिए उपयुक्त एवं महीम शब्दों के चयन के कारण भी प्रसाद साक्षात्कार के दौरान कभी भी उत्तेजित नहीं हुए। तीखे सवाल को पूछने का तरीका क्या हो, यही इस साक्षात्कार की विशेषता है।

इस समय कांग्रेस की राजनीति जिस व्यक्ति को मध्य में रखकर खेली जा रही है वह हैं कांग्रेस अध्यक्ष के राजनैतिक सचिव जितेन्द्र प्रसाद। प्रसाद 1971 में पहली बार शाहजहांपुर से लोकसभा में निर्वाचित होकर आए थे। उसके बाद वे दो बार और लोकसभा के सदस्य रह चुके हैं। लेकिन पिछले दोनों चुनावों में उन्हें पराजय का मुख देखना पड़ा। इसके बावजूद उन्हें राजीव गांधी ने 1990 में अपना राजनैतिक सचिव नियुक्त किया उससे पूर्व वे कांग्रेस महासचिव भी रह चुके थे।

प्रसाद को राजनीति विरासत में मिली है। इनके पिता शाहजहांपुर के पुराने रईस थे और उन्हें हेमवती नन्दन बहुगुणा राजनीति में लाए थे। उनके बाद बहुगुणा ने उन्हें उत्तर प्रदेश विधान परिषद का सदस्य बनवा दिया। हालांकि पिछले 21वर्षों से वे केंद्रीय राजनीति में हैं फिर भी उनकी राज्य पर पकड़ ढीली नहीं हुई है। पिछले दिनों जब उत्तर प्रदेश कांग्रेस अध्यक्ष नियुक्त किया जाना था तब उनके नाम की भी बड़ी चर्चा थी। हाईकमान उत्तर प्रदेश के बारे में जब भी कोई कदम उठाता है उसका श्रेय या उलाहना उन्हीं को सहना पड़ता है। पिछले दिनों कांग्रेस कार्यसमिति और महासमिति के सदस्य की हैसियत से अर्जुन सिंह ने उन्हें एक पत्र लिखकर अचानक उनका राजनैतिक कद बहुत ऊंचा कर दिया। वे शायद खुद नहीं समझ पाए कि इस थोपी हुई वरीयता का वे अब क्या करें। उन्होंने ऐसी हालत में खामोश रहना ही बेहतर समझा। इन सब विवादों के बीच जितेन्द्र प्रसाद ने *स्वतंत्र भारत* के लिए कुछ समय निकाला। प्रस्तुत है उनसे बातचीत के कुछ हिस्से–

प्रश्न–जितेन्द्र प्रसाद जी, मुझे नहीं याद पड़ता कि ताजा इतिहास में कांग्रेस अध्यक्षों ने कभी अपने लिए राजनैतिक सचिव की जरूरत समझी हो। इस लिहाज से आपकी स्थिति अभूतपूर्व है। आप अपने पद और कार्य क्षेत्र के बारे में कुछ कहना चाहेंगे?

उत्तर–मेरा काम मूलतः कांग्रेस अध्यक्ष और अखिल भारतीय कांग्रेस समिति के बीच समन्वय का है। जिस समय 1990 में स्वर्गीय राजीव गांधी ने मुझे नियुक्त किया था उस समय काम का बोझ काफी था। लिहाजा मुझे संगठन और अध्यक्ष के बीच तालमेल का काम सौंपा गया। मसलन अध्यक्ष की राजनैतिक यात्राओं का ब्योरा तैयार करना, उनके भाषणों के लिए मुद्दे सुझाना, उनकी बात को महासचिवों तक पहुंचाना आदि–आदि।

ऐसी बात नहीं है कि मैं पहला राजनैतिक सचिव हूं। कुछ समय तक 1984 में माखनलाल फोतदार ने यह दायित्व निभाया था। लेकिन आपकी बात सही है कि आमतौर पर अध्यक्षों ने बिना राजनैतिक सचिक के काम किया है।

प्रश्न–कुछ क्षेत्रों में यह चर्चा है कि आपकी नियुक्ति दस जनपथ की इच्छा को देखते हुए की गयी थी। क्या आप अपने को वहां का प्रतिनिधि मानते हैं?

उत्तर–मेरे मन में राजीव जी के लिए अपार श्रद्धा थी और रहेगी। मैं सोनिया जी का बेहद सम्मान करता हूं। मुझे अपने पद पर बने रहने के लिए नहीं कहा गया। राजीव जी के बाद नए कांग्रेस अध्यक्ष पी.वी. नरसिंह राव ने मेरी इस पद पर पुनर्नियुक्ति की। अतः मेरा किसी का प्रतिनिधित्व करने का प्रश्न ही उत्पन्न नहीं होता।

प्रश्न–क्या आपकी पार्टी के संविधान में ऐसे किसी पद की व्यवस्था है?

उत्तर–नहीं, पार्टी के संविधान में ऐसा कोई स्पष्ट पद नहीं है। लेकिन समय-समय पर कांग्रेस अध्यक्ष काम की सुविधा के लिए कार्यकारी अध्यक्ष या उपाध्यक्ष भी नियुक्त करते रहे हैं।

प्रश्न–कुछ नेताओं को यह शिकायत है कि आपके कारण वह कांग्रेस अध्यक्ष से आसानी से नहीं मिल पाते। इनमें कई महासचिव भी शामिल हैं। आप इस बारे में कुछ कहना चाहेंगे?

उत्तर–यह गलत है। मैं बेहतर समन्वय के लिए नियुक्त किया गया हूं, किसी का रास्ता रोकने के लिए नहीं। कांग्रेस अध्यक्ष आज प्रधानमंत्री भी है। उनके पास बहुत सीमित समय है। रोजमर्रा के काम में मुझसे अपेक्षा की जाती है कि मैं संगठन और अध्यक्ष के बीच सेतु का काम करूं। लेकिन यदि कोई उनसे मिलने की स्पष्ट इच्छा रखता है तो मैं उसे अध्यक्ष के सम्मुख रख देता हूं और उनका निर्णय संबद्ध व्यक्ति पहुंचा देता हूं। इससे अध्यक्ष का काम आसान हो जाता है।

प्रश्न–आपका दर्जा अन्य महासचिवों से ऊपर है या उनके बराबर?

उत्तर–बराबर ही मानना चाहिए। हम सब लोग मिलजुलकर काम करते हैं। सबके काम बंटे हुए हैं। अध्यक्ष हम सबके बॉस हैं और हम सब की उनके प्रति ही जवाबदेही है।

प्रश्न–आप उत्तर प्रदेश के राजनीतिज्ञ हैं, वहां से लोकसभा के सदस्य रहे हैं। हाल ही में आप प्रदेश कांग्रेस अध्यक्ष पद के दावेदार थे। ऐसी हालत में यदि अध्यक्ष आपसे उत्तर प्रदेश के बारे में कोई राय मांगते हैं तब आप अपनी प्रसंद और नापंसद और पूवाग्रहों से कैसे मुक्त रह पाते हैं?

उत्तर–मैं उत्तर प्रदेश के मामले में कोई राय नहीं देता। केवल कागजों का आदान प्रदान करता हूं। हा, यहां मैं एक बात और स्पष्ट कर दूं कि मैं प्रदेश कांग्रेस अध्यक्ष पद का उम्मीदवार कभी नहीं था। मेरा नाम आप लोगों ने ऐसे ही उड़ा दिया था।

प्रश्न–आम धारणा है कि आपने नारायण दत्त तिवारी को राज्यसभा में नहीं आने दिया, आपने विधानसभा और लोकसभा के पिछले चुनाव में अपनी पसंद से उम्मीदवारों के नाम काटे और बढ़ाए। यह कहां तक सही हैं?

उत्तर–यह सब गलत है। यह सब फैसले कांग्रेस अध्यक्ष और पार्टी हाईकमान करता है। कहां नारायण दत्त तिवारी और कहां मैं। ऐसे बड़े मामलों में मेरी क्या बिसात है। तिवारी जी के बारे में फैसला लेने के लिए कांग्रेस अध्यक्ष को मेरी राय की क्या आवश्यकता हो सकती है।

प्रश्न–तब क्या कारण है कि तिवारी जी के रहते हुए कांग्रेस उत्तर प्रदेश में नेतृत्वविहीन लगती है। पार्टी उनकी योग्यता और उनके अनुभव का लाभ क्यों नहीं उठा पा रही है?

उत्तर–तिवारी जी काफी समय से अपनी धर्मपत्नी की अस्वस्थता के कारण व्यस्त हैं और उन्हें प्राय: विदेश जाना पड़ता है। इसी कारणवश उन्होंने अपने स्थान पर प्रमोद तिवारी को विधानसभा में कांग्रेस पार्टी का नेता बनवा दिया। इसी प्रकार जब उन्हें नवें वित्त आयोग का अध्यक्ष बनाने की बात आई तो उन्होंने उससे भी इंकार कर दिया। अब उम्मीद है कि तिवारी जी विदेश से लौटकर प्रदेश में अपनी उपयुक्त भूमिका निभाएंगे।

प्रश्न–आप कांग्रेस अध्यक्ष के राजनैतिक सचिव होने के नाते संसदीय बोर्ड और कार्यसमिति का चुनाव लड़ने का फैसला क्यों किया? ऐसा भी कहा जाता है कि यह चुनाव आपने कांग्रेस अध्यक्ष से बिना पूछे लड़ा था। यही कारण है कि आपने अध्यक्ष द्वारा किसी महिला या पिछले वर्ग के सदस्य के न चुने जाने पर आलोचना किए जाने के फौरन बाद त्यागपत्र देने की पेशकश कर दी थी?

उत्तर–कांग्रेस कार्यसमिति का सदस्य चुना जाना किसी भी कांग्रेसी के लिए गौरव की बात होती है। मैंने यह चुनाव अध्यक्ष से पूछकर ही लड़ा था। त्यागपत्र देने के पीछे कोई और कारण नहीं था। एक सक्रिय

राजनीतिज्ञ होने के नाते मेरी आकांक्षा है कि पार्टी में मेरी तरक्की हो और एक निर्वाचित सदस्य की हैसियत से भी मैं निर्णय प्रक्रिया में भाग लूं।

प्रश्न–कुछ पत्रकार बंधु यह दावा करते हैं कि आपको राजीव गांधी का राजनैतिक सचिव नियुक्त कराने में उनकी महत्वपूर्ण भूमिका थी। वे पत्रकार अब आपके प्रेस सलाहकार होने का दावा भी करते हैं (उनमें से एक पत्रकार का नाम अर्जुन सिंह ने राजेश पायलट को लिखे अपने जवाब में उध्दृत किया है। अर्जुन सिंह का दावा है उस पत्रकार को जितेन्द्र प्रसाद ने वह पत्र दिखा दिया था जो सिर्फ उनके लिए लिखा गया था?

उत्तर–अब किसी को कोई दावा करने से मैं कैसे रोक सकता हूं। यह सही है कि अकसर राजनीतिज्ञ पत्रकारों से अनौपचारिक चर्चाएं करते हैं। इससे उन्हें एक और दृष्टिकोण का पता लगता है। वह दृष्टिकोण राजनीति से अलग होने के कारण कई दफा चीजों को समझने में मदद करता है। लेकिन बस इतना ही सत्य है। जब मैं राजीव जी द्वारा महासचिव बनाया गया था और कुछ दिनों के लिए मैंने कांग्रेस प्रवक्ता की हैसियत से भी काम किया था, उस समय मेरा पत्रकारों से निरन्तर संपर्क रहता था। मैं तो सभी से समान संबंध बनाने की कोशिश करता हूं।

प्रश्न–आपका नाम कई व्यापारिक घरानों के साथ भी जोड़ा जाता है, क्या कांग्रेस अध्यक्ष के, जो कि प्रधानमंत्री भी हैं, राजनैतिक सचिव को इस प्रकार की अफवाहों से बचने की कोशिश नहीं करनी चाहिए?

उत्तर–हमारे परिवार के कई सदस्य व्यापार करते हैं। इस कारण मेरे अनेक उद्योगपतियों से घनिष्ठ संबंध हैं, लेकिन मैं इन संबंधों को अपने राजनैतिक कामों में बाधा नहीं बनने देता। मेरे पास मेरी पूरी चल और अचल सम्पत्ति का ब्यौरा मौजूद है। मेरा जीवन पूरी तरह से खुला हुआ है। इन अफवाहों से कोई अन्तर नहीं पड़ता।

प्रश्न–अब आपकी अपने राजनैतिक भविष्य के बारे में क्या योजना है?

उत्तर–मेरी व्यक्तिगत योजना कुछ नहीं है। कांग्रेस अध्यक्ष के राजनैतिक सचिव के रुप में मैं सोचता हूं कि हमें उत्तर भारत में अपने

संगठन को मजबूत बनाना चाहिए। वहां हर स्तर पर प्रयास की आवश्यकता है।

प्रश्न–आप उत्तर प्रदेश में अपने लिए और कोई बड़ी भूमिका क्यों नहीं तलाश करते?

उत्तर–व्यक्तिगत रुप से तो मैं इतने दिन केन्द्र में रह चुका हूं कि वापिस प्रदेश में जाकर काम करने का मन नहीं करता, लेकिन एक वफादार सिपाही के नाते मुझे जो भी काम सौंपा जाएगा मैं उसे पूर करूंगा।

प्रश्न–आपके विपक्षियों का कहना है कि आप किसी राजनैतिक प्रक्रिया या संघर्ष से गुजर कर राजनीति में नहीं आए हैं। राजनीति तो आपको पिता से उत्तराधिकार के रुप में मिली है?

उत्तर–यह सही है, मेरा राजनीति में आने का कोई इरादा नहीं था। पिता जी के बाद इलाके में जो शून्य पैदा हुआ मुझे मेरे मित्रों ने और शुभचिन्तकों ने उसे भरने पर मजबूर कर दिया। इस कारण मेरा परिवार तो मुझसे बहुत नाराज रहता है।

प्रश्न–हाईकमान द्वारा जितनी कमेटियां बनाई जाती हैं उनमें सबको आप कैसे खुश रख पाते हैं, कहा जाता है कि आप इन कमेटियों को अपनी पंसद के ही लोगों से भर देते हैं?

उत्तर–कहां खुश रख पाता हूं। सब नाराज रहते हैं। कोशिश करता हूं कि सभी लोगों का पक्ष कांग्रेस अध्यक्ष के सामने रख सकूं। अंतिम फैसला तो उन्हीं का होता है। यही कारण है कि सूचियों में फेरबदल होता रहता है।

79

कश्मीर हिंदुस्तान की समस्या है मुसलमानों की नहीं

यह इंटरव्यू उस समय लिया गया था जब नजमा हेपतुल्ला राज्यसभा की उपसभापति थीं। तत्कालीन प्रधानमंत्री श्री वी.पी. सिंह ने उन्हें कश्मीर पर भारत का दृष्टिकोण समझाने के लिए अरब देशों की यात्रा पर भेजा था। चुंकि नजमा हेपतुल्ला उस समय विपक्ष में थी इसलिए सत्ता पक्ष में आलोचनाओं का बाजार गर्म थी।

इस इंटरव्यू की खासियत है कि इसमें सीधा उत्तरों को शामिल कर लिया गया है। या यों कहें उनसे हुई बातचीत के मुख्य अंशों को लिख लिया गया है। लेकिन उत्तरों से यह स्पष्ट हो जाता है कि कौन-सा प्रश्न किया गया होगा। यह इंटरव्यू, इंटरव्यू से रिपोर्ट बनाने में छात्रों को मदद करेगा।

इस देश की राजनीति में ऐसा कम ही होता है कि सत्तारुढ़ दल विपक्ष के किसी महत्वपूर्ण नेता को अंतराष्ट्रीय मिशन पर भेजे। यही कारण है कि जब उपराष्ट्रपति शंकरदयाल शर्मा की सलाह पर प्रधानमंत्री वी.पी. सिंह ने राज्यसभा की उपसभापति नजमा हेपतुल्ला को अरब देशों की यात्रा पर कश्मीर पर भारत का दृष्टिकोण समझाने के लिए भेजा तो जनता दल और कांग्रेस में खलबली मच गयी।

कांग्रेस के दरबारी चाटुकारों ने राजीव गांधी से जाकर शिकायत की—सर, ये तो जनता दल में जाने वाली हैं। इसलिए हमें राज्यसभा में डांटती भी हैं। जनता दल वाले भी कुनमुनाये कि क्या अपने यहां लोगों की कमी है जो दुश्मनों को बाहर भेजे रहे हैं।

जब मैंने नजमा हेपतुल्ला से इन मुद्दों पर उनके दफ्तर में बात की तो वे ठहाका लगाकर हंसी, "अरे भई, जलने वाले तो जला ही करते हैं,

पी.एम. ने ठीक समझा तो हमें भेजा। वे जानते हैं कि हमारे अरब मुल्कों से गहरे ताल्लुकात हैं। जिस दफा वे खुद वहां गये थे मुझसे काफी लंबी बात हुई थी। मुझे जितना मालूम था मैंने सब बता दिया। लौटे तो बड़े खुश थे। बोले भई नजमा जी, आपकी ब्रीफिंग काम आयी।

और बोलो मैं क्यों नहीं जाती। देश का सवाल था। कश्मीर कोई जनता दल या कांग्रेस का तो मसला है नहीं। मेरा खानदान तो तीन पीढ़ियों से बंटवारे के खिलाफ रहा है। मैं यह कैसे बर्दाश्त कर सकती हूं कि पाकिस्तान की वजीरे आजम बेनजीर भुट्टो वहां जाकर कश्मीर के खिलाफ जहर उगले और हमारे मुल्क के टुकड़े करवाने की कोशिश करे, उनके ताल्लुकात है तो हमारे भी हैं। वे वहां टैंक का माडल लेकर जाती हैं। मैं कुरान शरीफ लेकर गयी थी। वे भी एक हिंदू की खुशखत लिखाई में। दुनिया को पता तो लगना चाहिए कि इतना सेक्युलर है भारत।

इराक में मैं सद्दाम हुसैन से मिली उनसे लंबी बातचीत हुई। मक्का में शाह फहद के भाई जो उस समय अजीम शहर के गवर्नर हैं। उनसे लंबी गुफ्तगू हुई। इसके अलावा उनके अलिम फाजिल लोगों से बात हुई। मैंने उन्हें बताया कि कश्मीर हिंदुस्तान की अपनी समस्या है, मुसलमानों की नहीं। मुसलमान पूरे देश में बसते हैं, और माशा अल्लाह अच्छे खासे और मजे से बसते हैं। अब थोड़ी बहुत परेशानियां तो हर सोसाइटी में होती हैं। और इन परेशानियों से फायदा उठाने वाले भी हर जगह होते हैं।

मैंने उन्हें यह भी बताया कि कश्मीर के मामले में हम लोग एक हैं। मैं कांग्रेसी हूं। हमारे यहां गैर कांग्रेसी सरकार है। फिर भी मुझे भेजा गया है। यह क्या कम सबूत है। हमारी उदारता का।

"सुना है आपके लीडर राजीव गांधी आपके जाने से खफा हैं?"

"बिल्कुल नहीं। मैं लौट कर उनसे मिली। उन्हें सब कुछ बताया। जाने से पहले भी मिली थी। हमारी पार्टी या हमारे लीडर इतने तंगदिल नहीं हैं।"

नजमा की दिक्कत यह है कि वे बड़े साफदिल और मुंहफट हैं। उनकी गिनती उन 'छुटबहनी' नेताओं में नहीं होती जो कुछ पाने के लिए लीडर के दरबारियों की लल्लोचप्पों करती रहें।

मौलान आजाद के खानदान से ताल्लुक होने के कारण उनसे एक ठसक है जो इधर की उधर लगाने वालों को खटक जाती है। बहुत बार इन बीच वालों ने उनके और राजीव के बीच गलतफहमी पैदा करने की कोशिश की, पर हर बार उन्हें गच्चा दे गयीं।

80

उर्दू कहानी : भूत और भविष्य

लेखक और लेखन

(रजिया सज्जाद जहीन से ओमगुप्त की बातचीत)

किसी खास भाषा के लेखक या लेखिका से साक्षात्कार से पूर्व उस खास भाषा की साहित्य जगत में पहचान, स्थान तथा उसके सामने आ रही कठिनाईयों की विस्तृत जानकारी आवश्यक है। जाहिर है कि इसके लिए साक्षात्कारकर्त्ता को लंबी तैयारी करनी होती है, जिससे साक्षात्कार देने वाला व्यक्ति बोर न हो। अगर साक्षात्कारकर्त्ता को पूर्ण जानकारी होती है तो साक्षात्कार देने वाला व्यक्ति भी पूरे मनोयोग से जवाब देता है। प्रस्तुत साक्षात्कार में उर्दू भाषा की कथाकार रजिया सज्जाद मिर्जा से बातचीत में उर्दू लेख के सभी पक्षों से संबंधित प्रश्न पूछे गए हैं, इसके कारण इस भाषा के सभी पक्षों को सामने लाने में सफल रहा है।

उर्दू कहानी को दूसरी जिंदगी तब मिली जबकि उसने दास्तां को छोड़कर अफसाने की शक्ल अख्तियार की। प्रेमचंद पहला कहानीकार था जिसने दास्तां की रुमानियता को खत्म करके उर्दू अफसाने की असलियत की जमीन दी। उसकी कहानी **'कफन'** इसका बेहतरीन नमूना है। 'कफन' आज के हिन्दुस्तान में आम आदमी के सोच और उसके अकेलेपन का खूबसूरत दस्तावेज है।

आदमी की जात को लेकर चंद अहम सवाल गुलाम अब्बास की कहानी 'आनंदी' में भी उठाए गए। इसमें अब्बास ने समाज का एक ऐसे चकले की शक्ल में खाका खींचा है जहां पर बेहतर जिंदगी के लिए जद्दोजहद चल रही है।

बदलाव के लिए तड़प और उसके लिए कहानियों में समाजी हकीकत बयान करने का सिलसिला उर्दू कहानी में गोर्की और डिकंस के असर से आया। आजादी तक सवाल काफी साफ थे लेकिन बाद में हालात खासे पेचीदा हो गए। इनका असर अदब पर भी पड़ा।

उम्मीदें पूरी न होने से आम आदमी की कुंठा बढ़ती रही। पिछले 20 सालों में उर्दू अफसानें ने इसी कुंठा को जुबान दी है।

सआदत हसन मंटों की **'टोबा टेक सिंह'** और राजिंदर सिंह बेदी की **'लाजवंती'** जैसी महान कहानियां इस दौर के अदीबों में गुस्से का पूरी तरह से इजहार करती हैं। इस दौर में लिखी गई कहानियां एक ऐसी लगातार कोशिश का नमूना है जो समाजी हालात को बदलने के लिए ईमानदारी से की जा रही थीं।

उर्दू कहानी की एक खासियत यह रही है कि आजादी से पहले जिन लेखकों ने लोगों में उम्मीदें जगाई थीं उन्होंने ही जब इन उम्मीदों को आजाद हिन्दुस्तान में चूर-चूर होते देखा तो अपनी कलम से लावा उगलना शुरू किया।

हिन्दी के अखबारों मे डेढ़ इंच की खबर छपी कि सुप्रसिद्ध उर्दू लेखक कृश्न चंदर का देहांत हो गया। वह 62 वर्ष के थे। उन्होंने 100 से अधिक किताबें लिखीं। पिछले काफी सालों से वह फिल्मों के लिए लिख रहे थे।

ये चार लाइनें बहुत कुछ कहती हैं? आंज की पीढ़ी कृश्न चंदर के बारे में कुछ नहीं जानती। पढ़ने वालों के लिए ज्यादा अहम बात यह है कि कृश्न चंदर फिल्मों के लिए लिखते थे।

ये लाइनें बहुत कुछ नहीं भी कहती हैं। वह एक तरक्की पसंद कहानीकार था। उसने अपनी कहानियों के जरिए सामाजिक हकीकत को सामने रखा। उसका अंदाजे-बयां शायरी को छूता था। **'आधे घंटे का खुदा'** और **'दानी'** जैसी कहानियों की तबतब चर्चा होगी जब-जव उर्दू अफसाने की तवारीख दुहराई जाएगी।

कृश्न चंदर की मौत एक बार फिर इस कड़वी सच्चाई से मुंह को बदजायका कर गई कि उर्दू कहानी आज के बजाये गुजरे हुए कल में ज्यादा जिंदा है। उर्दू कहानी में दिलचस्पी रखने वाले आज भी मंटो, बेदी

और कृश्न चंदर के नाम पर आहें भरते हैं। 18 जनवरी सन् 1955 को मंटो की मौत से उर्दू अदब को जो धक्का पहुंचा था, उसका एहसास आज भी कम नहीं है। वह मुफस्लिी में करा जरूर, लेकिन बाद में प्रकाशकों और संपादकों ने उसकी कहानियां बेच-बेच कर लाखों कमाए।

मंटों ने तमाम उम्र समझौता नहीं किया। वह दो बार पागलखाने भी हो आया। उसके किरदार आम पढ़ने वाले को पागल लगते थे। उसे नजदीक से जानने वालों का मानना है कि वह खुद अपनी कहानियों में से उठकर आया इंसान लगता था। यही वजह है कि 20 साल बाद भी **'नया कानून'** के मंगु, खोशिया, दलाल, बाबू गोपीनाथ, **'ठंडा गोश्त'** का इशर सय्यान और **'टोबा टेक सिंह'** का बिशन सिंह सभी उतने ही जिंदा लगते हैं।

जितनी तेजी से हिन्दुस्तान के आदमी ने गांवों से शहर की ओर भागना शुरू किया, उतनी ही तेजी से कहानी भी शहर में आ गई। इसकी वजह से बुनियादी सवालों की जगह उन शहरियों की दिक्कतों ने ले ली जो पूरी आबादी का बहुत छोटा हिस्सा थे और जो गांव से पूरी तरह कट गए थे।

धीरे-धीरे उर्दू कहानी दो हिस्सों में बंट गई। लेखकों की वह एक जमात थी जो अपने हवाई ख्यालों से विषय लेकर लिखते थे–जैसे अहमद हमेश और दूसरे वे जो जिंदगी से मौजूं उठाते थे, मसलन अनवर सज्जाद और खालिदा असगर। फर्क यह था कि वह एक लिखता था जो उसने देखा और भुगता और वह दूसरा वह जो खामख्यालों में सोचता था।

इन दो धाराओं के बीच पिछले सालों में कुछ और नाम उभरे–अशफाक अहमद, ए० हमीद और शौकत सिद्दकी। लेकिन इनके पास कहने को इतना थोड़ा था या फिर ये अपने फार्म के इतने शिकारी थे कि जल्दी ही इनके नाम भीड़ में खो गए। इनकी कहानियों का हीरो समाज में रहता हुआ भी बाहर का आदमी है। अहमद की **'गड़रिया'** और सिद्दकी की **'तीसरी आदमी'** ने आज के समाज ने आदमी का क्या कर दिया है इसकी दर्दनाक तस्वीर है।

इसी तरह वाजदा तबस्सुम और जावेद अंजुम ने इस्मत चुगताई की नकल करने की कोशिशि में अपने स्टाइल के कुदरती विकास को खत्म

कर लिया। नतीज यह हुआ कि पढ़ने वालों को इनकी कहानियों में चटखारे तो जरूर मिले लेकिन कोई गहरा असर नहीं हुआ।

शुरू-शुरू में कर्तुल एन हैदर का नाम भी काफी उछला, लेकिन वह अपनी जमात का बखिया उघेड़ने में ही इतनी मशगूल हो गई कि पढ़ने वालों की दिलचस्पी जल्दी ही खत्म हो गई। उनकी कहानियों की उदासी और अपनी उदासी ज्यादा लगी।

इस पृष्ठभूमि में इस लेखक के उर्दू की नामी लेखिया रजिया सज्जाद जहीर से उर्दू कहानी के भूत, वर्तमान और भविष्य पर चंद सवाल किए।

आज की उर्दू कहानी के बारे में आप क्या सोचती हैं?

आजादी के बाद अधिकतर उर्दू लेखकों ने हिन्दी में लिखना शुरू कर दिया। यह सिलसिला अभी तक बरकरार है। यह बात समझ आने वाली भी है। हिन्दी में रिसाले ज्यादा हैं। अपनी लिखी बात ज्यादा लोगों तक पहुंचे, यह कौन नहीं चाहता। पर ऐसा नहीं है कि पुरानी पीढ़ी के लोगों ने उर्दू में लिखना बिल्कुल बंद कर दिया। इस्मत चुगताई और कृश्न चंदर जैसे लेखक अभी तक लिखते रहे हैं। अक्सर लोग कहते हैं कि पुरानी नस्ल में नहीं होता? चढ़ाव और उतार तो जिंदगी में न बदलने वाला उसूल है।

हर जुबान के अदब में पुराने लोगों की जगह नए लोग लेते रहे हैं। उर्दू में भी यह भी हो रहा है। किसी भी दूसरी जुबान की तरह उर्दू में भी लेखकों के दो वर्ग हैं—एक जो समाजी हकीकत को उघाड़ते हैं और दूसरे वे जो अपने लिए लिखते हैं। ये दूसरे किस्म के अफसानानिगार अपने को जदीदिए (आधुनिकतावादी) कहते हैं। मुझे इनसे कोई शिकायत नहीं है, लेकिन गुस्सा तब आता है जब वे अपनी नांकामयाबी का कुसूर दूसरों पर मढ़ते हैं। आपको किस्सा सुनाऊं।

चंद बरस पहले लखनऊ में अदीबों का एक जलसा हो रहा था। मुझे भी शिरकत के लिए बुलाया गया था। अंदर जाते वक्त दरवाजे पर एक साहब ने टोका—रजिया आपा आप से एक गुजारिश है। मेरा नाम यह है और मैं यह सब लिखता हूं। लेकिन बड़े लेखकों और छापने वालों की ठेकेदारी के कारण कोई घास नहीं डालता। मैंने कहा, अच्छा इस जलसे

के बाद मिलिएगा जलसा शुरू हुआ। कुछ देर बाद वही साहब माइक थामे दिखाई दिए। हाजरीन मैं अपने लिए लिखता हूं। मेरी जो मर्जी आएगी मैं वो लिखूंगा। किसी को क्या हक है जो मुझे बताए कि मुझे समाज के लिए लिखना चाहिए। और न जाने वह साहब क्या–क्या कहते रहे। जब मेरी बारी आई तो मुझे उनसे मुलाकात और उनकी स्टेज पर कहीं गई बातें अच्छी तरह याद थीं। मैं चाहकर भी अपने को रोक नहीं पाई–जो लोग अपने लिए और सिर्फ अपने लिए लिखते हैं, उन्हें कोई हक नहीं जाता कि वे समाज से यह मांग करें कि वह उन्हें छापे और उन्हें पढ़े। ऐसे लोगों को चाहिए कि अपनी चीजें लिख–लिख कर तकिए के नीचे रखते जाएं और जब जी चाहे निकालें, पढ़ें और फिर वहीं रख दें। मैं तो यह भी कहना चाहती थी और इन लोगों को चाहिए कि वे वसीयत कर जाएं कि जब वे अल्लाह को प्यारे हों तो इनके साथ इनकी लिखी चीजें भी...। पर मैं लिहाज कर गई।

आप क्या सोचती हैं कि अदब में सियासी फलसफा होना बहुत जरूरी है। क्या लेखन में एक खास रंग डालने से कही गई बात के वजन में फर्क नहीं पड़ेगा?

मैंने ऐसा नहीं कहा। लिखने वालों का काम सियासी प्रोपेगेंडा नहीं है। न ही उन्हें कोई हल थोपना चाहिए। यह काम सियासतदानों का है। लेखक तो समाजी हालात का सही तस्वीर सामने रखकर पढ़ने वालों को सोचने पर मजबूर भर कर सकता है। पढ़ने वालों को अपने नतीजे खुद निकालने चाहिए। लेखक का काम वहां खत्म हो जाता है जहां पाठक की दिमागी हलचल पैदा हो जाती है। बाकी काम सियासत करने वालों को करना चाहिए। लेकिन यह कहना कि लेखक को समाज से कुछ लेना–देना नहीं है, गलत है। किसी महान लेखन में ऐसा नहीं होता। दुनिया के नामी से नामी किताब उठाकर देख लीजिए उसमें समाजी तस्वीर, मौजूद हालात पर परेशानी और उसे पढ़ने के बाद कुछ कर गुजरने की मचलन जरूरी पैदा होगी। यह नहीं होती है तो वह किताब नाकानयाब है और उसका लिखने वाला नाकारा।

बात पर क्या ज्यादा जोर देने से कभी-कभी लिखने की बनावट पर असर पड़ता है। जुबान हल्की महसूस होती है। इस बारे में आपका क्या कहना है?

मेरी राय इस बारे में बहुत साफ है। बनावट की बजाय कही गई बात मेरे लिए ज्यादा अहम है। यदि इससे बात कहने का ढंग कमजोर भी पड़ता है। तो मुझे परवाह नहीं है। मैं इस बारे में कोई समझौता नहीं करना चाहती। अपनी बात के वजन और कहने के ढंग से निखार साथ-साथ बढ़ता रहे, यही तो लिखने वाले का संघर्ष है। जितना ज्यादा इन लोगों में तालमेल होगा उतना ही बड़ा वह लेखक होगा। लेखन कभी भी हिसाब की तरह दो और दो चार नहीं हुआ करता।

उर्दू के नई तस्ल के लेखकों के लिए उर्दू के बाहर नहीं सुनाई देते। इसकी क्या वजह है?

यह एक गंभीर बात है। लेखक को अपनी ज्ञात और जुबान के बाहर वालों तंक भी पहुंचना चाहिए। नए लोग उर्दू में लिखें, उन्हें जरूर लिखना चाहिए। आम बोलचाल की हिन्दुस्तानी और उर्दू में गहरा रिश्ता है। दोनों मे बहुत ज्यादा फर्क भी नहीं है। देवनागरी लिपि में लिखने से पढ़ने वालों की तादाद बहुत बढ़ जाएगी। लेकिन शायद उर्दू वालों को हिन्दी वालों का एतबार नहीं है। यह बहुत दर्दनाक हालत है।

इसके अलावा अपने को साहित्यकार कहने वाले लोग अपने लिखे हुए को ऐसी आला और नायाब चीज मानते हैं कि इसे चंद 'ज्यादा पढ़े-लिखे' लोग ही समझ सकते हैं। इससे अदब आगे कैसे बढ़ेगा? लोगों तक कैसे पहुंचेगा? लोग कहते हैं कि ज्यादा छपने-बिकने वाली पत्रिकाओं का स्तर तो ऊंचा नहीं है। भई आप का स्तर तो ऊंचा है। आप लिखिए, उनका भी ऊंचा हो जाएगा।

81
'बुनियाद' लिखने की बोरियत 'हम लोग' से अलग है

किसी लेखक की सफलता का राज जानने की उत्सुकता और इस दौरान लेखक के सामने घटने वाली घटना तथा कठिनाईयों के प्रति पाठकों में एक अजीब सी उत्सुकता होती है। पाठक वर्ग अपने चेहेत लेखक के सभी पक्षों को जानना चाहते हैं। 'बुनियाद' और 'हम लोग' जैसे चर्चित धारावाहिक ने दर्शकों के एक बड़े वर्ग को टी.वी. पर्दे को दीवार छुपाने में अहम भूमिका निभाई थी। माना जाता था कि इस सफलता के पीछे दोनों धारावाहिकों की पटकथा की अहम भूमिका थी। जाहिर है कि पाठकवर्ग में पटकथा लेखक के सभी पक्षों के संबंध में जानने की उत्सुकता थी। यही कारण है कि साक्षात्कार में इन सभी पक्षों को खूबसूरती से उकेरा गया है।

मनोहर श्याम जोशी उस दोश मे अकेले ऐसे इंसान है, जिन्हें पता था कि 'हम लोग' और 'बुनियाद' किस हद तक कामयाब होंगे। वे कोई भविष्यवक्ता नहीं है। इस विधा के महज मंजे हुए कारीगर हैं। और हर अच्छे कारीगर को अपने फन और माल का अंदाजा होता है। यही वजह है कि 'हम लोग' और 'बुनियाद' में उनके अपने अलावा कुछ भी साझी न होने के बावजूद होने की कामयाबी को एक ही पैमाने पर तोला जा सकता है और नतीजा एक जैसा नजर आता है।

खुद जोशी जी मानते हैं कि 'हम लोग' या 'बुनियाद' में उन्होंने किसी महान रचना का निर्माण नहीं किया है। उन्होंने केवल टेलीविजन और इसके दर्शकों की नब्ज पहचान कर उन्हें एक शाश्वत रिश्ते में बांध दिया है। आज केवल उन्हीं के बदौलत हिन्दुस्तानी टेलीविजन की हिन्दी

फिल्मों से परे एक पहचान बन रही है और दर्शक उसे स्वीकार कर रहे हैं। यूं तो 'हम लोग' से पहले और उसके दिखाये जाने के दौरान भी टेलीविजन को हिकारत की निगाह से देखने वाले, आज इससे उपज रही निश्चित आमदनीरूपी लॉटरी खरीदने के लिए लाईन लगा कर खड़ें हैं, लेकिन मनोहर श्याम जोशी महात्म बुद्ध की मुद्रा बनाये अपने पहले प्रतिद्वंद्वी की इंतजार में हैं और अगर कभी जोशी जी की लेखनी में कोई दोष निकाला जा सकता है, तो वह प्रतिद्वंद्विता हीनता का है और जिसके लिए सारा दोष उन्हें नहीं दिया जा सकता। खैर, वह तो बाद की स्थिति है, यहां तो हम उनसे 'हम लोग' और 'बुनियाद' की रचना प्रक्रिया के दौरान उनके अनुभवों पर हुई बातचीत के कुछ अंश प्रस्तुत कर रहे हैं यह बातचीत चलती कार में नालायक ड्राइवरों से बचते हुए और उनके घर की शांति के बीच चाय की चुस्कियों पर हुई।

सवाल–'हम लोग' के अनुभव के बाद 'बुनियाद' लिखते हुए आपको कैसा लग रहा है?

जवाब–पहली बात तो ये कि आपको लगता है कि आप सिप्पी बैनर के लिए लिख रहे हैं। बजट की तलवार लेखक के सिर पर नहीं है। जो चाहे लिखिए। सिप्पी का नाम जिस बड़े सिनेमा के साथ जोड़ा जाता है, आप अपने को उसका हिस्सा महसूस करते हैं।

'हम लोग' में ऐसी बात नहीं थी। वहां जब डायरेक्टर ने काम संभाला, तब तक कहानी और कलाकार वगैरह सब तय हो चुके थे। इस कारण लेखक-निर्देशक संबंध वहां वैसे नहीं थे, जैसे इतने लंबे सीरियल में होने चाहिए। एक बार तो ऐसा हुआ कि मुझसे तो कहा गया कि नयी स्क्रिप्ट लिखिए और शूटिंग पुरानी से हो गयी और वही दिखा भी दी गयी। यहां ऐसी बात नहीं है। इन्हें जावेद जैसे लेखकों के साथ काम करने की आदत है। अव्वल तो आपका लिखा कभी कुछ काटा नहीं जाता। कभी जरूरत हो, तो बड़ी विनम्रता से पूछा जाता है। यहां लेखका का बड़ा सम्मान दिया जाता है।

शूटिंग शुरू करने से पहले मैं और रमेश सिप्पी ने 10 दिन तक 12-12 घंटे बैठ कर कहानी तय की इतनी बड़ी कहानी गढ़ी गयी कि 1000 प्रकरणों में भी पूरी न हो। हालांकि रमेश सिप्पी का कहानी तय करने में बराबर का योगदान था, लेकिन क्रेडिट में उन्होंने अपना नाम मेरे बाद दिया।

सवाल–बतौर लेखक क्या आप इसे विकास की अगली कड़ी मानते हैं?

जवाब–'हम लोग' में हमें हमेशा यह डर लगा रहता था कि कहीं यह क्लास के ऊपर की चीज न बन जाये। यहां पर कमर्शियल सिनेमा से संबद्ध होने के बावजूद निर्देशक की ओर से जब भी कोई आग्रह किया जाता है, वह कलात्मक सुधार के लिए होता है। उदाहरण के लिए मैंने लिखा था कि लाजो के पति के देहांत के दौरान बाद एक सीन में हवेली राम विधवा पर एक लेख लिख रहा है। डायरेक्टर को लगा, यह बड़ा सपाट लगेगा। उनका सुझाव था कि दिखाया यह जाये कि वह चाह कर भी कुछ नहीं लिख पा रहा है।

सवाल–इन दो सफलताओं के बाद क्या आपको किसी प्रकार की गौरवानुभूति हो रही है?

जवाब–कतई नहीं। ये दोनों अपने–अपने किस्म के सोप ओपेरा हैं। परिचित सांचों के ढले चरित्र, वही पारिवारिक पृष्ठभूमि, बाप-बेटे का झगड़ा। कई दफा तो डर लगा रहता है कि कहीं 'हम लोग' वाला डायलॉग दोबार न लिख दूं। वह तो भला हो, मेरे साथ काम करने वालों को, जो गाहे–बगाहे मुझे आगाह करते रहते हैं।

गर्व महसूस करने की बजाए मुझे तो कई दफा लगता है कि यह सब लिख कर मैं अपने ऊपर एहसान कर रहा हूं। यह सब भावुकता मेरे स्वभाव में नहीं है। बड़ी बोरियत होती है। लेकिन यह बोरियत 'हम लोग' लिखने के बोरियत से थोड़ी अलग है। उसमें सिर्फ एक परिवार के सदस्यों का आपसी ड्रामा होता था, इसमें ऐतिहासिक परिप्रेक्ष्य भी जुड़ गया है। यूं कहा जाये, 'हम लोग' केवल समाज को आईना दिखाना था, 'बुनियाद' में समाज और काल दोनों का जिम्मा है। 'हम लोग' दिल्ली में लिखा जाता था, यहीं शूट होता था। कभी–कभार उसे ले कर मिनिस्ट्री की मीटिंग हो जाती थी। कुल मिला कर काफी टाइम बचता था। अब 'बुनियाद' में आधा वक्त बंबई में गुजरता है, आधा दिल्ली में। बंबई में तो लिखना हो नहीं पाता। लिहाजा हर हफ्ते दो स्क्रिप्ट के लिए ढाई दिन चाहिए होते हैं। उसमें से आधे बंबई के नाम निकल गये, तो आप खुद ही हिसाब लगा लीजिए।

'हम लोग' में अक्सर डर लगा रहता था कि पता नहीं, पास होगा कि नहीं। फिर ऐसी फरमाइश आती रहती थीं कि लल्लू को गांव भेज दो, दक्षिण भारतीय चरित्र जोड़ दो वगैरह-वगैरह। अब वैसी बात नहीं है। अब 'बुनियाद' में ऐसी दिक्कतें आती हैं कि आजादी के पहले के इतिहास में से क्या लिया जाये, क्या छोड़ा जाये। इस चक्कर में रौलट ऐक्ट वाला प्रकरण चार बार लिखा गया। मेरी बड़ी इच्छा है कि तत्कालीन सांस्कृतिक पृष्ठभूमि को ले कर, जैसे इकबाल वगैरा, दो-तीन प्रकरण लिखे जाये, पर हर बार कलाकारों की, और कितना सही मालूम है, कितना नहीं की दिक्कत आ जाती है।

फिर खत लिखने वाले कागज-पेंसिल लेकर तैयार बैठे रहते हैं। सुना है, जनता पार्टी के नेता सैयद शहाबुद्दीन अपने बच्चों के साथ पार्टी के दौरान लाहौर में हुई वारदातों वाला किस्सा देख रहे थे। उनके बच्चों ने पूछा, बाबा क्या असल मे मुसलमानों ने हिन्दुओं को मारा था? वे बोले, हां, कुछ हद तक तो यही सही है, लेकिन यह भी सही है कि हिन्दुओं ने भी लाहौर में बहुत-से मुसलमानों को मारा था। और टेलीविजन पर सिर्फ एकतरफा बात दिखाया जाना गलत है। अब आप ही बताइए। अरे भाई, हम दंगों पर फिल्म थोड़े ही बना रहे हैं। यही कारण है कि आजकल कहा जा रहा है—भई, 'बुनियाद' में रिफ्यूजी कैंप वगैरा मत दिखाओ।

सवाल—वैसे अजीब संयोग है कि जो 'बुनियाद' में दिखाया जा रहा है, लगभग वैसा ही पंजाब में दिखाई देता है।

जवाब—इस संयोग ने मुझे बड़े धर्मसंकट में डाल दिया है। न कुछ कहते बन रहा है, न चुप रहते।

सवाल— लेखक के हिसाब से आपको परिचित चेहरे लेने में आसानी रहीत है या अनजान चेहरे?

जवाब—अनजान चेहरे। जिन कलाकारों की एक छवि बन चुकी होती है, अगर नया चरित्र उससे हट कर हो, तो कलाकार को दोहरी मेहनत करनी पड़ती है। अब 'हम लोग' के लल्लू को ही ले लीजिए। 'बुनियाद' में वह एक मुंशी का रोल कर रहा है। अच्छा कर रहा है, लेकिन हर बार उसे लल्लू बन जाने का खतरा लगता रहेगा। चाहे लूसी हो, या स्टार ट्रेक का बड़े कानों वाला चरित्र एक बार टेलीविजन पर छवि

स्थापित हो गयी, तो वह कलाकार तो गया बारह के भाव से। या तो वैसा ही रोल दो, वरना जनता उखाड देगी।

सवाल–'हम लोग' और 'बुनियाद' से हट कर आप कितने और सोप ओपेरा लिख सकते हैं?

जवाब–इस सवाल का जवाब में यह सवाल पूछा जा सकता है कि दुनिया में कितनी कहानियां हैं। विचार के धरातल पर मैं जिस स्कूल में शामिल हूं और जिसे आधुनिकतावाद के बाद का स्कूल कहते हैं, उसके गुरु बोर्डस का तो मानना है कि केवल एक कहानी है और एक किताब। बाकी सब उसी का उलटफेर है। इस लिहाज से देखा जाये, तो सभी सोप ओपेराओं की कहानी एक ही होगी। वही पहचाने पात्र, पारिवारिक स्थितियां, बाप-बेटे, बहु-सास की नोक-झोंक, रोना-धोना। इसलिए लिखने को आप जितने सोप ओपेरा कहें, लिखे जा सकते हैं। बात सही छौंक की है और उसमे वक्त-वक्त पर सही मसाले, पानी और आंच की है।

सवाल–तब आपका क्या इरादा है? एक के बाद दूसरा सोप-ओपेरा लिखने का या इस कामयाबी को भुना कर बड़े सिनेमा के लिए कहानी लिखने का?

जवाब–ढेर सारे ऑफर हैं। अधिकांश सोप-ओपेरा के। सिर्फ लिखने का नहीं, आधी कमाई बांटने का भी। कुछ फिल्मों में भी हैं। अधिकांश बड़े बैनर। लेकिन अभी तो 'बुनियाद' में उलझा हूं। भाग कर एक महीने के लिए यूरोप जा रहा हूं। दो पल सांस लेन के लिए। लौट कर फैसला करूंगा, क्या करना है।

82
'बुनियाद' में स्वस्थ मनोरंजन है
ओम गुप्ता

जी.पी. सिप्पी

किसी भी धारावाहिक या फिल्म की सफलता के पीछे निर्देशकीय कुशलता का बड़ा हाथ होता है। फिर पाठक वर्ग में निर्देशक द्वारा उस धारावाहिक या फिल्म के लिए की गई तैयारियां तथा अन्य सभी पक्षों के संबंध में अधिक से अधिक जानकारी हासिल करने की इच्छा होती है। अपने समय में सफलतम धारावाहिक 'बुनियाद' के निर्देशक जी.पी. सिप्पी के प्रति कही उत्सुकता पाठकों में थी, यही कारण है कि साक्षात्कार में भी सिप्पी से इस धारावाहिक के तमाम पक्षों पर बात की गई है।

अगर हिन्दुस्तान में सिनेमा मुगल का खिताब दिया जाना हो, तो जी. पी. सिप्पी उसके पहले दावेदार होंगे। हो सकता है, प्रकाश मेहरा या मनमोहन देसाई को इस पर एतराज हो, लेकिन दर्शकों और आलोचकों को नहीं होगा। यही कारण है कि जब बंबई में सिनेमा वालों ने टीवी सीरियल पर हमला बोला, तो जन्मजात विजेता की तरह सिप्पी-घराने की ही विजय हुई। केवल 7-8 प्रकरणों के बाद ही बनाया 'बुनियाद' कई हफ्तों से लोकप्रियता की सबसे ऊंची पायदान पर जमे 'नुक्कड़' को तगड़ी चुनौती देने लगा था।

बड़े सिप्पी साहब इधर कई सालों से खुद फिल्में निर्देशित नहीं कर रहे हैं, लेकिन रमेश सिप्पी जैसे होनहार जांनशीन के मैगाफोन थामने के बाद उन्हें इसकी जरूरत भी महसूस नहीं हुई। लेकिन 'बुनियाद' के निर्माण में उसकी अहम भूमिका है। इसे बाद के लेखक मनोहर श्याम जोशी ने स्वीकार किया। दिल्ली में हयात रीजेंसी होटल में 452 नंबर

कमरे में उनसे हुई इस बातचीत में कई बातें साफ हुई और हमारे जमाने के इस फिल्मी बरगद के करीब से जानने का मौका मिला। उनसे हुई बातचीत के कुछ हिस्से–

सवाल–कभी आपने सोचा था कि 'बुनियाद' इतनी जल्दी और इतना ज्यादा कामयाब हो जायेगा?

जवाब–कहानी में कुछ खास बात तो थी।

सवाल–किसने किसको ढूंढ़ा? आपने जोशी को या ...?

जवाब–जब 'हम लोग' बन रहा था, तब एक बार उनसे मुलाकात हुई थी। बड़े काबिल और पढ़े-लिखे आदमी लगे। जब 'बुनियाद की बात आयी, तो सबसे पहले उन्हीं का ख्याल आया। मिले। बैठे। पंजाबी परिवार की तीन पीढ़ियों वाला किस्सा बड़ा जंचा। कुछ मैंने सोचा, कुछ उन्होंने। बात जम गयी। रमेश (सिप्पी) भी हमारे साथ बैठता था।

सवाल–आप 'हम लोग' से कितना मुतास्सिर थे?

जवाब–नहीं होते, तो 'बुनियाद' लिखने को क्यों कहते? मैंने उसके काफी हिस्से देखे। सब तो अच्छे नहीं लगे। कहानी का अंदाज भी मुझे पूरा पसंद नहीं था, पर लेखक में जान नजर आयी।

सवाल–आपके यहां से यह प्रचारित किया जा रहा है 'बुनियाद' की कामयाबी 'हम लोग' की खामियों को महसूस करके, उन्हें दूर करने की जी-तोड़ कोशिश का नतीजा है। और लेखक इसमें आपके साथ है। क्या आप भी ऐसा महसूस करते हैं?

जवाब–जी नहीं। ऐसी पब्लिसिटी हुई है, तो वह गलत है। 'हम लोग' 'हम लोग' था।

'बुनियाद', 'बुनियाद' है। 'बुनियाद', 'हम लोग' के बावजूद है और होता। 'बुनियाद', 'हम लोग' की वजह से नहीं है!

सवाल–आपने 'शोले' जैसी कामयाब फिल्में बनायी हैं और आपके साथ सलीम-जावेद जैसे स्टार लेखक रहे, तब आपने एक गैर-फिल्मी लेखक को 'बुनियाद' के लिए क्यों चुना?

जवाब–फिल्म और टीवी अलग-अलग माध्यम हैं। फिर बड़े आराम-आराम से बनायी जाती है। फिल्मी लेखकों को भी वैसी ही आदत

पड़ जाती है। मुझे नहीं लगता, सलीम या जावेद के पास इतना वक्त है कि वे हफ्तें में दो हिस्से लिख सकें।

सवाल–क्या आप जोशी जी से कोई फिल्म लिखवाने को सोच रहे हैं?

जवाब–हमने कई कहानियों पर बात की है। मुझे यकीन है कि एक फिल्म में तो हम जरूर ही साथ काम करेंगे।

सवाल–टेलीविजन पर सीरियल तो डेढ़-दो बरस से बन रहे हैं, आपने इतनी देर से इसमें आने का फैसला क्यों किया?

जवाब–हम सोप-ओपेरा ही बनाना चाहते थे। लिहाजा 'हम लोग' के खत्म होने के बाद ही कुछ हो सकता था।

सवाल–क्या आप 'बुनियाद' के जरिये कोई खास बात कहना चाहते हैं?

जवाब–क्या किसी सोप ओपेरा के जरिये कोई खास बात कही जाती है? (थोड़ा रुक कर) वैसे स्वस्थ मनोरंजन अपने आप में खास बात ही तो है। हम अपनी ओर से कुछ नहीं कहना चाहते। कुछ कहने की सोच कर कहानी नहीं लिखी जा रही है। कहानी कहते-कहते कुछ बात निकल जाये और देखने वाले को जंच जाये, तो अच्छा है। क्या हवेली राम जैसे पात्रों का चरित्र विकास और चारित्रिक गुण अपने आप में खास बात नही हैं?

सवाल–आप भी 47 में पाकिस्तान से आये थे। 'बुनियाद' का पाकिस्तान कितना हकीकत है?

जवाब–'बुनियाद' एक किस्सा है। कुछ चरित्र ऐतिहासिक जरुर हैं, लेकिन बाकी सब तो कहानी है। जबान और कपड़े जरूर उस वक्त के हैं।

सवाल–जबान और कपड़ों में किसने मदद की है?

जवाब–कृष्ण सोबती और पुष्पेश पंत ने।

सवाल–सुनते हैं, रमेश सिप्पी पूरा 'बुनियाद' डायरेक्ट नहीं करना चाहते?

जवाब–वह तो एक हिस्सा भी नहीं करने वाला था। पहले तो वह सिर्फ ऊपर से देख-भाल करने वाला था। लेकिन धीरे-धीरे कहानी में

मजा आने लगा। देखो, वह कितने बनाता है। वैसे उसके असिस्टेंट तो हैं ही।

सवाल–बाजार में हवा है कि शायद रमेश तलवार इसे डायरेक्ट करें?

जवाब–अभी तो ऐसी कोई बात नहीं है।

सवाल–आपने 'बुनियाद' का पाकिस्तान बंबई में फिल्म सिटी में खड़ा किया। क्या कभी पाकिस्तान में शूटिंग करने का ख्याल नहीं आया?

जवाब–आज वहां भी पहले वाला लाहौर कहां है। और फिर सारी कहानी पाकिस्तान की तो है भी नहीं। कहानी तो हवेली राम के खानदान की है, जो वहां रहता था।

सवाल–क्या सारी 'बुनियाद' एक सेट पर गढ़ी जायेगी?

जवाब–नहीं। अब बंटवारे का सीन तो बाहर खुले में ही होगा। यह सब तो कहानी पर है। बंटबारे के बाद तो उन्हें दिल्ली आना ही है!

सवाल–आपने दिल्ली में शूट क्यों नहीं किया?

जवाब–भाई, हम लोग बंबई के हैं सारा ताम-झाम वहीं है।

सवाल–'बुनियाद' को आपने खुद क्यों नहीं डायरेक्ट किया? वैसे अभी भी क्या बिगड़ा है।

जवाब–भई, बड़ा वक्त चाहिए। अब इतनी देर दौड़-भाग मुमकिन नहीं है। वैसे मैं अब फिल्मी धंधे की बड़ी दिक्कतों और सवालों में उलझा हुआ हूं। वह भी अहम काम है। वैसे 'बुनियाद' में जितना कुछ हो सकता है और जरूरी होता है, करता ही हूं। जोशी जी से अक्सर बैठकें होती है।

सवाल–आप लोग तो बड़े-बड़े स्टार ले कर फिल्में बनाते हैं। 'बुनियाद' में आपने खासे नये लोगों को मौका दे दिया?

जवाब–इतने लंबे अरसे के लिए स्टार के पास वक्त कहां होता है। बात तो शबान और स्मिता को लेने की थी, पर उन्हें इतना वक्त मिल पाना मुमकिन नहीं था। और सबसे बड़ी बात तो किरदार के जीने की है। इन नये लोगों ने अच्छा काम किया है। हम इन्हें अपनी नयी फिल्मों में भी लेंगे।

सवाल–फिल्म बनाने के हिसाब से 'बुनियाद' में कोई नया तजुर्बा हुआ?

जवाब–हां, यहीं कि घड़ी देखकर भी फिल्में बनायी जा सकती हैं। अब फिल्म बनायेंगे, तो ऐसे ही कोशिश करेंगे।

सवाल–सुनते हैं, रमेश सिप्पी 'बुनियाद' का एक एपिसोड बनाने मे बड़ा वक्ता लेते हैं। एक सीन 20-20 बार शूट करते हैं। ऐसे में तो बड़ा खर्च होता होगा।

जवाब–हां, भई होता तो है। वैसे वह अपने काम में बहुत ज्यादा सफाई पसंद है। जब तक काम उसकी तसल्ली का नहीं हो, उसे संतोष नहीं होता।

सवाल–आपको हो जाता था?

जवाब–अब तो मैं फिल्में बनाता नहीं। जब बनाता था, तब की बात और थी। अब तो एक फिल्म बनाने में करोड़ों रुपये लगते हैं, कई दफा फिर भी नहीं चलती।

सवाल–'शोले', 'शान', 'सागर' जैसी फिल्में बनाने का तजुर्बा 'बुनियाद' में कैसे और कहां तक काम आ रहा है?

जवाब–हमारे पास एक बड़ी टीम है, कलाकारों की, तकनीशियनों की और प्रोडक्शन की। क्या कहां से मिलेगा, कौन-सी दिक्कत कैसे हल होगी, यह सब तजुर्बे से आता है।

सवाल–फिर भी 'बुनियाद' के एक हिस्से की शूटिंग मे कितना वक्त लगा रहा है?

जवाब–यही कोई 6-7 शिफ्ट। आजकल तो दो शिफ्टों में काम चल रहा है।

सवाल–पैसा भी तो ज्यादा लगता होगा?

जवाब–कुछ बच ही नहीं रहा है। लेकिन अभी शुरु-शुरु की बात है। धीरे-धीरे सब ठीक हो जायेगा। वक्त भी कम लगने लगेगा और पैसा भी।

सवाल–सीरियल के धंधे में तो मुनाफा पहले तय किया जा सकता है। आप कह रहे हैं, कुछ बच नहीं रहा। गोदरेजवालों से कहिए, और पैसें दें?

सवाल–अब आप इस धंधे में आ ही गये हैं, तो कोई टेलीफिल्म वगैरह क्यों नहीं बनाते? टेलीविजन के लिए अच्छी फिल्में हैं ही नहीं।

जवाब–उसमें पड़ता नहीं खाता। दूरदर्शन कुल 5–7 लाख पकड़ा देता है। उतने में तो एकाध रील ही बनेगी।

83
विजय कपूर
दिल्ली के आयुक्त

किसी बड़े सरकारी अधिकारी से साक्षात्कार में उनके कार्यस्थल को उनकी ही नजर से देखे जाने का प्रयास करना चाहिए। यह साक्षात्कार भी इसी का एक अच्छा उदाहरण है। श्री विजय कपूर दिल्ली के सबसे युवा आयुक्त थे, और उन्हें दिल्ली की जिम्मेदारी सौंपा जाना एक बड़ी बात थी। साक्षात्कार मे दिल्ली की समस्याओं और विशेषताओं को हर पक्ष से उभारा गया है, ऐसा इसलिए साक्षात्कारकर्त्ता की विस्तृत तैयारी के कारण ही संभव हो पाया है। वैसे भी किसी बड़े सरकारी अधिकारी से साक्षात्कार के पूर्व उससे संबंधित दायित्वों तथा उनके कार्य स्थल की संपूर्ण जानकारी आवश्यक है। इसके बिना साक्षात्कार मात्र औपचारिकता रह जाती है।

विजय कपूर का नाम का एक नवयुवक आज से 14 वर्ष पूर्व दिल्ली के खालसा कालिज में गणित पढ़ाता था। गणित से लगाव जरूर था और पढ़ाने का शौक भी था, पर न जाने क्यों, उसे रह-रह कर लगता था कि तत्कालीन शैक्षणिक वातावरण के एक व्यक्ति कुछ नहीं कर सकता—न विषय के प्रति और न अपने छात्रों के प्रति। सवाल पैदा हुआ, तो फिर क्या किया जाए, दिमाग में कोई साफ तस्वीर नहीं थी। इसी ऊहापोह में आई.ए.एस. का इम्तहान दे डाला। पास हो गए। एक दिन पता लगा कि अफसर हो गए हैं। तब से ज़िंदगी इतनी तेजी से बदली कि वक्त का एहसास नहीं हुआ। आज विजय कपूर दिल्ली के डिप्टी कमिश्नर हैं।

अक्टूबर 1972 में यह ओहदा संभालने से पूर्व श्री कपूर दिल्ली के एक उपजिलाधीश और अतिरिक्त जिलाधीश भी रह चुके हैं। इस प्रकार

यह दिल्ली की समस्याओं की रगरग से वाकिफ हैं और इन्हें विश्वास है कि उन्हें सुलझाया जा सकता है।

35 वर्षीय विजय एक कविहृदय व्यक्ति हैं। लिखने से ज्यादा इन्हें पढ़ना पसंद है। अज्ञेय और गिरिजाकुमार माथुर की काव्य शैली इन्हें बहुत पसंद है। सरोद वादन के किसी भी कार्यक्रम में इन्हें झूमते देखा जा सकता है। एम.ए. के दिनों में इन्हें दिल्ली विश्वविद्यालय की वालीबाल टीम का और सेंट स्टीफॅन कालिज की बेडमिंटन टीम का नेतृत्व किया था। अपने घर के चारों ओर इन्हें प्याज, बैंगन, आलू, टमाटर और भिंडी बो रखी है। इन के विचार में 'घासीराम कोतवाल' हाल के वर्षों का एक सशक्त नाटक है। खाने में इन्हें विशुद्ध उत्तर भारतीय खाना पसंद है। शाकाहारी इतने कट्टर कि पत्नी मंजु ने 20 वर्षों से पालापोसा मांसाहार का शौक 20 महीनों में छोड़ दिया। शराब और सिगरेट पीने का वक्त ही नहीं मिलता। अब तो पहली और अंतिम चाह केवल यह कि इस शहर को अधिक अच्छी तरह जीने लायक कैसे बनाया जाए।

प्रश्न–आप के विचार में दिल्ली की सबसे बड़ी समस्या क्या है?

उत्तर–शहर का विकास। आजादी के समय दिल्ली की जनसंख्या छः लाख थी और आज 48 लाख। हर साल हजारों लोग नौकरी की तलाश में या तबादलों के कारण दिल्ली आ जाते हैं। इनके रहने के लिए मकान, इधर-उधर जाने के लिए यातायात और दैनिक आवश्यकताओं की पूर्ति के लिए सामान चाहिए। प्रशासन कितना ही कुशल या सक्षम हो, इस लगातार बढ़ती जनसंख्या को नहीं संभाला सकता। बाकी सब समस्याएं गौण हैं और इसी मूल प्रश्न के साथ जुड़ी हुई है। इस मूल प्रश्न को हल करने का एक यही तरीका है कि खास दिल्ली में लोगों के जमघट को रोका जाए और दिल्ली के चारों ओर छोटे शहरी इलाकों का विकास हो। दिल्ली विकास अधिकरण नई कालोनियों के रुप में इस कार्य को करने का प्रयास कर रहा है।

प्रश्न–क्या आप को नहीं लगता है कि दिल्ली में कई प्रशासनिक अधिकरण है और उनमें हमेशा टकराव की स्थिति बनी रहती है? इसके कारण निर्णयों को लेने और उन्हें लागू करने में कठिनाई आती है?

उत्तर—यह ठीक है। इस दिक्कत को कई बार केन्द्र के सामने उठाया गया है। पर यह बात पुलिस और कार्यपालिका (मेजिस्ट्रेसी) के संबंध में सही नहीं है। इन दोनों में टकराव की कोई गुंजाइश नहीं है। यह कहना भी गलत है कि इन दोनों में संघर्ष के कारण दिल्ली की न्याय और व्यवस्था की स्थिति खराब है। इसके दूसरे ही कारण हैं। 48 लाख लोगों की जानमाल की हिफाजत के लिए पुलिस के केवल 6,000 सिपाही हैं जब कि आवश्यकता 12,000 की है। 1968 में गठित खोसला आयोग ने इसके लिए जोरदार सिफारिश की थी, पर इस बारे में कोई कार्रवाई नहीं की गई। आयोग ने यह भी सलाह दी थी कि हर तीन वर्ष बाद दिल्ली पुलिस के कार्यों और आवश्यकताओं का जायजा लिया जाए। उस बारे में भी कुछ नहीं किया गया। यह सही है कि सिपाही तबके के प्रशिक्षण में पुनः विचार की जरूरत है, पर यह कहना गलत है कि कुछ हो नहीं रहा। महरौली स्थित प्रशिक्षिण संस्थान में नई आवश्यकताओं को ध्यान में रखते हुए प्रशिक्षण दिया जा रहा है।

श्री कपूर को पुलिस की तस्वीर सुधारने का कितना ख्याल है, यह इसी बात से स्पष्ट है कि श्रीमति मंजू कपूर ने अपने पर्सनल मैनेजमेंट के कोर्स के अंतर्गत जो प्रबंध लिखा है, उस का विषय है 'पुलिस प्रशिक्षण में सुधार की आवश्यकताएं और संभावनाएं।'

मंजूजी अभी बी.ए. में पढ़ रही थीं कि कपूर साहब से सगाई हो गई। 'चट मंगनी, पट ब्याह' वाला कुछ किस्सा था। आगे पढ़ना चाहतीं थी, पर कपूर साहब के तबादलों के कारण संभव न हो पाया।

श्रीमती मंजू को चित्रकला का बड़ा शौक है। श्री कपूर 1965-67 में मणिपूर में अतिरिक्ज जिलाधीश थे। वहां के प्राकृति सौंदर्य और कबीलों के रीति-रिवाजों का मंजूजी की कृतियों में स्पष्ट प्रभाव है।

श्रीमती कपूर दिल्ली की कई सामाजिक संस्थाओं से संबंद्ध हैं। नारी रक्षा समिति की अध्यक्षा के रूप में इन्होंने दिल्ली की जरूरतमंद स्त्रियों के लिए काफी काम किए हैं। कपूर साहब की व्यस्तता को यह अपनी दो बेटियों, मिनी और अंजलि में भुलाने की कोशिश करती हैं। मिनी को अपने पिता की तरह गणित में गहरी दिलचस्पी है। वह और अंजलि बड़ी हो कर क्या करेंगी, यह मातापिता ने अभी से इन पर छोड़ दिया है।

श्री विजय कपूर पर आदिवासी जनजीवन ने अमिट छाप छोड़ी है। उन्होंने मणिपुर प्रवास के दौरान अनुभव किया कि इन तथाकथित पिछड़ी जातियों की सामाजिक व्यवस्था आधुनिक समाज की अपेक्षा कहीं ज्यादा प्रजातंत्रातिक और तर्कसंगत है। पूरा का पूरा समुदाय एक साक्षी जिंदगी जीता है। आपसी झगड़ों को मिल बैठ कर सुलझा लिया जाता है। कबीले का सरदार सर्वसम्मति से चुना जाता है और वह तभी तक सरदार रह सकता है, जब तक उसके कबीले के सदस्य उसे चाहें।

''उस वक्त जो मणिपुरी मेरे अधीन काम करते थे, उनमें से आज कई मंत्री और विधायक हैं लेकिन मेरे प्रति उनकी आस्था और सम्मान में कोई अंतर नहीं आया है।''

''इसके विपरीत'' कपूर साहब ने कहा, ''हमारा तथाकथित उन्नत समाज किताबी ढंग से प्रतिबंधित समाज है। उसमें छोटे और बड़े का बहुत ध्यान रखा जाता है, सामुदायिक जीवन का कोई नानोनिशान नहीं, पर बड़े शहरों के लंबे चौड़े विस्तार और आर्थिक संकटों को देखते हुए हमें आधुनिक जीवन की यह कीमत तो देनी ही होगी। यह एक विडंबना है कि विकास के लिए हमें देश की सुदूरवर्ती प्रदेशों में विद्यमान परंपरागत प्रजातांत्रिक ढांचों को तोड़ कर किताबी प्रजातंत्र थोपना पड़ रहा है।''

श्री कपूर के प्रशासन काल की सब से बड़ी उपलब्धि दो वर्षों में अपराध दर में 15 प्रतिशत की कमी होना है। 1972 के अंत में दिल्ली में अपराधों की दर में अचानक बहुत वृद्धि हो गई थी। कपूर साहब ने अपना पद तभी संभाला था। उन्होंने दिल्ली के 4000 कुख्यात व्यक्तियों को जाली मुचलके देने को बाध्य किया और 200 व्यक्तियों को दिल्ली छोड़ देने का आदेश दिया। नतीजा एक वर्ष में ही नजर आने लगा।

दिल्ली मे गत वर्ष दो बार साम्प्रदायिक दंगों की नौबत आई, पर सामायिक हस्तक्षेप से स्थिति पर नियंत्रण पा लिया गया। यह पूछे जाने पर कि क्या ये घटनाएं यह संकेत करती हैं कि दिल्ली में वर्षों से चली आ रही साम्प्रदायिक सद्भावना को कुछ विशेष खतरे पैदा हो गए हैं। श्री कपूर ने कहा, ''देश में कहीं कुछ होता है, तो उसका सीधा असर दिल्ली पर भी पड़ता है। सत्ता का केन्द्र होने से जनता अपना रोष यही प्रकट करना चाहती है। पर ये घटनाएं यह सिद्ध नहीं करती कि दिल्ली के सामाजिक जीवन में कोई परिवर्तन आया है। यह मात्र संयोग है कि कई

वर्षों की शांति के एक वर्ष में दो ऐसी घटनाएं हो गई। फिर भी चौकस रहने की जरूरत है और उसके लिए प्रशासन ने नियमित गश्त जैसे एहतियाती कदम उठाए हुए हैं।''

विजय जी दिल्ली विश्वविद्यालय में पढ़े हैं और उन्होंने यहां पढ़ाया भी है। अत: उनका इससे रागात्मक संबंध है। जब भी यहां कोई छात्र उपद्रव होता है या प्राध्यापकों का आंदोलन होता है तो इन्हें बड़ा दुख होता है। इनके विचार में, ''यहां सबसे बड़ी समस्या छात्रों की संख्या की है, एक विश्वविद्यालय एक लाख से ज्यादा विद्यार्थियों को नहीं संभाल सकता। दिल्ली में कम से कम पांच विश्वविद्यालय होने चाहिए। अलग-अलग क्षेत्रों में पृथक-पृथक विश्वविद्यालय होने से यातायात की समस्या भी हल हो जाएगी। मैं उपकुलपति से नियमित सम्पर्क रखता हूं। प्राध्यापक वर्ग में मेरे कई अच्छे दोस्त हैं। छात्रों का कोई भी प्रतिनिधिमंडल मेरे पास कभी भी आ सकता है। यह हमारी समझदारी को एक चुनौती है कि पढ़े-लिखे लोगों से संबंधित कई समस्याएं स्थायी रूप से है।''

प्रश्न–दिल्ली की यातायात की जटिल समस्या के बारे में आप क्या कहना है?

उत्तर–अक्सर और अधिक बसों की मांग सुनाई देती है पर बसें कितनी ही बढ़ा लीजिए, समस्या हल नहीं होगी। जरूरत इस बात को है कि उपलब्ध बसों के मार्गों में उचित परिवर्तन किया जाए। 10-15 मील लंबे मार्गों पर खाली बसें चलाने की बजाए थोड़ी-थोड़ी दूरी के बीच बसें चलाई जाएं। इससे बसें जल्दी मिलेंगी और उनके रुट भी व्यर्थ नहीं जाएंगे।

दिल्ली की एक बड़ी समस्या ठेलागाड़ी और बैलगाड़ी जैसी धीमी सवारियों की है। इनके कारण यातायात अक्सर अवरुद्ध रहता है। प्रशासन इस बारे में विचार कर रहा है कि अधिक व्यस्त मार्गों पर इनका चलना रोका जा सके।

पर ये कुछ ऐसी अनिवार्य दिक्कते हैं जिनके साथ हमें जीना सीखना पड़ेगा। प्रशासन ने एक यातायात सलाहकार समिति गठित की हुई जो समय-समय पर दिल्ली की यातायात समस्याओं के बारे में परामर्श देती है।

श्री कपूर दिल्ली के डिप्टी कमिश्नर के पद पर आसीन होने से पूर्व गृह मंत्रालय के राजनीतिक मामलों संबंधी विभाग में उपसचिव थे। इस पर चार वर्षों तक काम करने के दौरान भारतीय संविधान, भारतीय राजनीतिक व्यवस्था, दलीय पद्धति और सामाजिक ढांचों का गहन अध्ययन करने के बाद इस निष्कर्ष पर पहुंचे हैं।

84

खशोगी के भोज की खुशबू अब भी हवा में है

बुलाया तो चले गये चंद्रशेखर

किस को बुलाया है और निमंत्रण पत्र में किस भाषा का इस्तेमाल किया है। मैं डॉ. जैन को 10–15 सालों से जानता हूं। मेरे उनसे बड़े अच्छे संबंध हैं। उन्होंने मुझे "खाने पर बुलाया, मैं चला गया।"

प्रधानमंत्री थोड़ी देर रुके फिर बोले, "अब अगर वह खशोगी थे भी तो क्या? मैं उनसे मिल लिया तो क्या गुनाह किया? किसी से भी मिलने में क्या एतराज हो सकता है?"

प्रश्न–खशोगी की छवि अच्छी नहीं थी। डॉ. जैन ने निमंत्रण पत्र में आपका नाम इस्तेमाल करके अन्य लोगों को शामिल करने की दावत दी। क्या यह सब आपको अच्छा लगा।

प्रधानमंत्री–तो क्या पहाड़ टूट पड़ा। लोग तो पता नहीं किस-किस के बारे में क्या-क्या बातें करते हैं। क्या मैं उनसे मिलना छोड़ दूं। हो सकता है जो यह आलोचना कर रहे हों उनकी छवि बहुत दूध की धुली हो। उनकी निगाह में तो मेरी छवि भी बड़ी पाक साफ नहीं है।

प्रश्न–अगर आप ऐसे लोगों से मिलेंगे तो आपके साथी मंत्रियों और अफसरों को इशारा मिलेगा? क्या ये लोग आपसे निकटता का अनुचित लाभ नहीं उठाते होंगे।

प्रधानमंत्री–मेरे साथी मंत्री और मातहत अफसर इतनी कच्ची गोलियां नहीं खेले हैं। अब मुझसे तो हर रोज सुबह सैकड़ों लोग मिलने आते हैं। अक्सर इन सबकी बात मानने लगे तो चल चुकी सरकार। पिछले तीन महीनों में अफसरों के साथ काम करने का मेरा अनुभव तो यह है

कि वे बिना किसी लिहाज के मुझे अपनी बेलाग राय देते हैं। अब यह मुझ पर है कि मैं उसे मानूं या नहीं।

प्रधानमंत्री को इस भोज में कुछ गलत दिखाई न दिया हो पर भाजपा ने डॉ. जैन के इस जनसंपर्क को बड़ी गंभीरता से लिया। इससे पहले भी डॉ. जैन ने भाजपा का सदस्य होते हुए कांग्रेस, तेलुगू देशम और देवीलाल के लिये वीड़ियों के माध्यम से चुनाव प्रचार का ठेका लिया था। चंद्रास्वामी के लिये तो पूरा वीडियो फिल्म खींचने का काम डॉ. जैन के स्टूडियों से ही होता है।

अब भाजपा यह कैसे बर्दाश्त करती कि जो चंद्रास्वामी उनके हिंदू वोट बैंक में सेंध लगा रहे हैं उनके साथ उनकी राष्ट्रीय कार्यकारिणी का सदस्य मेल मिलाप रखे। जहां तक चंद्रशेखर का ताल्लुक है उन्हें तो राजनीतिक दृष्टि से इस भोज में शामिल होना अनुकूल बैठता था।

चंद्रशेखर इससे पूर्व बिहार के कोयला खदान माफिया किंग सूरजदेव सिंह के यहां जाकर खाना खा चके हैं और गाहे बगाहे चुनाव प्रचार आदि के लिये पैसा देने की बात स्वीकार कर चुके हैं।

यही नहीं अमिताभ बच्चन की ताजा फिल्म ''हम'' के प्रीमियर शो में उन्होंने बिड़ला परिवार के एक व्यापार प्रोत्साहन अधिकारी को अपना अभिन्न मित्र बताया था।

प्रधानमंत्री के घर और दफ्तर के स्वागत कक्षों में व्यापारिक घरानों के नुमाइंदों की भीड़ अक्सर देखी जा सकती है।

इन लोगों की तुलना में खशोगी का नाम और कद तो कहीं ऊंचा है।

चंद्रशेखर यूं भी जमीन की राजनीति से जुड़े हुए हैं। इस राजनीति में उनका भदैस व्यक्तित्व बिल्कुल फिट बैठता है

चंद्रशेखर की सबसे बड़ी पूंजी उनका दरबार है जो उन्होंने बरसों की मेहनत से संजोया है।

इस दरबार में निष्ठा की बड़ी कीमत है।

जो मेरे पक्ष में है वह मेरा मित्र है और जो निष्पक्ष भी है वह मेरा शत्रु, के सिद्धांत पर अमल करते हुए चंद्रशेखर को कभी भी किसी से भी मिलने में उज्र नहीं होती। वे जब उग्रवादियों को आने और संविधाान

संशोधन तक की बात करने का न्यौता दे सकते हैं, तो खशोगी और चंद्रास्वामी जो उनकी मदद करना चाहता है, उनसे मिलने में उन्हें क्या एतराज हो सकता है।

चंद्रशेखर के पास अब दिखाने के लिये कुछ नहीं बचा है। दशकों की राजनीतिक यात्राओं के बाद वे भारतीय राजनीति के सर्वोच्च शिखर पर पहुंच गये हैं जहां से उन्हें देर सबेर नीचे ही आना है। ऐसे में किसी से भी दुश्मनी क्यों मोल लें।

85

उत्तर प्रदेश के चप्पे-चप्पे तक पहुंचा दिया है भाजपा को राजनाथ ने

भारतीय जनता पार्टी के राष्ट्रीय अध्यक्ष कुशाभाऊ ठाकरे को उत्तर प्रदेश की औपचारिक यात्रा पर जा रहे हैं। प्रदेश इकाई ने संकल्प लिया है कि वह उस अवसर पर उन्हें एक अनूठा उपहार भेंट करेगी। यह उपहार होगा पार्टी का एक अभूतपूर्व ढांचा जो भारतीय जनसंघ से लेकर मौजूदा अवतार तक कभी संभव नहीं हो पाया। अगर प्रदेश अध्यक्ष राजनाथ सिंह का स्वप्न पूरा हुआ तो उस समय तक पार्टी राज्य के सभी 650 मंडलों में अपनी संगठनात्मक इकाई स्थापित कर चुकी होगी।

राजनाथ सिंह के शब्दों में अगर कभी उनकी गाड़ी उत्तर प्रदेश के किसी भी जिले में कार से यात्रा करते हुए सड़क पर खराब हो जाए तो वे कम्प्यूटर की सहायता से यह पता लगा सकें कि सबसे नजदीक के गांव में भाजपाई इकाई का अध्यक्ष कौन है। डेढ़ बरस पूर्व प्रदेश अध्यक्ष बने राजनाथ सिंह ने वह कर दिखाया जो आज तक किसी प्रदेश में कोई पार्टी मुखिया नहीं कर पाया। उन्होंने भाजपा को इस अखिल भारतीय छवि को तोड़ने का प्रयास किया है कि यह पार्टी केवल शहरी दुकानदारों की पार्टी है। कुबेर टाइम्स से 38 अशोक रोड़ स्थित अपने निवास स्थान पर लंबी बातचीत में राजनाथ सिंह ने अपने, पार्टी तथा राज्य सरकार के बारे में फैली अनेक भ्रांतियों को दूर किया और अपनी प्राथमिकताओं का विस्तृत ब्यौरा दिया। उन्होंने कहा कि वे मुख्यमंत्री पद की दौड़ में नहीं है। उनके वर्तमान मुख्यमंत्री कल्याण सिंह से बेहद अच्छे संबंध हैं और वे चाहते हैं कि सिंह साब जब तक हाईकमान और विधायक चाहते हैं कि तब तक मुख्यमंत्री बने रहें। उन्होंने कहा कि इस संबंध में मेरे बारे में

काफी अनर्गल प्रचार किया गया कि मुझे एक अति महत्त्वाकांक्षी व्यक्ति के रूप में चित्रित करने की कोशिश की गई है। राजनीति में महत्वाकांक्षी होना कोई बुरी बात नहीं है लेकिन मैं किसी अंधी लालसा का शिकार होकर पार्टी को नुकसान नहीं पहुंचाना चाहता। पार्टी अध्यक्ष के रूप में मुझे वे सब अधिकार और सम्मान प्राप्त है जो मेरे पद में अर्निहित हो सकते हैं। यही नहीं मुझे 425 विधायकों के सदन में केवल भाजपा ही नहीं तमाम सहयोगी दलों का विश्वास प्राप्त है और हम जब तक चाहेंगे तब तक यह सरकार बनी रहेगी। हाल के राज्यसभा चुनावों में क्रास वोटिंग की चर्चा करते हुए उन्होंने स्वीकार किया कि इन चुनावों में पैसे और बाहुबल के आधार पर वोट प्राप्त किए गए। इस दोष से उनकी पार्टी भी नहीं बच सकी। वे पूरे मामलों की जांच करवा रहें हैं और दोषी विधायकों को अपने हिसाब से दंड देंगे। उन्होंने कहा कि गैर राजनीतिक व्यक्तियों को राज्यसभा में पैसे के बल पर पहुंचाने का सिलसिला बंद होना चाहिए। लेकिन पत्रकारों को टिकट देकर राज्यसभा का सदस्य बनवाने की उन्होंने पुरजोर वकालत की। उनका तर्क था कि यदि सोचने-समझने और पढ़ने-लिखने वाले प्रबुद्ध वर्ग संसद के ऊपरी सदन में पहुंचेंगे तो इससे सभी को लाभ होगा। उन्होंने इस तर्क को स्वीकार नहीं किया कि इससे पत्रकारों में राजनैतिक प्रबिद्धता बढ़ेगी। उनकी मान्यता है कि ऐसा कम से कम हिंदी पत्रकारों में पूर्णरूप से हो ही चुका है। उन्होंने इस खबर के लेखक को चुनौती दी कि आप किसी एक जाने-माने हिंदी पत्रकार का नाम लीजिए जो प्रतिबद्धता न सही लेकिन राजनैतिक पसंद-नापसंद से मुक्त हो। स्वाभाविक है कि इस चुनौती में राजनाथ सिंह विजयी रहे।

भाजपा प्रदेश अध्यक्ष ने स्वीकार किया कि मायावती अभी भी उत्तर प्रदेश में एक राजनैतिक ताकत है लेकिन वे और मुलायम सिंह मिलकर भी भाजपा के मौजूदा जनाधिकार और विधायकों की संख्या को कम नहीं कर सकते। न अब और न अगले चुनावों में। उन्हें निकट भविष्य के विधानसभा में मध्यावधि चुनावों की कोई आशंका दिखाई नहीं देती। उन्हें अपने सहयोगी दलों के विश्वास और समर्थन पर पूरा भरोसा है क्योंकि वे संबंधों में बेईमानी नहीं बरतते। हाल ही में राज्यसभा के चुनावों में उन्होंने अन्य सहयोगी दलों के उम्मीदवारों को जितवाने में पूरी मदद की और अपनी पार्टी के भीतर विरोध को पूरी तरह नकार दिया। उनका कहना

था कि हमारे पास तो इन चुनावों में लड़ी गई सात सीटों में से एक भी नहीं थी। यदि उनके समर्थन से हमें तीन सीटें मिल गई तो क्या हमें बाकी सीटें उन्हें जितवाने में मदद नहीं करनी चाहिए थी? उनका दृढ़ विश्वास है कि जब तक सहयोगी दलों के साथ भरोसे की राजनीति की जाती रहेगी तब तक मिली–जुली सरकारें चलती रहेंगी। अयोध्या में राममंदिर को लेकर उठे ताजा विवाद के बारे में भाजपा अध्यक्ष का मत है कि अब यह कोई मुद्दा नहीं है। कोई भी हिन्दू नेता या नागरिक मंदिर का विरोध नहीं कर सकता। हम कानून का पालन करेंगे, लेकिन मंदिर की तैयारी में कुछ भी गैरकानूनी नहीं है। यह तैयारी आज से नहीं पिछले सात साल से चल रही है। अब इसके बारे में पिछले गृहमंत्री इंद्रजीत गुप्त बयान दे चुके हैं। यह मुद्दा आज अन्य मुद्दों के अभाव में उठाया जा रहा है। यह राजनैतिक शून्यता का प्रतीक है। अपनी राजनैतिक विशेषता के बारे में पूछे जाने पर उन्होंने रेखांकित किया कि वे कुछ जाति विशेषों के साथ लेकर चुनाव जीतने और सरकार चलाने की बजाय सभी जातियों के समुचित प्रतिनिधित्व देकर साथ चलने में विश्वास रखते हैं।

86

नजमा को भाजपाई समर्थन में कोई सौदे बाजी नहीं

नजमा हेपतुल्ला कल चौथी बार राज्यसभा की उपसभापति बन जाएंगी। उनके मुकाबले किसी पार्टी ने कोई उम्मीदवार खड़ा नहीं किया। यह भारतीय संसद के इतिहास में एक रिकार्ड है।

इल-उल-मिलाद के मौके पर दोहरे मुबारकबाद कबूल करते हुए उन्होंने एक अनौपचारिक मुलाकात में कहा, 'उन्हें इस बार समर्थन जुटाने में तनिक भी दिक्कत नहीं हुई! पहले नवगठित शब्द लोकतांत्रिक मोर्चे ने समर्थ दिया, फिर वामपंथी दलों ने, इसी से उनकी जीत सुनिश्चित हो गयी थी। उल्लेखनीय है कि उनके नाम का अनुमोदन भारतीय जनता पार्टी के नेता सिंकदर बख्त ने किया। कुछ महीने पहले लोकसभा अध्यक्ष के चुनाव में जो कड़वाहट दिखाई दी थी उसके मुकाबले नजमा की जीत संसदीय सहमति का स्वर कहा जाएगा।

उन्होंने इन अफवाहों का खंडन किया कि उनकी जीत के बदले कांग्रेस का भाजपा को लोकसभा का उपाध्यक्ष बनवाने का वायदा किया है। उनका कहना था कि दोनों सदन स्वतंत्र हैं और इस प्रकार के लेन-देन नहीं चलता।

हालांकि नए उपराष्ट्रपति और राज्यसभा के सभापति कृष्णकांत ने संसद के ऊपरी सदन की कार्यवाही चलाने के लिए प्रश्नकाल के बाद शून्यकाल में भी बैठने की नयी परंपरा डाली है लेकिन हेपतुल्ला के राजनीतिक विरोधी भी मानते हैं कि उनका सदन संचालन बेजोड़ है। वे न केवल नियमों की ज्ञाता हैं बल्कि अपने बहुआयामी व्यक्तित्व की बदौलत उन्हें सभी पक्षों को नियंत्रण करने में कोई कठिनाई नहीं होती।

राज्यसभा चुनावों में उनकी जीत केवल तीसरे चरण के मतगणना में ही सुनिश्चित हो पाई थी। इससे यह भ्रामक प्रचार समाप्त हो गया कि वे किसी खास खेमे से जुड़ी हुई हैं। वास्तव में उपसभापति के चुनाव में उन्हें हर बार किसी नए समीकरण के अतिरिक्त समर्थन से जीत हासिल हुई। रेणुका चौधरी के विरुद्ध मुकाबले में उन्हें तत्कालीन प्रधानमंत्री चंद्रशेखर का निर्णायक समर्थन मिला था।

हेपतुल्ला उन महिला राजनीतिज्ञों में से हैं जो विज्ञान की उच्च शिक्षा (पी.एच.डी.) हासिल करने के बाद समाजसेवा के लिए राजनीति में आई। उन्हें नेहरू गांधी परिवार की सभी पीढ़ियों का विश्वास मिलता रहा है। अपने राजनैतिक जीवन के प्रारंभिक काल में उन्हें इंदिरा गांधी ने काफी प्रोत्साहित किया था और उन्हें दिल्ली बुलाकर महत्वपूर्ण दायित्व सौंपे थे। राजीव गांधी ने उन्हें पार्टी का महासचिव और प्रवक्ता बनाया था। सोनिया गांधी ने हाल ही में संपन्न राज्य सभा चुनावों में कांग्रेस उम्मीदवार आर.डी. प्रधान की हार की जांच के लिए जो तीन सदस्यीय टीम भेजी थी उसमें नजमा को भी शामिल किया था। इस बारे में उन्होंने एक सवाल के जवाब में कहा कि इन चुनावों में हर पार्टी में क्रॉस वोटिंग हुई और पैसा भी खुलकर इस्तेमाल हुआ है। इस लिहाज से अब यह आरोप नहीं लगाया जा सकता कि केवल कांग्रेस में ही ऐसा होता है।

उपराष्ट्रपति चुनावों में यह लगभग निश्चित था कि वे देश की पहली महिला उपराष्ट्रपति होंगी। आजादी के पचासवें वर्ष में यह बड़ी उपलब्धि होती। विडंबना है कि उन्हें सभी अन्य पाटियों के समर्थन के बावजूद स्वयं उनकी पार्टी के तत्कालीन नेताओं ने दगा दे दिया।

संसदीय कार्यों के अलावा नजमा अनेक सरकारों के लिए स्टेटसमैन की भूमिका निभाती रही है। उनके लगभग सभी अरब राष्ट्राध्यक्षों से मधुर संबंध हैं। वे दूसरे देशों से संबंध बेहतर बनाने के लिए 'डायलाग' नामक पत्रिका भी निकालती हैं। उन्होंने विधायिका में महिलाओं की भागीदारी बढ़ाने के लिए अनेक अंतर्राष्ट्रीय सम्मेलन आयोजित करवाए हैं।

अपने चौथे उपसभापति काल के बारे में उन्होंने कहा कि जब सब पार्टियों ने मिलकर चुना है तब उसे चलाने मे उनका सहयोग मिलेगा ऐसी उन्हें आशा ही नहीं विश्वास है।

87
हिंदी को रोटी से जोड़िए फिर देखिए

हिंदी दिवस है। आजादी के पचास साल बाद भी इसे मनाने की जरूरत इसलिए पड़ रही है, क्योंकि अभी तक हिंदी न राष्ट्रभाषा बन पाई न ही राज भाषा। सरकार इस बात को लेकर शर्मिंदा है। इसलिए हर वर्ष अपने सभी मंत्रालयों और विभागों को यह निर्देश देती है कि वे हिंदी पखवाड़ा मनाए। इस दौरान और को नहीं स्वयं को इस बात की तसल्ली दे कि हम हिंदी के प्रति जागरुक हैं। इस पखवाड़े में भाषण होते हैं, प्रतियोगिताएं आयोजित की जाती हैं, नारे गढ़े जाते हैं और फिर एक साल के लिए हिंदी को दीवारों पर टांग दिया जाता है। मेरा विश्वास है कि अगर हम हिंदी को इस प्रकार बढ़ाते रहे तो पचास हजार साल तक हिंदी की यही स्थिति रहेगी।

हिंदी आज तक अपना वांछित स्थान इसलिए अर्जित कर पाई हैं क्योंकि इसे अभी तक रोटी के साथ नहीं जोड़ा जा सका है। किसी जमाने में हिंदी की डिग्रियों के नाम रतन, प्रभाकर, विशारद और वाचस्पति हुआ करते थे। आज कल इन्हें अन्य विषयों की भांति बी.ए. हिंदी आनर्स, एम. हिंदी और हिंदी पीएचडी कहा जाता है। लेकिन इन डिग्रियों की मार्केट में कोई वक्त नहीं है। दो-चार प्रतिशत लोग जरूर स्कूल या कालेजों में मास्टर बन जाते हैं इसके अलावा कुछ हिंदी पत्रकारिता में पिछले दरवाजे से प्रवेश कर जाते हैं बाकि लोग हिंदी टाइपिंग सीखकर क्लर्क बन जाते हैं। हिंदी में एक भी ऐसा उपन्यास नहीं लिखा गया जिसकी चर्चा पूर साल रही हो, कहानी और कविता की तो बात ही जाने दीजिए।

अगर हिंदी इस देश में जीवित है तो यह केवल हिंदी फिल्मों की बदौलत जो कि कश्मीर से लेकर कन्याकुमारी तक समान रूप से

लोकप्रिय है। यही नहीं उन्हें दुनिया के ऐसे देश में पसंद करते हैं जो हिंदी समझने तक नहीं। लेकिन इससे हिंदी थोड़ी बहुत लोकप्रिय तो अवश्य हुई है पर उसका फायदा किसी को नहीं हुआ। ऐसा नहीं है कि हिंदी के विद्वानों को सिनेमा में प्राथमिकता दी जाती हो या अच्छी हिंदी बोलने वाले अच्छे अभिनेता या अच्छे निर्देशक साबित हुए हो। सच पूछा जाए तो हिंदी फिल्म जगत में हिंदी केवल संवादों और गीत के शब्दों तक ही सीमित है वरना तमाम लोग अंग्रेजी ही बरतते हैं। मेरा व्यक्तिगत अनुभव है कि फिल्मों में संवाद बोलने के अलावा तमाम अभिनेता और अभिनेत्रियां हिंदी बोलने में हिकारत महसूस करती हैं कारण हिंदी उन्हें रोजी रोटी नहीं देती। रोटी उन्हें उनके ठुमके देते हैं। हिंदी उन फिल्मों में भी केवल अपनी बात कहने का जरिया मात्र है। हिंदी फिल्म दर्शकों का सबसे बड़ा वर्ग समाज के उस तबके से ताल्लुक रखता है जिसकी आमदनी सबसे कम है।

लगभग यही स्थिति हिंदी के अधिकांश अखबारों की है। उन्हें बड़ी कंपनियां विज्ञापन नहीं देती। इधर उत्तर प्रदेश के दो बड़े अखबारों **जागरण** और **अमर उजाला** ने क्षेत्रीय संस्करण निकाल कर स्थानीय विज्ञापनों का अवश्य एकत्र करना शुरू किया है जिससे उनकी आमदनी अलबत्ता बढ़ी है। लेकिन आज भी हिंदी भाषी नेता भी उनमें बड़ी खबर छपवाने के बजाए अंग्रेजी अखबारों में अपना नाम छपा देखकर गौरवान्वित महसूस करते हैं। अफसरों की हालत तो वही है जैसी की अंग्रेज छोड़ गए थे।

हिंदी का ज्ञान न प्रतिष्ठा दिलवा पाता है और न ही अच्छी तनख्वाह। शर्म की बात कि आज भी आकाशवाणी और दूरदर्शन के हिंदी बुलेटिन अंग्रेजी के अनुवाद होते हैं। इन दोनों संस्थानों में तमाम संवाददाता अंग्रेजी में ही खबरें लिखते हैं। देश की दो बड़ी समाचार एजेंसियां पीटीआई और यूएनआई की भाषा और वार्ता नामक हिंदी शाखाएं हैं लेकिन वहां भी नब्बे प्रतिशत समाचार अनुदित होते हैं। राष्ट्रपति और प्रधानमंत्री के कार्यालय तक अंग्रेजी अखबारों को ही अहमियत देते हैं। यह स्थिति हिंदी प्रेमी और कवि हृदय प्रधानमंत्री अटल बिहारी बाजपेयी के कार्यकाल में भी नहीं बदली है।

एक जमाना था जबकि अमेरिका, सोवियत संघ और चीन जैसे बड़े देश भारत की जनता को अपना बात समझाने के लिए हिंदी का भी सहारा

लेते थे। अब रुस और चीन ने तो हिंदी की तरफ देखना तो बंद कर दिया है और अमेरिका ने अपने हिंदी विभाग को ही समाप्त कर दिया है। जर्मन दूतावास द्वारा प्रकाशित किया जानेवाला जर्मन समाचार इतनी गलतियों से भरा होता है कि हिंदी वालों को उसे पढ़कर शर्म आती है। संयुक्त राष्ट्र संघ के दिल्ली स्थित कार्यालय हिंदी अखबारों के अस्तित्व से ही अनभिज्ञ है।

यह स्थिति तब तक बनी रहेगी जब तक कि हिंदी का ज्ञान समाज में सम्मान दिलवाने की स्थिति में नहीं आ जाता। इसके लिए जरूरी है कि हिंदी केवल बोलचाल की नहीं संप्रेषण की भाषा बने। हिंदी में सभी विषयों पर मूल पुस्तकें हों। हर विदेशी विश्वविद्यालय में हिंदी पढ़ाने की व्यवस्था हो। वह तभी हो पाएगा जब हम हर विदेशी भाषा को यहां पढ़ाने का इंतजाम करेंगे। हिंदी की रामचरित मानस के युग से बाहर निकलना होगा। हिंदी के अखबारों को अपने मूल लेखकों को सम्मान करना सीखना होगा। हिंदी में समाचार संकलन की मौलिक परंपरा शुरू होगी। हिंदी प्रकाशक अपने मुनाफे को कम करके आम पाठक तक अपनी पुस्तकें पहुंचाएंगे और उसके दुनिया भर की भाषाओं में अनुवाद मुहैया करवाएंगे। सरकारी दफ्तरों में हिंदी का प्रयोग सजावट की बजाए काम-काज के लिए होने लगेगा। यह काम केवल सरकार के बस का नहीं है इसके लिए हिंदी भाषी राज्यों को पहल करनी होगी। उन्हें अपने अफसरों के सोचने का नजरिया बदलना होगा। आज यदि दक्षिण भारत के राज्यों में उनकी भाषा में काम होने लगा है तो हिंदी भाषी राज्यों में हिंदी में क्यों नहीं। हमारे हवाई जहाजों में हिंदी बोलना शर्म की बात नहीं मानी जाएगी। पांच सितारा होटलों में वेटर हिंदी में चाय पिलाने लगेगा।

88
योग्य पत्रकारों को अयोग्य संस्थाओं से पुरस्कार नहीं लेने चाहिए

एक फोन आया कि कोई डॉक्टर मिश्रा बात करना चाहते हैं। मैं किसी मिश्रा को नहीं जानता था इसलिए थोड़ी झिझक से बात शुरू हुई। मैंने कहा कहिए क्या सेवा कर सकता हूं, बोले– मैं अखिल भारतीय भ्रष्टाचार निरोधक सैल का अध्यक्ष हूं और हमने दिल्ली के कुछ अच्छे पत्रकारों को पुरस्कृत करने का निर्णय किया है और हमने उसमें आपका नाम भी शामिल किया है। एक क्षण को मुझे बड़ी खुशी हुई लेकिन तभी मुझे ख्याल आया कि मैंने तो पुरस्कृत होने लायक कोई काम किया नहीं है। लिहाजा, मैं डॉ. मिश्रा से पूछ बैठा कि आपने यह निर्णय किस आधार पर लिया है। वो बोले–अरे भई, आप पी.टी.आई. में काम करते हैं न? बस हमने कुछ बड़े-बड़े अखबारों और एजेंसियों के पत्रकारों को चुना है। मैंने पी.टी.आई. की बात को गोल करते हुए कहा, डॉ. साहब कोई तो आधार रहा होगा। इन नामों को चुनने का। अच्छा छोड़िए आप ये बताइए कि आपकी निगाह में अच्छा पत्रकार कौन है और पत्रकारों को पुरस्कृत क्यों किया जाना चाहिए? अब तक डॉ. मिश्रा मुझसे खीज चुके थे, बोले आप भी अजीब बात करते हैं। आप लोग दिनभर धूप में मारे-मारे फिरते हैं तो क्या हम आपको पुरस्कार भी नहीं दे सकते। मैंने कहा, दिनभर मारे-मारे फिरना तो हमारा काम है। उसके लिए हमें तनख्वाह मिलती है। अब ये पुरस्कार किसलिए? बोले, ताकि आप और मेहनत करें और ज्यादा मारे-मारे फिरें। आप तक उनके उच्चारण से यह समझ में आ गया था कि डॉ. मिश्रा हिंदी भाषी नहीं इसलिए उनका हाथ हिंदी में तंग है और वे मारे-मारे फिरने के बदले कोई बेहतर वाक्य ढूंढ नहीं पा रहे थे।

बोले–ये सब छोड़िए, अब तो हमने आपका नाम छांट लिया है। आप नोट कर लीजिए आपको साढ़े छह बजे चितरंजन पार्क में फलां-फलां हाल में पहुंचना है और हां आप चाहें तो आप पी.टी.आई के कुछ लोगों को अपने साथ ला सकते हैं। हम उन्हें भी पुरस्कृत कर देंगे।

मुझे कहना पड़ा, आपने शायद सुना नहीं मैं पी.टी.आई. में नहीं **कुबेर टाइम्स** में काम करता हूं। अरे साहब उससे क्या फर्क पड़ता है आप **कुबेर टाइम्स** के ही दो-चार अच्छे पत्रकारों के नाम बता दीजिए जो पुरस्कार के लायक हों। ऐसा करिए उन्हें चितरंजन पार्क ही ले आइये। वहीं छांट लीजिए और देखिए, आप जरूर जाइएगा। मैंने पुलिस कमिश्नर वी.एन. सिंह को भी बुलाया है। इससे पहले कि मैं ना-नुकर कर पाता, डॉ. मिश्रा ने फोन रख दिया।

मैं डॉ. मिश्रा पर कोई टिप्पणी नहीं करना चाहता लेकिन इस प्रकार के पुरस्कारों की खबरें आए दिन छपती रहती हैं। एक मोटे अनुमान के अनुसार दिल्ली का हर छोटा बड़ा रिपोर्टर पुरस्कृत हो चुका होगा। कोई मातृश्री पुरस्कार से, कोई शिरोमणि से तो कोई मीडिया इंडिया से। हर पुरस्कार देश के कोई बड़ा नेता वितरित करता है और अगले दिन सब अखबारों में उसकी लंबी-चौडी खबर छपती है। अब अखबारों में थोड़ी ज्यादा बड़ी जिनके संवाददाताओं को पुरस्कृत किया गया हो, जहां रिपोर्टर संपादक पर भारी पड़ते थे वहां तस्वीर भी छपती है। आकाशवाणी और दूरदर्शन के स्थानीय समाचार बुलेटिनों में भी इन समारोहों को स्थान दिया जाता है क्योंकि उनसे जुड़े हुए लोग भी पुरस्कार की सूची में शामिल होते हैं।

अक्सर इन पुरस्कारों का आयोजन करने वाले किसी संस्था से जुड़े होते हैं यह संस्था आए दिन कोई न कोई समारोह करती रहती है और उस समारोह की खबर छपना जरूरी होती है। वैसी स्थिति में वे संवाददाता बड़े काम आते हैं जिनको पुरस्कार मिल चुका होता है। यह सिलसिला अनवरत चलता रहता है।

सवाल पैदा होता है कि इन पुरस्कारों की अहमियत क्या है? इन्हें देने वालों की अपनी हैसियत क्या होती है? इन पुरस्कारों को किस आधार पर दिया जाता है? पुरस्कार की राशि कितनी बड़ी होती है। पुरस्कार के प्रतीक स्वरूप शील्ड या शाल जो दी जाती है उसकी कीमत कितनी होती

है। शायद ही कोई पुरस्कृत संवाददाता इन प्रश्नों के उत्तर ढूंढता है। अक्सर दूसरे लोगों की खबर लिखने वाला पत्रकार जब स्वयं समाचार बनता है तो उसे एक अलौकित आनंद की प्राप्ति होती है। वह तस्वीर को मढ़वा कर अपने घर की दीवार पर टांग देता है। शील्ड को हर रोज झाड़–बुहार कर साफ करता है। आने वाले मेहमानों की निगाह से चूक न जाए, इसकी समुचित व्यवस्था करता है। पर यह सब क्या इसके कद को ऊंचा करने में मददगार साबित होती है। क्या उसकी अपनी बिरादरी में उसकी इज्जत में इजाफा होता है। क्या उसे साथी पत्रकार गर्व के साथ देखते हैं, शायद नहीं। क्योंकि हर किसी को इन पुरस्कारों की हकीकत मालूम होती है। सब जानते हैं कि कभी न कभी उनका भी नंबर आ ही जाएगा। जिसका नंबर आ चुका होता है उनका मोहभंग हो चुका होता है।

पुरस्कारों का यह अवमूल्यन पत्रकारिता में इतर भी व्याप्त है। क्या आपमें से कोई अब तक के सब ज्ञानपीठ पुरस्कार विजेताओं के नाम गिना सकता है। मोदी और बिड़ला पुरस्कार तो खैर किसी गिनती में ही नहीं आते। इन दिनों यह खबर आम है कि मुंबई के एक अभिनेता ने अपने किसी रिश्तेदार को पुरस्कार दिलवाने के लिए उस वर्ष के पुरस्कार संयोजन का पूरा खर्च वहन किया। मुंबई की एक नामी फिल्म पत्रिका के नाम से दिए जाने वाले फिल्मी पुरस्कारों के जीतने के लिए कैसे सितारे पुरस्कार की घोषणा वाला पूरा अंक खरीदकर अपने चमचों से प्रविष्टियां भरवा कर भिजवा देते हैं।

खैर भारत में भ्रष्टाचार आम बात हो सकती है। दुनिया का सबसे बड़ा माने जाने वाला नोबल पुरस्कार भी संदेह के दाये से परे नहीं रहा है। इन पुरस्कारों के चयन प्रक्रिया की पोल खोलने के लिए इरविंग वालेस नामक लेखक ने एक बहुचर्चित उपन्यास लिख डाला–द प्राइज। उसने इसे लिखने के लिए इतनी खोज की कि उसे उपन्यास लिखने के लिए बची जानकारियों को खपाने के लिए एक और पुस्तक लिखनी पड़ी 'द राइटिंग आफ ए नावल' (एक उपन्यास की रचना प्रक्रिया) इस उपन्यास और सहयोगी पुस्तक को पढ़कर स्पष्ट हो जाता है कि दुनिया का कोई देश, कोई लेखक और कोई विद्या संदेह और भ्रष्टाचार से मुक्त नहीं है। हमारे अपने साहित्य अकादमी पुरस्कारों के बारे में तो जितना कहा जाए उतना उचित।

89
श्मशान के वैराग्य से परे

अपने ही अखबार के फोटोग्राफ साथी विनोद कुमार के अचानक चले जाने ने एक बार फिर यह सोचने पर विवश कर दिया है कि आखिरकार कब तक हम पत्रकार इसी प्रकार का अनिश्चित जीवन जीते रहेंगे। यह सही है कि व्यक्ति का जीवन-मृत्यु पर कोई वश नहीं होता लेकिन कम से कम इतना तो अवश्य किया जा सकता है कि हम अपने किसी आशंकित भविष्य के तनाव को कम कर सकें। वैसे तो तनाव आज की पत्रकारिता का पर्याय बन गया है। कहा भी गया है कि बिना तनाव के कोई रचनात्मक सृजन हो भी नहीं सकता और अखबार वाला तो इतने किस्म के दबावों और तनावों में जीता है कि उनके बिना उसके पेशे की कल्पना भी नहीं की जा सकती। वह उन घटनाओं का त्वरित इतिहासकार होता है जो आये दिन उसके चारों ओर घटती तो रहती है लेकिन उन पर उसका कोई नियंत्रण नहीं होता। अतः रोजमर्रा के तनावों के साथ-साथ यदि पत्रकार को अपने सुदूर भविष्य को लेकर किसी प्रकार की आशंका भी सालती रहे तब तो न केवल उसका अपना जीवन बल्कि उसका कार्यकारी चिंतन भी प्रभावित होता रहेगा।

विनोद कुमार की तरह हम लोग पहले भी इतने सारे पत्रकार साथी खो चुके हैं कि अब समय आ गया कि जब हम कोई ऐसा ढांचागत प्रावधान गठित करें जिससे कि अचानक दिवंगत हो जाने वाले पत्रकारों के परिवारों को तात्कालिक राहत मिल सके। दुर्भाग्य का विषय है कि ऐसा कोई प्रावधान छोटे और मंझले दर्जे के अखबारों में ही नहीं, बड़े-बड़े घरानों से निकलने वाले अखबारों में भी कहीं-कहीं ही है। आजकल सामूहिक बीमा के रूप में कम अंशदान देकर भी किसी अनहोनी के वक्त बड़ी मदद दे सकने वाली कई योजनाएं बीमा कंपनियों ने सामने

रखी हैं। इसके लिए केवल सुनियोजित ढंग से व्यवस्था करके अखबारों के संचालकों को थोड़ा-सा निवेश करने की जरूरत है। इस काम में अखबार चलाने वाले संस्थानों को आगे आना चाहिए और उसमें अपना योगदान अनिवार्य कर देना चाहिए। ऐसा करने पर 'विनोद कुमारों' के शोकसंतप्त परिवारों को किसी राजनेता या अपने साथियों से चंदे की मदद की बाट नहीं जोहनी होगी। इस काम में भारत सरकार के श्रम मंत्रालय की भी शिरकत होनी चाहिए। यह मंत्रालय समय-समय पर वेतन आयोग तो गठित कर देता है लेकिन बे केवल कार्यरत रहने के दौरान की ही गारंटी देते हैं। संबंध पत्रकार के न रहने पर उसके परिवार को जिस प्रकार की सहायता की आवश्यकता होती है वह केवल किसी ऐसे कोष से ही संभव है जो अनिश्चित भविष्य को ध्यान में रखकर गठित किया गया हो। संबंधित प्रतिष्ठान और सरकार के दोहरे सहयोग से ही ऐसे किसी 'आपदा कोष का गठन संभव है जो हादसे के बाद त्वरित गति से सहायता के लिए आगे आये।

दो शब्द पत्रकारों की अपनी जीवन शैली के बारे में भी। पिछले कई वर्षों से ऐसी सड़क दुर्घटनाओं की तादाद बहुत बढ़ गयी है जिन्होंने दिल्ली, लखनऊ और अन्य शहरों के पत्रकारों को लील लिया। सड़क पर बैठा हुआ यमराज किसी पत्रकार की हैसियत की परवाह नहीं करता। उसका तो केवल एक ही कर्मकांड है कि आपसे एक चुक हुई नहीं कि आपको अपने साथ ले चले। पत्रकारों का अक्सर तर्क रहता है कि वे इतना तनावपूर्ण जीवन जीते हैं कि उसे हलका करने के लिए उन्हें शराबखोरी जैसे कृत्रिम सहारों की जरूरत पड़ती है। सच पूछा जाए तो ये नकली समाधान आज हम सबकी तेजी से भागती जिंदगी का अपरिहार्य हिस्सा बन गये हैं। शायद इन्हें बदलना पूरी तरह से संभव नहीं। लेकिन हर बार ऐसी किसी राहत की तलाश के समय हमें यह भूलना चाहिए कि एक पूरा परिवार घर पर हमारा इंतजार करता है। ये इंतजार करने वाले लोग हम पर आश्रित तो रहते हैं लेकिन वे हमारे तनावों में शिरकत नही कर पाते। इसलिए जब कभी उन्हें ऐसी किसी दर्दनाक सच्चाई से दो-चार होना पड़ता है तो उन्हें समझ नहीं आता कि समय का कौन-सा थपेड़ा किधर से आकर उन्हें आहत कर गया। यदि हम केवल क्षण भर रुक कर उनके भविष्य के प्रति सोच लें तो वही विनोद कुमार को सच्ची श्रद्धांजलि होगी।